잠자는 교회를
깨운다

잠자는 교회를 깨운다

최 홍 준 목사

규장

잠자는 교회는 훈련된 제자가 깨운다

> "우리가 가르칠 수 있는 것은 우리가 아는 것이다.
> 우리가 복제해낼 수 있는 것은 바로 우리 자신뿐이다."
> 로버트 슈미드걸

나는 목회에 여러 길이 있다고 믿지 않는다. 목회는 하나님의 백성을 불러 제자로 구비되게 하고 그 제자들이 삶의 모든 영역에서 제자답게 살도록 돕는 통전적인 과정이요 작업이다. 따라서 목회자 자신에게 제자적 삶의 철학과 소신, 실적이 없으면 아무리 화려한 구호로 치장하고 온갖 행사를 벌인다 해도 그건 목회가 아니라 종교적 병정놀이에 지나지 않는다. 아니, 이러한 목양의 근본정신이 빠진 목회는 평신도들의 아픔과 눈물, 웃음과 기쁨, 그 자잘한 생활의 터널들 속으로 들어가면 여지없이 깨져버리고 만다.

최홍준 목사는 목회의 기초체력이 잘 다져진 목사이다. 무엇보다 그는 제자로 살고 제자 삼는 제자로 남겠다는 각오 하나로 달려온 목회자이다. 그가 만나는 '한 사람'에게 복음을 꺼내 미련스러울 정도로 자랑하는 것은 그의 마음속에 타오르는 이 제자도의 광채 때문일 것이다. 사랑의교회 개척초기부터 지켜보았지만 그는 어지간히 인내할 줄 아는 목사이기도 하다. "평생 부목사로 지내도 제자훈련 목회할 수 있다면 행복하다."며 제자반, 다락방을 숨차게 뛰어다니던 그에게서 어질고 참을 줄 아는 듬직한 복음 전령사의 형상을 보았다.

처음 부산 새중앙교회로 최 목사가 내려갈 때 며칠 밤을 잠 못 이루며

뒤척였던 기억이 새롭다. 그의 환상적인 조력없는 내 목회를 상상하기 힘들었고, 또 기성교회의 높은 벽을 제자훈련으로 사뿐히 뛰어넘을 수 있을지 마음이 졸여졌기 때문이었다. 그러나 현재 부산 새중앙교회의 모습을 보면서 그때의 우려가 기우였음을 고백한다. 물론 그의 눈물에 잠긴 기도와 간경화에 걸려 위험한 지경에까지 갈 정도로 자신을 태운 목회 열정, 적용에는 유연하되 원칙에는 고집불통인 깐깐한 성품, 그리고 무엇보다도 장로님들을 위시하여 전 성도가 제자사역이 결코 유행 타는 목회방법이 아닌 교회를 향한 주님의 원리요 축복임을 깨닫고 은혜 아래 순종한 아름다운 역사가 있었기에 가능한 일이었지만 말이다.

이 책 「잠자는 교회를 깨운다」는 최홍준 목사의 제자사역 매니페스토(manifesto)요 자전적 목회 후일담이다. 여기에 아무나 함부로 흉내낼 수 없는 그의 제자훈련 초절기교(超絶技巧)가 행간마다에 녹아 있다. "방법이나 알아보자."는 얕은 꾀로 이 책을 집어든 사람들이 있다면 '우물에서 숭늉 찾는' 격이 되고 말 것이라고 분명히 경고하면서, 아울러 목회를 낮아질 대로 낮아진 종의 도리(serviceability)로 인식하고 현장에서 고투하는 많은 목회자, 신학생 그리고 평신도 지도자들에게 이 책을 권한다.

1993년 북한 핵문제가 파국으로 치달을 무렵 외신기자들은 부산항에 야적되는 주한미군의 물동량에 초미의 관심을 기울였다고 한다. 미군 물자가 많이 수송되면 한반도에 전쟁이 일어난다는 전조가 될 수 있었기 때문이다. 이제 나는 전혀 다른 이유로 부산항을 주목하라고 권한다. 최홍준 목사의 부산 새중앙교회, 거기 제자들의 동태가 심상치 않다. 그들이 수행하는 영적 전투의 기세로 보아 머잖아 부산 일원, 아니 일본, 중국, 러시아

에 하나님 나라의 전선(戰線)이 튼실하게 형성될 것 같다. 낭보를 기대한
다.

1998년 봄
사랑의교회 목사
옥한흠

전도하는 목사, 양육하는 목사

최홍준 목사는 내가 좋아하고 자랑하고 사랑하는 제자 목사 중의 한 사람이다.

내가 최 목사를 학생 시절부터 좋아한 이유는 그가 복음의 정열을 가지고 전도하기를 좋아했기 때문이었다. 목사가 전도하는 게 뭐 그리 신기한 일이냐고 묻는다면, "전도하는 목사를 몇 명이나 보았냐?"고 되묻고 싶다. 목사가 전도한다는 말은, 적어도 이 시대에선 참으로 역설적이게도, 합참의장(合參議長)이 시가전에 투입돼서 교전을 하고 있다는 말과도 똑같은 말이다. 아무튼 그의 가슴속에는 영혼을 사랑하는 뜨거움이 늘 타오르고 있었다.

그는 총신에 재학하던 2학년 때부터 교회 봉사 이외에 주말이면 어떤 의류회사에 가서 2년간 전도를 계속했다. 흔히 목사의 설교가 맥없이 들리는 이유 가운데 하나가 현실, 특히 직장에 다니는 성인 남성이 당면한 현실을 몰라도 너무 모르기 때문인데 일찍부터 사회현실을 성경으로 조명하는 실천적 고민에 잠겨온 최 목사가 사람을 잘 어루만지고 굳게 세울 수 있는 것은 어쩌면 당연한 일인지도 모른다.

영혼을 사랑하는 정열은 그후에도 계속 그의 마음속에서 뜨겁게 불붙었다. 결국 그는 구원의 복음을 전하는 '전도하는 목사'가 되었고 신자들을 복음으로 성장시키는 '양육하는 목사'가 되었다. 본질을 잡으면 길이 보인다고 했다. 전도와 양육에 목숨을 건 그의 목회가 얄팍한 방법론에 기울지 않고 묵직한 중심을 지키며 나아가는 데에는 그만한 뒷심이 있어서이다. 이런 그의 복음에 대한 정열은 그가 목회하는 교회를 생동하는 교회로 만들어놓고 말았다.

최 목사는 또한 투명하고 순수한 '깨끗한 인격'을 구비한 사람이다. 무엇보다 그는 '하나님 중심주의'를 자신의 목회 신조로 삼고 있다. 그러므로 그는 인간적인 오해나 손해를 얼마든지 극복한다. 결국 그는 부목사로서도 오랫동안 힘있고 만족하게 일할 수가 있었다. 리더(leader)와 팔로워(follower)는 많아도 이 둘을 만나게 하는 코디네이터(coordinator)가 없는 한국교회 실정에서 그의 섬김은 이채롭기까지 하다.

그는 고난을 통해 천국을 사모하는 바울의 심정까지 지니게 되었다. 그는 간경화로 많은 고생을 했다. 결국 그는 십자가의 아픔을 보다 깊이 이해하게 되었고 양무리들이 당하는 온갖 고통을 살 깊이 느낄 수 있게 되었다.

"겉 보리 서말이면 처가살이 않는다."는 식으로 오로지 자신의 목회철학 하나를 펴기 위해 개척하는 사람들이 얼마나 많은가. 최 목사는 개척보다 더 어려운 '잠자는 교회', '가능성을 사장한 교회'를 응급소생시켰으니 그의 인내의 용량이 어떤지 가히 짐작하고도 남는 바이다. 최홍준 목사가 앞으로 하나님이 기뻐하시고 한국교회가 존경하는 균형잡힌 목회자가 되기를 바라고 기도한다.

김명혁(강변교회 담임 합동신학대학원 대학 교수)

토양이 따로 없는 제자훈련

그동안 대각성전도집회를 직접 인도해 달라는 부탁을 참 많이 받았습니다. 그때마다 제가 정중히 그 요청을 거절했던 이유는 목회자야말로 복음설교를 놓치면 생명을 잃는다고 여겨왔기 때문입니다. 무슨 말인가 하면 목사는 복음설교를 통해 생명을 낳고 길러야 하는데 왜 그 기회를 빼앗기느냐 하는 것이었습니다. 그래서 남에게 맡기지 말고 직접 하라고 권하면서 모든 자료는 제공하겠다고 했습니다. 하지만 그 자료라는 것도 여전히 미흡하고 부분적일 뿐 아니라 정리가 덜 된 것이 많아 아쉬움이 컸습니다. 그래서 때가 되면 이를 정리해보아야겠다고 마음먹게 됐습니다.

또한 제게 많은 동역자들과 후배 목사들이 도움을 얻기 원하는 분야가 있다면 제자훈련에 관한 것이었습니다. 어떻게 해서 기성교회를 그렇게 변화시킬 수 있었느냐가 가장 많은 질문 가운데 하나였습니다. "막상 제자훈련을 시작하려 해도 토양이 다르지 않느냐? 더구나 성공할 수 있겠느냐?"는 등의 불안감과 두려움을 떨쳐버릴 수 없다고 했습니다. 바로 그런 마음들을 격려하고 세워주고 싶은 마음이 이 책을 집필하게 된 두 번째 배경입니다.

하지만 이 책 집필에는 여러 가지 망설임이 없지 않았습니다. 과연 뭔가를 보여줄 수 있을 만한가에 대해 끊임없이 회의가 있었고 구체적인 실례들을 들게 될 때 혹이라도 당사자인 교인들에게 누를 끼치는 것은 아닌가 염려되었기 때문입니다. 그래서 저희 교회 당회가 교회 설립 20주년을 맞이하여 설교집 다섯 권을 출판하겠다고 결의를 했어도 사양했던 것입니다.

그럼에도 불구하고 용기를 내서 이 책을 써볼 마음을 갖게 된 것은 이런 작은 경험들을 통해 동역자들에게 위로와 격려가 되기를 바라는 마음과 하나님나라가 풍성해지는 그 한 가지 이유 때문이라 할 수 있습니다. 혹 글에 등장하는 사건과 기록들 속에 특정인이 거명되는 경우, 그 내용이 다소 거슬리고 부담이 되는 면이 있다 할지라도 한국교회를 일깨우는 일에 우리의 미숙함까지 사용하시는 하나님의 손길에 그분들도 기꺼이 동의해 주시리라 믿습니다.

책이 나오기까지 마음과 뜻을 모아 사랑을 표해준 부산 새중앙교회의 당회와 성도들 그리고 동역자들과 목회의 스승이신 사랑의교회 옥한흠 목사님께 감사를 드립니다. 무엇보다 글을 쓰는 데 콤플렉스를 갖고 있는 저에게 끊임없이 용기를 불어넣어준 송길원 목사님과 규장문화사 여진구 상무님, 그리고 편집부 형제 자매들에게 감사를 드리며 늘 위해서 기도로 지원해준 아내에게 감사의 마음을 전하고 싶습니다.

1998. 5월
목양실에서
최홍준 목사

1. 전통교회, 그 무한한 잠재력 속에서

교육관 기공식 때 노진현 원로목사님과 함께. 92. 2.

평범의 미학

입양, 희비 쌍곡선

아예 교회간판을 떼든지

턴 어라운드

기가 막힌 응답

소명 점검은 필수

우리 만남

저만큼 전통교회의 모순과 아픔을 보고 자란 사람도 드뭅니다. 한편 저만큼 상처투성이의 교회를 붙들고 안쓰러워 하시는 주님 때문에 여전히 영광스럽고 아름다운 교회의 영광을 맛보고 자란 사람도 없을 겁니다. 이 난맥과 부실의 현실을 가슴으로 깨닫는 순간, 저는 어느새 '기억상실증에 걸린 교회'를 깨우는 사명 안으로 깊숙이 부르심을 받아 들어가게 되었는지도 모릅니다.

평범의 미학

하루에도 수많은 책들이 쏟아지는 시대에 살면서 저같이 평범한 사람이 또 한 권의 책을 내려 합니다. 몇 만 명이 모이는 교회를 목회하는 것도 아니고, 자라온 환경이 남달라서 교훈을 줄 수 있는 처지도 아니면서 왜 이런 부끄러운 짓을 해야 하나 하나님 앞에 여쭙기도 많이 했습니다만, 전통교회에 부임해서 무력한 목회 현장을 보신 후에 낙담하는 분들에게 어쩌면 제 모델이 참고라도 되지 않을까 하는 변명으로 책을 쓰게 되었습니다.

한국교회에는 현재 5만여 개의 교회가 있습니다. 이 교회들만 제 역할을 잘 감당해줘도 굳이 개척할 필요가 없다고 말할 수 있을 정도로 교회의 수는 많습니다. 그러나 문제는 무엇입니까? 현존하는 전통교회의 체계나 모습으로는 21세기에 걸맞는 목회를 할 수 없기 때문에 오늘날에도 많은 이들이 개척을 하고 있다고 봅니다. 물론 참 좋은 교회가 없는 것은 아니지만 소위 전통교회는 침체되고 운동력이 없다는 지적을 받을 수밖에 없는 실정에 도달한 것입니다.

　그러나 모두 다 손가락질만 하면 침체된, 뒷걸음질치는 교회는 누가 끌어안을 수 있을까요? 누가 그 약골(弱骨) 교회를 고치고 새롭게 만들 수 있겠습니까? 아무리 병약하다 하지만 몇 십 년을 하나님의 교회로서 사명을 감당해온 전통교회의 이면에 흐르는 도도한 저력은 그냥 사장돼야 하는 것일까요?

　저 역시 '87년에 부산 새중앙교회에 담임목사로 부임하면서 전통교회의 구태의연하고 병든 모습을 보며 한숨만 쉬었던 사람입니다. 당시 교회의 역사는 반백년 가까이 되었고 교인 수는 400명 정도 되었지만, 십일조를 하는 교인들은 극히 소수에 불과해서 교회재정은 말이 아니었습니다. 사례비가 제대로 나오지 않았을 뿐더러 교회 천정엔 비가 새고, 교회 곳곳은 습기가 차서 곰팡이 냄새가 날 정도였습니다. 전임 목사님께서 장로님들과의 마찰로 교회를 사임한 형편이었으니 교인과 목사 사이에 불신의 벽도 꽤 두터워져 있었습니다.

　부임하자마자 들려오는 저에 대한 이상한 소문들, 선교사 한 명 지원하지 못할 정도의 선교에 대한 무기력증, 불감증, 게다가 부산의 그 을씨년스러운 날씨…. 저와 제 아내는 서울 사랑의교회에서 옥한흠 목사님과 동역하던 부목사 시절을 그리워하며 하늘을 보고 울 수밖에 없었습니다. 그러나 하나님께서는 저희로 하여금 그 모든 아픔들을 끌어안고 기도하게 하셨고, 은혜를 주셔서 하나하나 문제를 해결해나가도록 하셨습니다. 잠자고 있는 듯한 교회를 흔들어 깨워, 흐르던 물줄기의 흐름을 바꿔놓을 수 있도록 허락하신 것입니다.

　그 결과 매해 성장이 감소되던 추세를 뒤엎고 20퍼센트씩의 성장을 이루어 지금은 장년 출석인원이 2천 3백여 명이 넘고 있습니다. 교인수 증가가 뭐 그리 대단한 자랑이 되겠습니까? 몇 만 명이 모이는 교회에 비하면 오히려 부끄러운 성장 추세라고도 할 수 있습니다. 그러나 저는 저희 교회의 여러 현실들을 감안해볼 때 이는 분명 내실있는 성장이었기에 이런 성장의 요인들을 분석하여 공개함으로써 기존 전통교회에도 희망이 있다는 사실을 말씀드리고 싶을 뿐입니다.

저같이 평범하기 이를 데 없는 사람도 하나님께서 은혜를 주신다면 능히 모든 것들을 감당할 수 있다는 사실들을 깨닫게 되는 글이 되었으면 합니다. 제 어린 시절을 잠깐 소개하겠지만, 어린 날의 제 모습을 보면 이렇게 특별한 게 없는 사람도 결국 하나님의 일을 할 수 있다는 것을 알게 되실 것입니다.

입양, 희비 쌍곡선

사람의 인생은 어떤 사람을 만나느냐에 따라 행로가 결정됩니다. 좋은 쪽으로든 나쁜 쪽으로든 만나는 상대방에 의해 인생 경로가 완전히 달라지는 것입니다. 특히나 어린 시절에는 더욱 그러합니다.

제 경우도 마찬가지였습니다. 제 인생에서 가장 큰 영향을 줬던 분, 막내삼촌은 제 인생 자체를 뒤흔들어놓은 분이십니다. 왜냐하면 제가 열 살 되던 해, 삼촌 집으로 양자가 되어 들어갔기 때문입니다.

막내삼촌 댁은 결혼하신 지 오래도록 아이 소식이 없었습니다. 그러자 삼촌은 주위에서 자꾸만 채근도 들어오고 해서 은근히 새장가 드실 생각을 하셨던가 봅니다. 당시로서는 자식이 없을 때 흔히들 하는 생각이었지요. 그런 마음을 먹고, 삼촌의 형님이신 제 아버님께 그 생각을 말씀드렸는데, 아버님께서 노발대발하셨다고 합니다.

"우리 선조 때는 자식이 없을 경우, 흔히 그런 일을 했다 하더라도 어떻게 네가 그런 생각을 할 수 있느냐!"시며 호통을 치셨던 것입니다. 당시 카톨릭 배경의 집안이었으므로 아버님께서는 엄격한 규율로 삼촌을 나무

라셨다고 합니다.

"새장가는 어림도 없고, 그 대신 내가 아들이 여섯이고 딸이 하나 있으니까, 장손만 빼놓고 한 놈을 골라가거라." 일부다처제를 허용할 수 없다는 아버님의 불호령은 양자를 데려가도 좋다는 자비로운 허락(?) 쪽으로 기울고, 마침내 삼촌께서도 새장가를 가는 것보다는 그쪽이 낫겠다 싶어 어느 날은 저희 집으로 아들을 하나 고르려고(?) 숙모를 보내셨습니다.

숙모께서 오셔서 큰형을 제외한 우리 다섯 형제를 죽 번갈아 보시더니 제 작은 형님을 탐내셨답니다. 지금은 진주의 성남 교회에서 시무장로로 섬기는 최홍근 장로인데 당시 형님은 초등학교 5학년이었습니다. 저는 2학년을 마치고 막 3학년으로 올라가는 때였습니다.

그런데 작은 형님은 막무가내로 못 간다며 거절했다고 합니다. 가면 공부도 시켜주고 맛있는 것도 줄 테니 함께 가자며 아무리 달래고 얼레보아도 "안 가요, 못 가요."라고 버티었던 것입니다. 그러자 옆에 있던 제가 그 장면을 지켜보다가 "제가 가면 안 되나요?" 하고 묻더랍니다.

당시에 대한 기억이 없기 때문에 제가 왜 그런 얘길 했는지는 아직도 모르겠습니다. 숙모님은 의아해 하시면서 "너, 엄마 보고 싶다고 울고불고 하게 되면 어떡할래?"라며 제 의중을 한번 더 떠보셨는데 "괜찮다."며 기꺼이 숙모님을 따라 나섰다고 합니다. 이런 걸 가리켜 운명이라 해야 하는지 모르겠지만, 제 인생의 코스는 이렇게 풀리기 시작했습니다.

아예 교회간판을 떼든지

저희 집은 경남 함양이었고 그렇게 해서 가게 된 삼촌댁은 경북 청도에 있었습니다. 청도에서 부모님 댁까지는 지금으로 치면 불과 3시간 거리밖에 안 되는 곳이었지만, 6·25사변이 난 후라 전쟁중에 낙동강 다리가 끊어졌기 때문에 한번 부모님 댁에 가려면 읍내에서 하룻밤을 자고 새벽에 출발해 대구에서 기차를 타고 청도까지 들어가다보면 한밤중에야 도착하곤 했습니다. 당시 삼촌 내외분은 교회에 다니고 계셨던 모양인데 믿음은 별로 없었던 것 같습니다.

이런 연유로 저도 교회에 나가기 시작했습니다. 결정적인 계기는 따로 없었지만 삼촌댁으로 가서 자연스레 저도 교회를 가게 되었던 것입니다. 이것이 계기가 되어 나중에 7남매가 모두 신앙생활을 하게 되었는데, 지금은 모두 목사, 장로로 교회를 섬기고 있습니다.

당시 저는 7남매가 법석대던 집에서 살다가 혼자 덩그러니 떨어져 있다보니 마음 의지할 데라곤 교회밖에 없었습니다. 기도하라 그러면 기도하고, 성경 암송하라 그러면 만사를 제쳐놓고 성경을 암송할 수 있었던 건 그런 연유에서 비롯된 것 같습니다. 그러니 성경암송대회 같은 것을 하면 1등은 언제나 맡아놓고 제몫이었습니다.

외로웠지만 교회에서나 학교에서 반장도 해보며 비교적 활발한 아이로 자랐다고 기억됩니다. 특히 새로운 것들을 접할 때면 그만큼 신나는 일이 없었지요. 주일학교 선생님으로부터 들었던 요셉 이야기, 야곱이 라반의 집에 가는 이야기 등은 지금도 생생하게 기억이 날 정도입니다. 요셉 이야기를 들을 때는 '요셉도 나처럼 팔려왔구나.' 생각하며 엉엉 울었던 적도 있었지요.

집 떠나올 때는 몰랐는데 날이 갈수록 부모님 생각, 고향 생각은 또 얼마나 나던지…. 그러나 집은 1년에 한 차례밖에 다녀올 수 없는 처지였으니 어린 마음에 얼마나 그날을 기다렸는지 모릅니다. 그러다보니 제 신앙 내용도 예수님을 의지하기보다 교회생활 그 자체를 의지하는 쪽으로 기울었던 게 아닌가 싶습니다.

그러다 4학년 2학기 때 청도읍으로 이사를 갔습니다. 가자마자 신읍교회라는 데를 다녔는데 그곳에서도 제 탁월한 성경암송 실력을 인정받아서 똑똑한 아이 축에 속하게 되었습니다. 교회 집사님들은 저를 만날 때마다 한 마디씩 칭찬해주셨는데 저는 그것이 좋아서 더욱 열심히 성경을 암송하고 다녔습니다. 학교에서도 외우는 거라면 자신있게 하다보니 공부도 열심히 하게 됐고, 육상에도 소질을 보여 이래저래 즐겁게 소년 시절을 보낼 수 있었습니다.

교회 대중 앞에서 암송하던 실력을 십분 발휘해서 전교어린이회장에도 출마했는데 아마도 하나님께서 저를 목사로 쓰시려고 어린 시절부터 남 앞에서 연설하는 훈련을 받도록 한 것으로 생각됩니다.

그 시절에 만났던 분 중 지금도 잊을 수 없는 분은, 당시 교회 담임목사님이셨던 유정순 목사님이십니다. 슬하에 10남매를 두셨는데 그분의 타협 없는 강직함은 아주 유명했습니다. 그 교회에서 거의 한평생을 보내신 분으로서, 읍내에서도 이분의 외모에서 풍기는 인상과 인격적인 영향력은 대단했을 정도였으니까요. 너무도 교회를 사랑하셔서 항상 교회의 순결을 유지하려고 했고, 교회를 엄격하고 깨끗하게 유지하려 애쓰셨습니다. 예배 드릴 때도 거룩하고 엄숙하게 드리려고 하시다보니 우는 아이가 있으면 때로는 쫓아내기까지 하셨습니다. 지금 생각하면 너무하셨다는 생각도 듭니다만, 예배에 대한 그분의 경건과 구별됨을 알게 해주는 부분이기도 합니다.

당시 마룻바닥에 꿇어 엎드려 기도하던 일도 생각납니다. 어른들은 기도하면서 바닥에 눈물을 뚝뚝 떨구곤 하셨습니다. 예배가 끝난 뒤에 마룻바닥을 보면 마르지 않은 눈물자국이 그대로 있던 시절이었습니다.

그러나 누구로부터도 신앙의 핵심이 무엇인지를 제대로 배울 기회를 찾지 못한 저는 복음을 복음으로 제대로 이해하지 못하고 다만 지극히 율법적이고 윤리, 도덕적으로 신앙생활을 하게 되었습니다. 그후로 아주 오랜 동안 하나님의 공의에 대해선 칼날 같은 긴장감을 늘 가지고 있었지만 은혜와 사랑 부분에 대해서는 늘 확신이 서지 못했던 일들은 바로 그런 영향 때문이 아니었나 생각됩니다.

얼마 후 접어든 예민한 청소년 시절, 저는 교회가 분열되는 아픔을 곁에서 지켜보아야 했습니다. 목사와 장로, 그리고 교회 중직자들 간에 싸움이 치열해져서 하나님의 교회가 사분오열되는 현상을 목격해야 했지요. 예민한 사춘기 시절이라 그때 받은 마음의 충격은 이루 다 말할 수 없었습니다. 전통교회의 상처와 폐단들을 목격하고 나니 마음은 자연스레 교회와 멀어지게 되었고 몸만 교회에 남아 형식주의적인 신앙을 갖게 되고 말았습니다. 그러나 그 혼란스러움 속에서도 좋은 주일학교 반사(교사)들이 계셔서 중심을 잡고 나갈 수 있었다는 게 하나님의 은혜였다는 생각이 듭니다.

또한 어떤 면에서 사춘기 시절의 방황은 훗날 제가 '어떻게 하면 젊은 사람들이 방황하지 않는 더 건강한 교회를 만들 수 있을까' 하는 데에 목회의 초점을 두는 계기가 되기도 했습니다. '나의 목회 현장에서는 수많은 청소년들과 젊은이들로 하여금 내 어린 날의 방황기와 같은 기간을 갖지는 않게 해야겠다.'는 각오가 언제나 저를 떠나지 않게 된 것입니다. 교회는 어떠한 대가를 치르더라도 건강해야 하고, 생명력 있어야 하며, 세상을 향한 사명을 감당해야 한다고 깨달았기에 훗날 옥한흠 목사님과 함께 평신도 훈련인 '제자훈련'에 목숨을 걸게 된 것입니다.

그러나 대학교에 입학할 무렵에는, 감리교에 몸을 담으면서부터 자유주의적인 신앙을 추구하게 되고 복음의 본질과는 동떨어진 생활을 했습니다. 이때까지만 해도 전혀 목사가 되리라고는 꿈조차 꾸지 않았던 시절이었지요. 멀리서 숲을 보면 좋지만, 가까이 다가가서 보면 온갖 잡동사니 쓰레기가 다 있듯이, 교회생활도 마찬가지라 여기며 되도록 교회를 겉도는 게 낫다고 생각할 지경이었습니다. 다가가서 상처를 받느니 피하는 게 상책이라는 개똥철학이 저를 지배하고 있던 시절이었습니다.

턴 어라운드

01 렇듯 저는, 청소년기나 대학 시절에 별다른 심령의 부흥을 경험하지 못한 사람이었습니다. 그러나 하나님께서는 그런 저를 가만히 내버려두지 않으시고 서울 장위동에 있는 장성교회로 인도하셔서 마음의 불을 당겨주셨습니다. 교사로 섬기던 시절부터, 무미건조한 제 마음을 주님께서 조용히 두드리시는 것을 느낄 수 있었습니다. 어느 집회에서 들은 설교는 결정적인 전환점을 주었습니다. 어떤 본문의 무슨 제목이었는지는 정확히 기억하지 못하고 있습니다. 다만, 그날 설교를 통해 저는 성경을 읽지 않는 것이 영적으로 심각한 굶주림을 낳고, 그로 인해 허약해진 영은 사탄의 농락대상이 된다는 것과 그로 말미암아 삶의 무의미와 회의가 찾아오고, 신앙의 열기가 식을 수 있다는 내용을 너무나 도전적으로 들었습니다. 저는 그 시간, '이제부터 규칙적으로 성경을 읽으리라.' 결심하고 그 결심대로 성경통독에 들어갔습니다.

그런데 정말 이게 웬 변화요, 조화입니까? 과거와 달리 말씀이 그렇게 달고 좋을 수가 없었습니다. 기록된 사건 하나하나가 가슴에 박혀오며 무언지 모를 뜨거움이 제 속에서 자꾸만 달아오르고 있었습니다. 십자가 사건이 바로 나 때문이라는 생각에 몸을 떨지 않을 수 없었고, 주님 생각만 해도 눈물이 쏟아지기 시작했습니다. 이상한 일은 눈물을 쏟으며 울었는데도 그 눈물이 슬퍼서 울 때와는 분명히 다르더라는 것입니다. 울고 나면 그렇게 시원할 수가 없었고 제 속에 막혀 있던 어떤 담이 하나하나 무너지는 느낌을 받았습니다. 그동안 주님을 멀리했던 생활을 회개하고 나자, 하나님과 저 사이에 가로놓여 있던 안개가 깨끗하게 걷힌 투명한 상태의 감사가 쏟아지고, 날아갈 것 같은 기쁨이 온 영과 육을 감싸고 돌았습니다.

그때의 조용한 변화를 어떻게 설명해야 될지 모르겠지만, 아무튼 저는 그때부터 말씀을 사랑하게 되었고 기도하는 사람으로 변해가고 있었습니다. 노방전도를 다니며 학생들을 가르치면서부터는 주님을 향한 사랑이 가슴속에 활활 불타올랐습니다. 그러다보니 가르치는 중에도 하나님의 은혜에 젖어 눈물을 줄줄 흘리기도 했지요. 전도하는 것이 즐겁고, 기도하는 그 시간이 가장 행복했으며, 예수님을 믿게 된 사실이 감격스러웠습니다. 핸드 마이크를 들고 즉흥 메시지를 전하기 시작하면 아이들이 제 얘기에 쑥 빨려 들어오고, 교회까지 쫓아 나오는 현장들을 목격할 수 있었습니다. 그런 모습을 지켜보며 저는 더욱 큰 은혜와 감격 속에 전도에 박차를 가했습니다.

그 무렵, 저는 사업을 하고 있었습니다. 대학 졸업과 함께 처음으로 취직한 곳이 카펫트를 만드는 회사였는데 그곳에도 오래 마음을 붙이지 못하고 몇 군데 직장을 옮겨다니다가 결국 개인사업을 하게 되었던 것입니다. 사업을 하면서도 항상 주님의 영광을 가리지 말아야 된다는 의식은 늘 제 가슴속에 남아 있었기 때문에 철저하게 신용 위주로 사업을 해나갔습니다. 그런데 그것 역시 주님의 뜻이 아니었던가 봅니다. 제가 정말 신뢰하는 친구로부터 소개를 받은 어떤 사람에게 사기를 당해 그동안 작업해 왔던 모든 것이 물거품이 되어버리고, 회사는 부도를 맞게 되었습니다. 집안에 냉장고 하나 들여놓지 않은 채 종업원들과 함께 동고동락하며 갖은 고생을 하던 일들이 한순간에 물거품이 되고보니 인생에 대해 여러 생각 들을 하게 되었습니다. 죽고 싶은 마음도 수 차례 엇갈리면서 나중에는 제 가 하나님께로부터 받은 비전이 무엇인가를 놓고 다시 하나님 앞에 무릎 꿇게 되었지요.

그 무렵, 저는 주윗분들로부터 목회자가 되라는 권유를 많이 받고 있었 습니다. 사업을 하기 이전부터도 "최 집사님은 목사님이 되실 분인 것 같 아요."라는 말들을 종종 들었기 때문에 그런 권유가 낯설지는 않았습니다. 그러나 하나님께선 때로 주위 사람들의 말을 통해 당신의 뜻을 나타내신 다는 걸 믿고 있었긴 하지만 사업이 그렇게 파산을 맞기 이전에는 목회자 가 될 생각은 전혀 해본 적이 없었습니다. 그런데 인간의 생각으론 도저히 망할 것 같지 않던 사업이 망하고 나자 주님 앞에 무릎 꿇지 않을 수 없었 습니다. 그렇다고 도피하는 심정으로 신학교에 가야겠다는 생각이 있었던 것은 아니었습니다. 다만, 말씀을 읽고 기도하면서 주님께서 원하시는 길 이 무엇인지를 겸허히 경청하는 자세가 깃들었던 것 같습니다. 그런 어느 날 제 마음속에서 "네가 지금까지 살아온 것은 목회를 위한 수업이었다. 너는 평신도 입장에서 목회를 할 수 있을 것이다. 내 양을 치라. 내 양을 먹여다오." 하는 소리가 들려왔습니다. 저는 깜짝 놀라 눈을 떴습니다. 그 리고 한참 동안 마음속에서 두 가지 생각이 싸우기 시작했습니다.

'아니야, 네 생각이야. 지금까지 네가 생각해온 것이 정리가 되고 있을 뿐이야. 목사가 아무나 되는 줄 아니? 소명을 받아야지.' '아니야, 이것이 소명이야. 넌 지금 하나님의 부름을 받은 거야. 그러니 더 이상 머뭇거릴 필요가 없어. 이제 결단해야지.' 이렇게 두 마음이 저를 중간에 두고 공방 전을 벌였습니다. 그래서 저는 이렇게 기도했습니다.

"하나님, 이와 같이 중대한 결단을 지금 당장 할 수는 없습니다. 돌아오 는 신정연휴에 금식기도하면서 하나님 원하시는 대로 결단하겠습니다. 그러니 그때까지만 기다려주십시오." 그때가 가을이었으니 신정연휴는 한참 있어야 했습니다. 수개월을 지체한 셈이 되었는데, 그래도 신정연휴가 되자 저는 그 일이 떠올라 청계산 기도원에 올라갔습니다. 그냥 흘려보내기에는 그날의 사건이 너무나 범상치 않은 기억으로 남았던 까닭이었습니다. 청계산 기도원에는 토굴이 하나 있습니다. 그 1인용 토굴은 벙커처럼 만들어서 눕고 앉을 수는 있으나 일어설 수는 없는 그런 곳이었습니다. 그런데 그곳에 앉자마자 왜 그렇게 눈물이 쏟아지는지 나 같은 것을 구원해주신 하나님으로 인해 새삼스러운 감격이 밀려왔습니다. 찬송가 405장 "나 같은 죄인 살리신 그 은혜 놀라워/잃었던 생명 찾았고 광명을 얻었네."를 부르다가 360장 "예수 나를 오라 하네 예수 나를 오라 하네/어디든지 주를 따라 주와 같이 같이 가려네/겟세마네 동산까지 주와 함께 가려하네/피땀 흘린 동산까지 주와 함께 함께 가려네."를 반복해서 불렀습니다. 그런데 이상하게도 소명 문제에 와서는 마음이 뜨거워지면서 눈물이 펑펑 쏟아졌습니다. 그리고 난 뒤 졸음이 쏟아져 아주 평안한 잠을 잤습니다. 그렇게 한숨을 자고 난 후 일어나 이것저것 생각해보니 또다시 문제의 원점으로 돌아가버렸습니다.

'아닐 거야. 나 같은 사람이 무슨…. 아닐 거야.' 시간은 점점 흘러 금식 3일째에 들어갔습니다. 3일째는 사사기를 읽는 중 기드온이 소명을 받아 그가 갈등하며 하나님을 시험하는 장면을 보게 되었습니다. 기드온의 그런 신중함을 보자 저 역시 비슷한 생각을 하게 되었습니다. 그래서 "하나님께서 만약 저를 쓰시려면 세 가지 기도를 들어주십시오." 하고 조건을 걸었습니다.

그 첫째는 총회신학대학원에 합격시켜 달라는 것이었고, 둘째는 신학 공부를 하는 동안 장학금을 주시라는 것이었습니다. 그리고 마지막 세 번째로 우리 여섯 식구의 생계를 유지시켜달라는 기도였습니다. 당시 제 자식들이 셋이었고, 양아버님인 삼촌은 돌아가시고 양어머님과 제 아내까지 합해 딸린 입이 다섯이나 되었던 형편이었기 때문입니다. 그런 기도를 한 후 제가 특별소명으로 쓰임받게 된다면 필요하다고 여겨지는 세 가지 각오를 하게 되었습니다. 굶어죽을 각오를 했고, 얼어죽을 각오를 했고, 맞아죽을 각오를 했습니다. 복음을 전하다가 말입니다. 참 거창하지요? 그런데 막상 그렇게 기도하고 나자 무서운 게 없었습니다. 굶어죽을 각오를 했는데 가난이 뭐 그리 겁나겠습니까? 얼어죽을 각오를 했는데 천재지변이 뭐가 겁나겠습니까? 맞아죽을 각오를 했는데 핍박이 뭐 그리 겁나겠습니까? 그러자 놀랍게도 제 마음에 천국이 찾아왔습니다. 뜨거운 감동으로 감싸 안아주시는 듯한 하나님의 사랑을 느꼈습니다.

기가 막힌 응답

기도원에서 내려온 후, 저는 신학에의 길을 갈 것을 어느 정도 결심하고, 여러 방법을 알아보았습니다. 그러자 Z신학교에서 야간으로 편입해서 들어오라는 통보가 왔습니다. 낮에는 직업을 갖고 밤에는 공부를 하는 것도 괜찮겠다 싶은 유혹이 밀려왔습니다. 그러나 그때가 제 나이 서른 다섯으로, 죽기 살기로 공부를 해도 젊은 신학도들을 따라갈까 말까인데 밤에만 공부한다는 것이 영 마음에 걸렸습니다. 제 자신 역시 그런 식으로 공부해서 목사 자격을 얻고 싶은 마음도 없었지요. 그렇게 공부를 해서 목회를 한다면 다른 사람의 경우는 몰라도 저한테는 비즈니스라는 생각이 들었습니다. 그렇다고 야간 신학교를 졸업하신 분들에 대해 독자 여러분의 오해가 없기를 바랍니다. 이건 제 자신의 경우에 한정해서 생각하고 결단했던 것에 불과하니까요.

총회신학대학원에 정식으로 입학해서 공부하기로 결심했습니다. 전세금 오르는 것도 걱정되고 앞으로의 살길도 막막했지만 한편으로는 소명 확인에 대한 세 가지 기도가 있었기 때문에 안심하는 마음도 있었습니다.

'나 같은 구닥다리에게 하나님께서 그 세 가지 기도를 들어주실 리가 없어.' 하는 마음도 들었고, '안 들어주실 거야. 그러면 뭐, 그 길을 가지 말라는 걸로 알고….' 하는 마음도 있었습니다. 그런데 이게 웬일입니까? 하나님께서 그 세 가지 기도를 다 응답해주셨습니다. 총회신학대학원에 합격했고, 장학금은 장성교회에서 대주기로 했습니다.

또한 제 먼 친척뻘 되는 여동생 중에 혼자 살면서 딸 하나 데리고 사는 김 집사라는 사람이 있었는데, 어느 날 저를 갑자기 찾아왔습니다. 옛날에 제가 중학교를 다닐 때 찾아오곤 했던 우리 양어머님의 이모 형제 되는 이 종친척 분으로서, 갑자기 우리 식구와 같이 살기를 원한다는 뜻을 전해왔습니다. 혼자 살기가 외롭다고 하면서 말입니다. 저희도 신학공부를 해야 하는 속사정을 말씀드렸는데, 그러자 그는 더욱 반가워하는 기색이었습니다. 자신도 남대문에서 장사하면서 외롭게 신앙생활을 하고 있다면서요.

그때 제가 그랬습니다. 친척과 함께 산다는 것은 참 어려운 일이라고요. 그러나 그 동생은 막무가내로 괜찮다면서 자신이 혼자 사는 몸이라 함께 살면 의지도 되고 좋지 않겠냐며 물어왔습니다. 자신이 집을 사서 이리로 올 테니 친척끼리 오손도손 모여 살자고요. 그래서 제가 한 가지 다짐을 받아두기 위해 이렇게 물었습니다.

"정 그렇다면 집을 사면 법정 등기인은 네 이름으로 하되 문패에는 내 이름을 걸자. 왜냐하면 내가 이 집안의 가장이기 때문이다. 그렇게 되면 실제 주인과 가짜 주인이 생겨나고, 주인이 둘이 되면 시끄러울 텐데 그래도 괜찮냐?"고맙게도 김 집사는 "오빤데 어떠냐?"며 괜찮다고 했습니다. 당시 5만 원의 전도사 사례비를 받으며 제가 어떻게 가족들을 먹여 살리겠습니까? 그 동생이 많은 힘이 되어주는 바람에 우리 가족이 제가 공부하는 동안에도 굶지 않을 수 있었던 것입니다.

그러다 신학교 2학년이 되었는데 모 회사로부터 초청이 들어왔습니다. 그 회사의 사목이 되어 달라는 것이었습니다. 그래서 사목을 겸해 신학 공부를 하다보니 적잖은 십일조를 하나님께 드리고 저희 가정도 어렵지 않은 생활을 할 수 있었습니다. 그때가 '78년의 일이었으니 벌써 20년 전의 일입니다. 그러다가 '80년에 사랑의교회에서 전도사로 섬기게 되면서 사택에서 생활하게 되었습니다. 신학교를 들어가면서부터 김 집사와 함께 살면서 모든 경제적인 문제를 하나님께서 완전히 해결해주신 셈이 됩니다.

소명 점검은 필수

정말 목회자의 사명을 받았는지에 대한 점검은, 제 경우 좀 극적인 면도 없지 않아 있지만, 어떤 방법을 통해서든 확인되어야 한다고 믿습니다. 왜냐하면 예수 믿고 은혜 받아 뜨거워지면 무조건 다 신학교로 간다는 식의 발상 때문에 오늘날까지 신학교에 혼란이 있는 것이라고 생각되기 때문입니다. 주님께서 말씀하시기를 "너희가 성령을 받으면 예루살렘과 온 유대와 사마리아와 땅끝까지 이르러 내 증인이 되리라."(행 1:8)고 하셨습니다. 이것은 일반소명입니다. 그런데 우리는 이것을 특별소명으로 받아들여서 성령 받으면 다 목사가 되고, 선교사가 되려고 합니다.

그러나 우리는 하나님께서 각 사람마다에게 부어주신 여러 은사들을 통해서 이런 소명의식을 점검할 수 있습니다. 언변과 구술능력이 있는가, 섬김의 은사는 있는가 등등 여러 부분을 되도록 꼼꼼히 짚어보는 게 좋습니다. 목회적인 은사가 거의 없음에도 불구하고, 하나님께서 소명을 주시고 응답을 주신다면 두려움 없는 행보를 할 수 있는 계기가 되기도 하기 때문입니다.

제 경우는 신학교 가기 전 하도 교회에서 실수를 많이 해온 터라 소명 문제와 관련해 이것도 하나님 앞에 의문이었습니다. "하나님, 저같이 실수 많이 하는 사람도 신학교 갈 수 있습니까?" 젊은 혈기와 의협심으로 제가 주제파악을 못하고 장로님들의 마음을 상하게 한 적이 있었기 때문에 제가 목사로서의 삶을 잘 살 수 있을지에 대한 여부를 하나님께 여쭈어야만 했습니다. 사찰 봉급이 작다고 4만 5천 원인 사찰 월급을 9만 원으로 올리자는 운동을 일으켜서는 장로님들하고 대결하는 바람에 장로님들의 눈 밖에 난 적도 여러 번이었지요. 그래서 신학교 시절에는 한동안 교회에 전도사 발령도 못 받은 채 교회를 출석했는데 그곳에서 마음에 맞는 목자를 만나지 못해 방황하기도 했습니다. 그때 만약 하나님께로부터 받은 소명의식이 분명하지 않았다면 전 분명 포기하고 말았을 것입니다. 그러나 분명한 하나님의 약속이 있었기에 어려운 시절도 견뎌낼 수 있었고, 그걸 계기로 나중에는 장로님들과 더더욱 깊은 관계를 맺을 수 있었습니다.

그러나 뒤늦게 시작한 공부는 정말 어려웠습니다. 특히, 총회신학원은 말이 대학원이지 학부 과정보다 더 리포트도 많고 숙제도 많잖습니까? 그런데 나이도 많은 제가 그걸 따라가려니까 허리도 아프고, 머리도 아팠습니다. 영어를 배우기도 힘든데 그 어려운 헬라어를 따라간다는 건 정말로 죽을 맛이었습니다.

그래서 김명혁 교수님은 지금도 어디 가서 저를 소개할 때면 그런 말씀을 하십니다.

"최 목사는 공부는 잘 못했는데 목회는 잘하는 사람입니다." 참 부끄러운 일입니다. 지금은 그래도 나이가 많은 전도사들이 총신에도 꽤 있지만 당시에는 많지 않았습니다. 저는 완전 '노털' 신세였지요. 그래서 항상 젊은 전도사들 틈에 끼어 열등감에 시달리며 공부해야 했습니다. 어려운 과목이 있으면 여지없이 재시를 보는 낭패를 겪기도 했습니다. 그렇다고 커닝을 할 수도 없지 않습니까? 요즈음은 신학교에서도 커닝을 한다고 우려하는 목소리가 높은데 정말 그건 안 될 말입니다. 재시를 보더라도, 낙방의 쓴잔을 마시더라도 떳떳한 열등생이 되는 게 하나님 앞에 그래도 할 말이 있지 않겠습니까? 그러다보니 전 항상 떳떳한 열등생 신세를 면할 수 없었습니다. 강도사 고시까지 재시를 봤으니 할 말 다 한 셈이지요.

이모저모로 신학교 시절의 저는 우등생은 아니었습니다. 그러나 뭐가 그렇게 바빴는지 사실은 공부할 새가 없었다는 말도 핑계만은 아닙니다. 교육전도사로서 주일학교를 맡아 하는 일도 그렇고, 사목으로 두 군데의 회사에 나가며 성경말씀을 가르치고 예배를 인도하는 일정만 해도 일주일이 꽉 차곤 했으니까요. 게다가 친한 동료들 몇몇이서 네비게이토나 베델 성서 모임 같은 성격의 그룹을 운영하며 머리를 맞대고 연구한다든가, 강사를 모셔와서 강의를 듣는 식의 시간을 갖기도 했습니다. 그러니 낮·밤이 따로 없을 정도로 늘 시간이 부족해 절절 매곤 했는데도 '공부 못했던 목사' 로 낙인 찍혔으니 어쩐지 억울하다는 느낌도 없지 않아 있습니다. 그러나 신학교 시절은 좋은 교수님과의 만남을 통해 목회 방향을 설정하고 졸업 후에도 홀로 공부할 수 있는 방향을 잡을 수 있었다는 점에서 후회스럽지 않은 기간이었다고 말할 수 있습니다.

우리 만남

우리나라 신학의 거두라 할 수 있는 박윤선 박사님이나 김명혁 교수님과의 만남은 제 인생에 또 다른 획을 그어놓았습니다. 그분들과 큰 인연을 맺은 건 아니지만, 캠퍼스 강의실에서 만난 박윤선 박사님과 김명혁 교수님은 훗날 제가 목회하는 데 큰 중심이 되어주셨다고 해도 과언이 아닐 정도로 짧은 만남 속에서 많은 가르침을 주셨습니다.

졸업학기 때로 기억됩니다. 그 당시 박윤선 박사님으로부터 받은 수업은 성경신학 가운데 '목회서신' 부분이었습니다. 우리는 그분의 수업을 들으면서 하나님을 향한 그분의 깊은 사랑과 열정, 그리고 기도생활에 항상 고개 숙일 정도로 존경하고 있었는데, 마지막 수업을 다 끝내고 그분은 매우 강한 어조로 우리에게 한 말씀 하셨습니다.

"여러분, 3년 동안 신학교에서 공부하며 교회에서 사역을 하다보니 여러분들이 목회적인 은사를 받은 줄로 착각하고 계시겠지요? 그러나 혹시 여러분 중에 목사로서 은사가 부족하다고 생각되면 지금이라도 안수 받지 말고 그만두시기 바랍니다. 이 중에 목사가 되지 말아야 될 사람이 목사가 되어서 자신도 망하고 교회도 망하면 어떻게 하려고 합니까? 여러분들이 선지동산에 왔다고 해서 무조건 선교사가 되고 목사가 되는 것을 하나님 뜻으로 알면 큰 코 다칩니다." 그 말씀이 제겐 너무나 큰 충격으로 다가왔습니다. 뒤통수를 한 대 맞은 것 같았지요. 그래서 다시 한번 제가 정말 목회자로서 소명을 받았는지를 점검할 수 있게 해주었습니다. 또한 동기 중 몇 사람은 그 말씀을 듣고 실제로 다른 길로 가기로 했습니다.

나중에 총신대에서 합동신학교가 분리돼서 나갈 때 박윤선 박사님은 '분리주의자'라는 오해를 받기도 하고, 그 당시 저도 박사님께 가슴 아픈 말씀들을 많이 드려서 지금도 참 죄송하게 생각하지만, 명실상부한 한국 신학계의 위대한 스승이라 생각됩니다.

그분은 모든 면에서 '하나님 중심'의 철학을 가진 분이셨습니다. 이런 철학을 갖는다는 것은 삶에서 굉장한 차이를 가져옵니다. 예를 들어 목회자가 '하나님 중심'의 삶을 살아갈 경우에는 하나님 안에서 '비전'을 갖지만, 그렇지 못할 때는 목회적 '야망'을 꿈꾸게 되기 때문입니다. "교회를 부흥시켜서 이름을 날리고, 입지도 강화시키겠다."는 야망은 목회의 순수성을 갉아먹는 결정적인 독소입니다. 결국, 교회가 사회로부터 지탄의 대상이 되고, 하나님의 이름을 욕되게 하는 오욕을 만듭니다. 다른 일은 망하면 혼자 망할지 몰라도 목회자는 자신이 잘못된 길을 가면 양들도 함께 그 길로 가게 되고, 함께 망하게 되지 않습니까? 그런 의미에서 박윤선 박사님의 '하나님 중심' 철학은 제가 목회할 때 두고두고 도전이 되고, 제 자신의 교만을 견제할 수 있는 바탕이 되었습니다.

박윤선 박사님과 함께 정말 존경할 수 있었던 또 한 분, 김명혁 교수님의 가르침 역시 제게는 큰 공부가 되었습니다. 그분의 진실성과 꾸밈없는 태도, 하나님의 섭리를 언제나 수긍하고 받아들이는 겸허한 자세야말로 삶의 소중한 표본을 보여주는 모습이었습니다. 특히, 제가 제일 감동받던 일은 그분의 아들 철원이가 네 살 때 뇌종양으로 하나님의 부름을 받았는데, 그 투병기간 내내 아들에게 천국에 대한 소망을 심어주던 사연을 수필로 담은 글을 읽었을 때였습니다. 자식의 죽음 앞에서도 하나님만을 소망으로 여기는 그분의 견고한 믿음이 그대로 배어 나온 글이었기에 더욱 감동이 컸던 것 같습니다. 사실, 서울대를 졸업하고 유학 가서 12년 동안이나 공부했으면 지적인 교만이 들 법도 한데, 인간의 생사화복이 하나님께 달려 있음을 목격하시면서 속수무책인 인간의 한계를 보시면서 그분이 보여주시는 삶의 태도는 언제나 겸손함 그 자체였습니다. 반포에 신학교를 세우신 뒤에도 언제나 기도에 매달리고, 기도를 강조하시는 모습 때문에 혹자들은 "무슨 신학교가 기도원 같냐?"며 핀잔을 놓기도 했답니다.

그러나 저와 많은 동료들은 오히려 김명혁 교수님의 그런 영적 능력과 지성의 균형잡힌 모습에 매료되곤 했습니다. 그러다보니 그분과 가까이 지낼 수 있었는데, 공교롭게도 저는 그분 때문에 강도사고시 재수(?)를 해야 하는 어려움을 겪기도 했습니다. 친하게 지낸다고 해서 정당하지 않은 혜택을 주는 법이 없었던 그분의 강직함 덕분에 저는 불행하게도 그분의 과목에서 낙제를 받은 것입니다. 교수님은 우연히 제 시험지에서 이름을 보시고서는, 약간은 고의로 시험점수를 인색하게 주셨다는 걸 나중에야 알게 되었습니다. '웬만하면 합격시켜줄 수도 있었을 텐데….' 하는 서운함이 그 당시에는 있었지만, 돌이켜 생각해보면 교수님께 감사하다는 생각이 듭니다. 그분의 그런 엄격함과 강직함 덕분에 저는 오히려 강도사고시 낙방을 전화위복(轉禍爲福)의 기회로 삼고 그후의 목회 진로에 대해 옷깃 여미는 자세로 진지하게 준비할 수 있었기 때문입니다.

김명혁 교수님에게 또 한번 크게 배운 사건이 있었습니다. 교수님께서 Y 교회 목회를 사임하실 때였습니다. 저는 전도사로서 그분의 목회를 옆에서 지켜볼 수 있는 기회가 있었습니다. 한 분의 집사님이 사재를 털어 교회를 세운 그 교회 구조 탓에 교회가 그분 중심으로 운영되는 것을 보시면서 '하나님 중심, 말씀 중심' 으로 가르치시려고 애쓰시다가 한계를 느끼시고 깨끗이 사임하시는 모습이 그렇게 멋져보일 수가 없었습니다.

무슨 일이든 시작도 중요하지만 마무리도 얼마나 중요한지 모릅니다. 목회야말로 더더욱 마무리가 중요한 사역이지 않습니까? 평신도들에게 가르친 대로 목회자가 살고 있느냐 하는 것은 매우 중요한 일이기 때문입니다.

예순이 넘으신 김명혁 박사님. 얼마 전 도곡동에 강변교회를 개척하여 건물을 아담하게 지어서 이사를 하셨는데, 부산에서는 이웃 교회 헌신예배도 가지 않는 제가 지난 4월 19일 밤에는 입당기념 특별집회를 인도하게 되었습니다. 무엇보다 김 박사님의 부르심이라 거역할 수 없었던 저는 부산에서 주일 4부예배를 인도하고 4시 비행기로 올라가서 말씀을 증거하기도 했습니다.

이제는 눈가에 진 잔주름이 노 교수의 자리로, 경륜이 찬 목사님으로, 아세아의 자랑스러운 학자요, 기독교 지도자로 우뚝 서신 모습을 보여주고 계십니다. 저는 그 모습을 뵐 때마다 그렇게도 자랑스러울 수가 없으며 뵙기만 해도 은혜가 되는 존경하는 분을 생각할 때 하나님께 감사하지 않을 수 없는 것입니다.

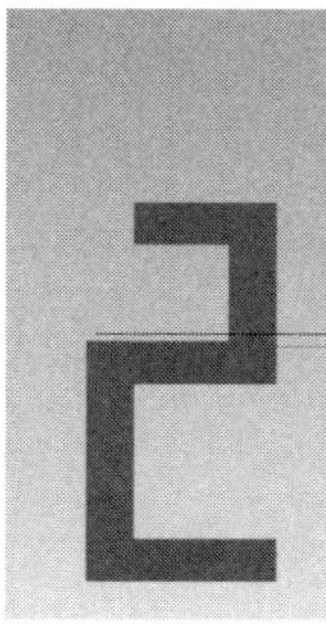

사랑이 위대하더라

사랑의교회 부목사 시절, 교역자 수양회 때
옥한흠 목사님과 함께 86. 8.

비전만 같으면 문제없다
목사 같지 않은 진짜 목사
설교에는 균형이 있어야
최 목사, 부산으로 가게나!

옥한흠 목사님께는 두 가지를 배웠습니다. 첫째 제자훈련 목회는 미쳐야 한다는 것이고, 둘째 이 목회는 단순성을 확보하는 데서 출발해야 한다는 것이었습니다. 정말 그랬습니다. 옥 목사님은 '미친 척' 하는 분이 아니라 제자훈련에 정말 미친 분이셨습니다. 또한 그분에게서 나오는 영적 파워는 복음(전도와 양육) 외에는 아무것도 알지 않기로 작정한 사람의 부동심(不動心), 바로 거기서 나오는 것이었습니다.

비전만 같으면 문제없다

총신을 다니면서 장성교회를 섬기고 있던 중, 사랑의교회 옥한흠 목사님께서 어느 날 제게 전화를 주셨습니다. 나중에 알고 보니 현재 사랑의교회 J권사님의 소개였던 것입니다. 그 당시 총신에서 함께 공부하던 우리 동료들은 좀더 효과적인 대학부 사역을 위해 네비게이토 간사들을 불러 강의를 듣기도 하고, IVF의 송인규 간사님(현재 합신 교수) 등을 초청해서 공부를 하기도 했었습니다. 베델 성서공부도 했었지요.

당시 총신은 공부에 전념할 수 있는 분위기도 아니었습니다. 학내 문제로 한참 데모를 하던 시절이었는데, 저는 열심히 선교단체의 장점들을 대학부 사역에 접목시키는 가운데 제자훈련에 눈떠가고 있던 때였습니다. 그러자 열매가 나타나고 대학부에 때 아닌 부흥이 일어나던 시점이었습니다.

옥 목사님께서는 그 소식을 들으시고 전화를 하신 것이었습니다. 대화 도중 이런 제 배경과 목회 비전을 확인하신 옥 목사님은 저에게 함께 일해보지 않겠느냐고 하셨습니다. 저는 참으로 감사하면서도 옥 목사님께 한 시간 동안이나 설득하며 거절할 수밖에 없었습니다. 제가 옥 목사님을 섬길 수 있는 재목이 되지 못한다는 이유 때문이었지요. 당시 제 나이가 너무 많아서 옥 목사님과 별로 나이 차이가 나지도 않는 데다, 새파랗게 젊은 전도사들을 놔두고 딸린 식구가 많은 저를 부르신다면 오히려 일하시기가 불편하실 것 같았습니다. 저는 나름대로 옥 목사님께서 세상 물정을 잘 모르시기 때문에 순수한 마음으로 저같이 세상 경험 많고 나이 많은 사람을 불러주신 거라 판단했었지요. 나이만 많았지 사실 제가 가진 것이라곤 특별한 게 하나도 없었기 때문입니다.

그러나 옥 목사님께서는 그런 건 하등의 문제가 되지 않는다며 말씀을 이으셨습니다.

"최 전도사님, 문제는 다른 게 아니라 비전입니다. 비전만 같다면 얼마든지 함께 일할 수 있지 않겠습니까?"

목사님의 끈질긴 설득에도 저는 물러설 수 없어 정중히 거절했습니다. 당장 장성교회 대학부 사역에서 손을 놓는다는 것도 어려웠기 때문이지요. 또한 저는 졸업을 하면 개척할 생각을 하고 있었습니다. '내 분수에 맞게 개척을 해서 고생을 해봐야지. 서른 일곱 살에 딸린 식구도 많은 나를 누가 부교역자로 써주겠나.' 라며 마음의 준비를 하고 있었습니다.

실제로 그 얼마 뒤, 개척 문제를 놓고 기도하기 위해 미디안 기도원으로 올라갔습니다. 그런데 열흘을 작정하고 금식에 들어가 날짜를 다 채울 무렵까지 확신은커녕 응답이라고 생각할 징조가 전혀 나타나지 않았습니다. 어찌 되었든지 방향은 잡아야겠는데 그렇게 답답할 수가 없었지요. 저는 속으로 생각했습니다.

'이제 내일이면 내려가야 한다. 그런데 아무런 사인도 없다. 그렇다면 개척하라시는 하나님의 뜻으로 알고 내려가자.' 그래서 마지막으로 산 속에 들어가 눈이 쌓인 계곡에서 무릎을 꿇고 개척지와 필요한 모든 물질을 달라고 기도의 방향을 바꾸어 기도하기 시작했습니다. 털옷 하나를 걸치고 산 속에서 "주여!"를 외치며 한참 기도에 열중하고 있는데 어디선가 발자국 소리가 들려왔습니다.

"저벅, 저벅, 저벅…."

저는 며칠째 금식중인 상태라 배가 고파서 거의 정신이 아득한 지경이었습니다. 게다가 산 속에 발자국 소리가 들려오니까 얼마나 공포감이 밀려오던지 숨이 멎는 것 같았습니다. 고개를 확 돌려 다가온 발자국의 주인을 바라보았습니다.

"아니 웬…."

놀란 사람은 저만이 아니라 그쪽도 마찬가지였나 봅니다. 저를 위 아래로 죽 훑어보는 그 사람은 다름 아닌 나무꾼이었던 것입니다. 저는 그 사람이 혹시라도 저를 때리고 옷이라도 뺏어가지 않을까 염려됐습니다. 우습게도, 가난하던 그 시절, 당시 제가 입고 있었던 외투가 꽤 괜찮은 외투였기에 먼저 거기에 마음이 갔던 것입니다. 나무꾼이라는 사실을 확인하고서도 두려움이 저를 떠나지 않았습니다. 또, 그 사람이 저를 얼마나 수상하게 쳐다보는지 마치 간첩을 보는 듯 자꾸만 뒤를 돌아보면서 산을 내려가는 모습이 무척 마음에 걸렸습니다. 미디안 기도원에서 기도하러 올라왔다고 말할 수도 없고, 어쩌나 하다가 결국 산을 그냥 내려와야 했습니다.

그런데 나무꾼에게 놀래 터벅터벅 산을 내려오던 저는 어디선가 들려오는 소리에 흠칫 놀라 뒤를 돌아보았습니다.

"이 사기꾼아!"

당시 모자 달린 털옷을 입고 있던 저는 모자를 뒤로 젖히고 주위를 둘러보았지만 아무도 없었습니다. 그 목소리는 다름 아닌 제 마음속에 들려주시는 주님의 음성이었던 것입니다.

"너에게 묻노라. 네가 평신도라면 최홍준 전도사가 개척한 교회에 가서 성도로서 신앙생활 할 수 있겠느냐?" 저는 당장 대답했습니다.

"천만에요. 서울에 훌륭한 목회자가 많고 실력과 영력있는 목회자가 수없이 많은데, 왜 이제 신학교 갓 졸업한 실력도 없고 영력도 없는 햇병아리 같은 사람 밑에 가서 신앙생활하겠습니까? 아닙니다. 전 절대 안 갑니다."

"그렇다면 너는 사기꾼이 아니냐? 자기는 못 하겠다면서 다른 사람들 보고 최홍준 전도사가 개척한 교회에 나오라고 강요할 거 아니냐?"

저는 이 사건을 통해 엄청난 충격을 받았습니다. 그리고 한 가지 사실을 분명히 깨달았습니다. 제가 영적으로 약해지면 마귀에게 얼마든지 당할 수 있다는 사실을 말입니다. 나무꾼 한 사람이 무서워 허겁지겁 산을 내려오는 제 자신의 모습을 보니 그때만큼 스스로가 영적으로 나약해 보인 적이 없을 정도였습니다. 그리고 하나님의 뜻을 어느 정도 헤아릴 수 있었습니다. 아직은 개척할 시기가 아니라는 걸 하나님께서 알려주신 것입니다.

그렇다면 저도 대책을 찾아야 했습니다. 지금 이 시점에서 무얼 해야 하는지 방편을 세워야 했습니다. 그러자 곧바로 하나님께서 응답을 주셨습니다. 훈련을 받으라는 응답이셨지요.

'훈련이라? 그럼 누구한테 훈련을 받아야 하나?'

그때 머릿속에 확 떠오르는 분이 바로 옥한흠 목사님이셨습니다.

'그렇구나! 이때를 위함이었구나.'

저는 당장 염탐을 해봤습니다. 그 결과 그 교회에서는 이젠 전도사를 구하지 않고 부목사를 구한다는 소식이 들려오더군요. 전 당시 전도사였는데 말입니다.

'아이고, 이제 물 건너갔구나.' 하는 마음이 드니까 얼마나 허탈해지던지….

그때까지만 해도 옥 목사님은 한국 교계에 별로 알려지지 않았던 시절이었습니다. 그러나 우리 전도사들 사이에서는 목사님에 대해 여러 정보를 입수하고 있었습니다. 성도교회에 계실 때 이루신 신화 같은 부흥의 소식하며, 미국에서 공부하고 돌아오신 일 등을 접하면서 우리 딴에는 목사님께 한 수 배우고 싶어 어느 날 문득 목사님의 교회를 찾아간 적도 있었습니다.

옥 목사님께서는 아마 그 일을 기억 못하고 계실지도 모르겠습니다. 한 20여 명 되었을까요? 전도사들이 소위 교회탐방이라는 미명하에 폼잡고 옥 목사님이 담임하시는 교회에 갔습니다. 그런데 교회에는 긴 의자도 없고 개인 의자만 몇 개 있었는데, 그곳에 장발에다 노란 남방을 입은 목사 같지도 않은 목사(?) 한 분이 앉아 있었습니다. 저희들을 보자 "뭐 하러 왔냐?"고 물으셨지요.

"목사님, 저희들은 목회 사역에 대해 공부하고 있는데 목사님께서 새로운 목회를 하신다는 소식을 듣고 이렇게 탐방을 왔습니다." 그러나 목사님의 대답은 간단했습니다.

"내 목회 사역에 대해선 말할 것도 없고 아직 내놓을 만한 것도 없어요. 그러니 시간 낭비하지 말고 돌아가서 공부나 해요." 첫인상에서 참 솔직하고 겸손하시다는 인상을 받고 우리는 다소 허전한 마음으로 돌아간 일이 있었습니다. 제게 첫 전화를 주시기 한참 전의 일이었지요. 그런데 그 옥 목사님께서 저에게 함께 사역하자고 기회를 주셨는데 제가 그만 놓치고 말았던 것입니다. 목회 인생에서 중요한 기회 하나를 놓친 셈이지요.

그런데 몇 개월 뒤, 눈이 펑펑 내리는 날이었습니다.

"때르르릉."

느닷없이 걸려온 전화의 주인공은 다름 아닌 옥한흠 목사님이셨습니다.

"아직 생각이 바뀌지 않으셨습니까?"

부목사를 찾아봤지만 마땅한 사람이 없어 다시 전화를 하셨다는 목사님의 말씀을 듣고 '할렐루야!'를 속으로 외쳤습니다. 그 당시 사랑의교회 신자가 대략 150명 정도 되었는데, 중등부에 전도사 한 분과 유년부에 여 전도사 한 분이 동역하고 있었고, 나머지 한 분의 동역자를 구하고 있었는데 쉽게 결정하지 못했었나 봅니다. 곧바로 5월 14일에 만날 약속을 하고는 총신에서 첫 만남을 가졌습니다. 목사님의 첫 마디는 다음과 같았습니다.

"언제 올 건가?"

그러시면서 6월 1일까지 오는 걸로 아시겠다고 하셨습니다. 6월 1일이면 며칠 남지 않은 시점이라 저는 부랴부랴 장성교회 장로님들을 한 분 한 분을 찾아다니며 양해를 구하고 담임목사님께 간곡히 사정을 말씀드리고 허락을 받아냈습니다.

드디어 6월 1일. 제대로 된 건물도 없는 사랑의교회(당시 강남은평교회)에서 옥한흠 목사님과의 동역이 시작되었습니다. 그동안 저 혼자 어줍잖게 해오던 제자훈련도 목사님의 지도로 틀을 잡아가면서 할 수 있었고, 심방도 함께 다니며 환상적인 호흡을 맞출 수 있었던, 제게는 너무도 행복한 시간들이 시작된 것이었습니다.

목사 같지 않은 진짜 목사

옥한흠 목사님께 받은 가장 깊은 인상은 주님 앞에서의 철저한 헌신이었습니다. 그러시면서도 매사에 형식적인 것을 싫어하시고, 꾸밈없는 소탈함으로 생활하시는 모습이 '참 큰사람이구나.'라는 걸 느끼게 했습니다. 옥 목사님은 심방하실 때도 캐주얼한 차림으로 심방을 다니시곤 하셨습니다. 저야 전도사니까 전통적인 양복 차림에 넥타이까지 매고 목사님 뒤를 따라 다녔습니다. 목사님께서는 손수 운전을 하셨는데, 자신은 당회장 운전기사로 왔다며 우스갯소리를 하기도 하셨습니다.

옥 목사님을 통해 배울 수 있었던 것은 무엇보다 전통교회 목사들의 전통적인 목회의 틀을 깨고 전혀 다른 패턴의 삶을 사시는 모습이었습니다. 형식이나 의식, 권위도 다 내려놓고 순수하게 그리스도인다운 모습으로 섬김의 삶을 살려 하시는 모습. 말씀을 증거하실 때마다 폭발적으로 터져 나오는 영혼에 대한 열정. 삶의 진솔함이 늘 묻어 나오던 옥 목사님께서는 일부 전통교회 목사들이 가지고 있던 목이 굳은 모습과는 전혀 다른 겸손하고 정직하며 투명한 무엇이 있었습니다. 또한 외람된 표현이긴 하지만 제자훈련에는 완전히 미치광이 그 자체였습니다. 그러는 가운데서도 타협 없는 강직함 앞에는 두 손을 들어야 했습니다.

한번은 이런 일도 있었습니다. 새벽기도회 때의 일이었지요. 그날따라 옥 목사님께서 새벽기도에 못 나오시게 되었습니다. 그러자 한 성도가 기도회를 마치고 나가면서 교회 입구에 나와 사모님과 성도들 앞에서 "개척교회 목사가 새벽기도회도 안 나온다."며 야단법석을 떨었습니다. 그 사실은 곧 옥 목사님께서도 알게 되셨지요.

그날, 제가 학교에 갔다가 교회로 돌아오자 목사님께서 새벽에 일어난 상황에 대해 자세히 물으셨습니다. 그래서 사실대로 말씀드렸는데, 옥 목사님께서 그 성도에게 전화를 넣어보라고 하셨습니다. 시키는 대로 전화를 하고는 목사님을 바꿔드렸지요. 저는 목사님께서 "몸이 많이 피곤해서 새벽기도를 못 나갔다."고 하실 줄 알았습니다. 그런데 이게 웬일입니까? 첫 마디가 "집사님, 신앙생활 몇 년 하셨습니까?" 하고 다짜고짜 묻는 것이었습니다. 그러시더니 "신앙생활 20년 하신 분이 목사가 사정이 있어 새벽기도 빠질 수도 있는 것을 가지고 그 야단을 부리면 질서가 어떻게 되겠느냐?"며 호통을 치셨습니다.

옆에서 그 말씀을 듣던 저는 얼마나 당황하였던지 옥 목사님께 화를 냈습니다.

"목사님, 지금 무슨 말씀 하시는 겁니까? 저 보고 전화를 넣으라고 해서 영문도 모르고 전화를 넣어 바꿔드렸더니 이렇게 화를 내시면 제가 목사와 성도 사이를 이간시킨 것밖에 더 되겠습니까? 목사님께서 직접 전화를 해서 야단을 치셔야지, 왜 저 보고 전화를 걸라고 해서 야단을 치고 그러십니까?"

그러자 목사님께서는 저를 보며 미안해하는 표정으로 말씀하셨습니다.

"그리 되었나? 그건 내가 미안하게 되었네. 그러나 나는 교회 기초를 세우는 데 있어 교회의 기둥이 되어야 할 사람에겐 단호한 면을 보여주고 싶었네. 우리 교회가 개척교회가 아닌가? 쓴 뿌리가 박혀선 안 되네. 기초는 아주 순수하고 복음적인 뿌리에서부터 세워져야 하네. 목사가 새벽기도 한번 불참했다고 쌍심지를 켜들고 분란을 일으킨다면 안 될 말이지.”

옥 목사님으로부터 그 말씀을 듣기 전까지 저는 ‘개척교회 멤버 한 명이 얼마나 중요한데 저렇게 야단을 치시나? 그러다 그 사람이 교회를 떠나기라도 하면 어쩌나?’ 하는 속 좁은 생각에만 몰두해 있었습니다. 그런데 목사님의 말씀을 듣고보니 분명한 질서를 잡으시려는 목회철학과 관련되어 있어 아무 말씀도 드릴 수가 없었습니다. 그 성도는 그후 보이지 않았습니다.

사도행전에 나오는 ‘아나니아와 삽비라’ 사건을 볼 때마다 저는 그때 그 일이 떠오르곤 합니다. 아나니아와 삽비라도 하나님의 교회를 위한답시고 재산을 바쳤지만 결국 성령을 속이고 근심케 해서 죽게 되지 않습니까? 왜 그들이 죽어야만 했을까요? 주님께서 초대교회를 세워가실 때라 더더욱 교회의 순결을 지킬 필요성이 있었던 거라고 생각합니다.

만약 그때 그분이 초신자였다면 얘기는 달라졌을 겁니다. 옥 목사님께서 그렇게 단호하게 야단을 치실 분이 아니지요. 문제는 교회의 기둥이 될 만한 사람이 불평불만을 나타낸 데서 실망감이 불거져나온 것이었습니다.

그때 저는 ‘역시 옥 목사님은 한 수 위다.’ 라는 걸 깨달았습니다. 부교역자들의 살림살이는 어떤지, 화장실이며 부엌살림은 어떤지를 꼼꼼히 점검할 정도로 자상하시고 항상 사랑을 강조하시면서도, 절대 “목사는 이래야 하니까.” 하는 틀에 얽매이지 않았던 분이셨습니다. 신념대로 밀어붙일 줄 아는 강한 카리스마를 발휘하는 이 시대의 탁월한 지도자이셨습니다.

설교에는 균형이 있어야

목자로서의 지도력에 대해서는 옥 목사님의 모습을 통해 그 후에도 여러 번 배울 수 있는 기회가 찾아왔습니다. 옥 목사님께서 오전예배에서 강한 복음의 메시지를 전하시면 저는 저녁예배 설교를 통해 성도들의 삶을 조명하는 말씀을 전했습니다. 제 개인적으로는 참 많은 훈련이 되었던 시기였지요. 하도 분주히 뛰어다니니까 항상 목사님이 "몸 좀 보살펴라."는 충고를 하실 정도였습니다. 그러나 그때는 복음을 전하고 말씀을 선포하는 사역이 그렇게도 행복할 수 없었습니다.

그러다 한번은 조화를 잃어버린 설교를 한 적이 있었습니다. 다윗의 범죄와 하나님의 진노에 대한 말씀이었는데, 어떻게 하다보니 인과응보식 설교로 흐르고 말았습니다. 죄의 값은 하나님의 진노와 보응이라는 것을 아주 강렬하게 선포했지요. 왜냐하면 제자훈련을 하다보니 성도들이 죄 용서 받는 데 지나친 비중을 둔 나머지 자신의 잘못에 대한 책임이나 하나님의 징계에 대한 두려움을 간혹 간과하는 면이 없지 않아 있었기 때문에 그걸 시정해주고 싶은 마음이 앞섰던 것입니다. 그러나 그날의 설교는 하나님에 대한 두려움, 경외심을 알게 하는 쪽보다 진노하시는 하나님에 대해 일방적으로 선포해버린 셈이 되고 말았습니다. 말하자면 균형을 잃은 것입니다. 누가복음 15장의 탕자의 비유에 나오는 '하나님의 사랑' 을 곁들였어야 하나님의 광대하신 속성들을 제대로 전할 수 있었을 텐데 말입니다.

그 설교를 하고 내려오자 옥 목사님께서 처음으로 제게 설교에 대한 지적을 해주셨습니다.

"자네, 설교에 균형을 잃으면 어떡하나?"

목사님은 하나님의 공의를 전하는 메시지라도 하나님의 사랑이 함께 전해져야 균형잡힌 설교가 된다는 걸 강조하셨습니다. 전 그렇게 하나 둘씩 목사님을 통해 설교, 제자훈련, 사역을 배워가며 목회자로서 준비되어가고 있었던 것입니다.

7년의 세월 동안 그렇게 우리는 한가족처럼 격의 없이 지내며 교회를 위해 합심해서 사역을 해나갔습니다. 그 결과, 사랑의교회는 개척 8년 만에 교회 성도들이 3천 6백 명 정도 되었고, 차츰 기틀이 잡혀가기 시작했습니다.

최 목사, 부산으로 가게나

하나님의 축복 가운데 사랑의교회에서 한참 사역하고 있던 '86년 가을무렵이었습니다. 당시 저는 수석부목사로 섬기고 있었는데, 어느 날 부산의 노진현 목사님께서 제게 전화를 주셨습니다. 노 목사님이면 우리 교단에서 가장 큰어른이신데 왜 친히 전화를 다 주셨는지 여쭤봤더니, 저 보고 부산에 내려오지 않겠느냐는 말씀이셨습니다. 당신께서 원로목사로 계신 교회에 청빙의사를 밝히시는 내용이었지요.

저는 펄쩍 뛰었습니다. 무엇보다 사랑의교회를 떠날 수 없다는 생각이 앞섰습니다. 무엇이든지 이론이 현실화될 때에 나타나는 열매를 보면 그 이론의 가치를 알 수 있는데, 그때를 즈음해서 사랑의교회에 나타나는 제자훈련의 열매는 목회자인 저를 너무나 가슴 벅차게 만들고 있었습니다. 점점 "바로 이거다."라는 확신을 가질 수밖에 없었던 것은 제자훈련을 통해 성도들이 변화되는 현장을 너무도 생생하게 목격했기 때문이었습니다. 도무지 소망 없어 보이는 사람들, 당장 이혼할 것 같은 부부들도 이 제자훈련만 받으면 복음 앞에 새로워지고, 삶이 변화되어 헌신된 그리스도인으로 거듭나는 것을 볼 때 목회자로서 정말 열광하지 않을 수 없었던 것입니다. 목사로서 그 이상 재미있고 신나는 일이 어디 있겠습니까?

성경에서 말하는 것처럼 교회는 그리스도의 몸이기 때문에 조직체가 아니고 생명체라는 것, 그러기에 생명체인 교회는 건강해야 하며, 건강하면 잘 성장한다는 사실을 다시 한번 깨닫게 되는 계기가 되었습니다. 교회에 속한 개인개인도 자라고, 교회도 자라는 것입니다. 이 사실이 사랑의교회에서 증거되고 있었습니다. 제자훈련을 통해 교인들이 건강해지자 교회가 부쩍 성장하기 시작했습니다. 어느 시점에 이르러서는 아주 폭발적인 부흥이 이루어졌습니다. 저는 그 모습을 보며 교회 개척에 대한 생각을 완전히 접어버렸습니다. 평생 사랑의교회 부목사로 섬기며 제자훈련 사역을 하고 싶었습니다. 단독목회를 하는 것보다는, 이미 계획되어 있는 제자훈련 세미나에서 스태프로 참여해 한국교회 목사님들을 섬기며 살고 싶었던 것입니다. 그래서 제 꿈이 한국 최초의 원로부목사가 되는 일이었습니다.

그런 꿈을 갖고 있던 제가 노진현 목사님의 말씀에 선뜻 응할 수 없었던 건 어쩌면 당연한 일이었습니다. 당시 서울의 모 교회에서도 청빙의사를 밝혔었지만, 사랑의교회가 저를 필요로 하는 한, 이곳에 남겠다는 결연한 의지가 있었던 상황이어서 정중하게 거절했습니다.

"왜 꼭 한국교회는 담임목사를 해야만 제대로 목회를 하는 것처럼 보는가?"에 대해서도 사실상 동의가 안 됐고, 옥한흠 목사님처럼 목회를 잘할 자신도 없었기 때문에 마음에 전혀 동요가 없었습니다. 또한 부목사로 일하면서도 얼마든지 목회의 기쁨과 보람을 누리고 있는데 굳이 단독목회, 개척교회를 해야 될 이유를 찾을 수가 없었던 터이기도 했습니다.

워낙 교계의 어른이시라 정중하게 거절하면서 다시는 그런 전화가 안 걸려오기만을 바랐습니다. 어떤 면에서는 교만한 생각이었지요. 그런데 이게 웬일입니까? 매주 월요일마다 전화가 걸려왔습니다. 그동안 아이들에게나 집사람에게 거짓말하는 것을 절대 용납한 적이 없었던 터라 집에 있는 사람을 없다고 말할 수도 없고 해서, 그때마다 걸려온 전화를 받는데 곤혹스러워 죽을 지경이었습니다. 거절하는 것도 한두 번이지 어른에게 때마다 고사(苦辭)의 뜻을 밝힌다는 게 쉬운 일은 아니었지요.

그러기를 한 4개월 했습니다. 이제는 포기하실 때도 됐다고 생각했는데, 어느 날 걸려온 그 전화 한 통이 저를 더 옴짝달싹 못하게 했습니다.

"최홍준 목사가 부산으로 내려오는 건 하나님의 뜻이오!"

저는 왜 하나님의 뜻이냐고 여쭈었습니다. 그러자 그 교회 장로님 한 분이 담임목사 후보로 한 사람을 추천했는데, 그 사람이 바로 최홍준 목사라는 것입니다. 우연의 일치였지요. 노진현 목사님께서 아무에게도 최홍준 목사를 데려오려 한다는 말씀을 안 하셨는데, 그 장로님이 저를 추천한 것은 절대적인 하나님의 뜻이라고 밀고 나가시는 것이었습니다.

부산 새중앙교회가 설립되기 전에 노 목사님께서 개척하시고 은퇴하신 중앙교회의 당회에서 후임자를 노진현 목사님께 위임했었고, 분리되어 나오신 후 새중앙교회의 초대 목사도 노진현 목사님께 위임하여 모셔왔는데, 이번에도 노 목사님께 후임자를 선택하시도록 한 것이 새중앙교회 장로님들의 훌륭한 점이었습니다. 전임하신 두 분의 목사님도 다 노 목사님께서 추천하셔서 오셨다가 안 좋게 가셨는데, 세 번째의 추천권도 노 목사님께 위임하는 모습이 참 아름답지 않습니까? 저력있는 장로님들이셨습니다.

그런데 문제는 제가 꼼짝을 안 하니 노 목사님께서 속이 타셨나 봅니다. 하루는 부산 새중앙교회 장로님 세 분이 올라와서 저에 대해 염탐(?)하고 내려가셨습니다. 마침 사랑의교회는 '대각성전도집회'를 할 때여서 낮에는 제가 설교를 하고 옥 목사님께서 밤에 설교를 하셨는데, 어떻게 알았는지 그 정보를 다 알고 미리 와서 저를 보고 가신 것입니다. 어떤 면에서는 황당했지요. 대체 누가 우리 교회의 정보를 흘려주고 있는지 찾아봐야 했습니다.

　범인(?)은 다름 아닌 사랑의교회를 섬기고 계신, 노 목사님의 따님과 사위 되는 분이었습니다. 한 분은 현재 장로님이 되셨고 한 분은 권사님이신데, 두 분 다 제게 제자훈련을 받으신 분들이셨습니다. 그 사실을 모르는 저는 두 분을 직접 찾아갔습니다. 간곡히 청을 했지요.

　"집사님, 제발 목사님께 전화 드려서 제게 전화 좀 주시지 말라고 말씀 좀 해주십시오. 집사님께서 저를 잘 아시잖습니까? 제가 어디 나갈 사람입니까? 이젠 정말 한계에 부딪쳤습니다. 제발 좀 막아주십시오." 그러자 그 집사님 대답이 더 가관이었습니다.

　"목사님, 왜 이러십니까? 목사님을 새중앙교회에 추천한 사람은 바로 저희들인데요."

　아니 이럴 수가! 전 너무 황당하고 놀라서 입을 다물지 못했습니다.

　"아니, 집사님들은 저와 함께 1년 동안 제자훈련을 하면서 저에 대해 알 거 다 알지 않았습니까? 제 약점까지도 아시는 분들이 그런 일을 저지르시면 어찌합니까?"

　"목사님, 우리가 목사님을 알기 때문에 목사님을 추천한 것입니다. 목사님, 그러지 마시고 제발 가주십시오. 가서 교회에 힘이 되어주십시오."

　저는 그분들이 추천을 하리라고는 상상도 못했습니다. 그래서 대답했지요.

　"전 교회에 힘이 될 만한 능력도 없고, 아무것도 없습니다. 어떻게 하시려고 그런 일을 저지르셨습니까?"

　지금 생각하면 부족하고 어리석은 저를 추천해주신 것만으로도 감사할 일인데, 그날은 감사하다는 말이 도저히 나오질 않았습니다. 선뜻 마음이 부산으로 기울지 않았기 때문입니다. 게다가 당시 새중앙교회는 안정된 상태가 아니었기 때문에 제가 가서 교회를 안정시키고 부흥시킬 자신이 없었습니다. 그렇게 제가 어물쩡거리는 사이에 새중앙교회에서는 공동의회까지 열고 저를 담임목사로 데려오는 데 만장일치가 되었다는 소식이

들려왔습니다. 그 사이 저는 노진현 목사님께 이런 말씀을 드린 적이 있었습니다.

"목사님, 한 표라도 부표(否票)가 있으면 전 절대 안 갈 겁니다. 한 표라도 부표가 있다면 하나님 뜻이 아닌 줄 알고 안 갈 겁니다." 그런데 막상 공동의회를 해본 결과 만장일치였으니 할 말이 없었지요. 제 얼굴 한번 보지 않고, 설교 한번 들어보지 못한 사람들이 왜 부표를 안 했는지 지금 생각해도 의아스러울 따름입니다.

제가 그동안 머뭇거릴 수밖에 없었던 건 자녀교육에 관한 문제 때문이기도 했습니다. 한참 예민한 시기에 아이들에게 학교를 옮기라는 것도 그렇거니와 부산과 서울이라면 문화적 충격도 따를 것이고 해서 걱정이 되었던 것입니다. 신학교 들어갈 때는 "아골 골짝 빈들에도 복음 들고 가오리다." 하며 눈물어린 신앙고백을 했는데, 막상 서울에서 부산으로 옮겨가는 작은 문제에 부딪쳐서도 그렇게 이것저것 계산을 했던 제 모습이 지금 생각하면 부끄럽기 짝이 없습니다.

그런데 그때는 왜 그렇게 마음이 선뜻 내키지 않았을까요? 저는 마지막 비장의 카드로 옥한흠 목사님께 문제를 맡겼습니다. 하나님과 저와의 문제이므로 하나님께 무릎꿇고 기도하면서 하나님의 뜻을 헤아렸어야 되는데, 하나님께 참으로 죄송한 일이었습니다. 그저 옥 목사님께 문제를 맡기면서 내심으로는 '목사님께서 거절해주시겠지.' 하는 기대감이 자리잡고 있을 뿐이었습니다. 사랑의교회는 당시만 해도 다른 교회와 차별화가 많이 되어 있던 터라, 부목사 자리에 앉을 만한 사람을 쉽게 찾을 수 없다는 이유만으로도 거절해주실 줄 알았습니다.

그런데 옥한흠 목사님의 대답은 제게 상당히 큰 혼란을 가져다주셨습니다.

"최 목사, 그곳으로 가게나."

청천벽력 같은 그 말씀은 너무도 섭섭하게 들려왔습니다. 혹시 그동안

저를 보며 나가주었으면 하는 바람이 계셨던 건 아니었나 하는 의구심마
저 갖게 했지요. 목사님은 제게 다음과 같은 말씀을 이으셨습니다.

"최 목사라면 잘할 수 있으리라 믿네. 전통교회에도 제자훈련이 먹혀 들
어갈 수 있는가에 대한 하나의 시험장소가 될 수도 있으니까. 하나님께서
최 목사에게 주신 하나의 기회가 될 수도 있지 않겠는가?"

옥 목사님의 그 말씀을 들으면서도 저는 계속 서운한 마음을 어찌할 수
없었습니다. 그래도 말려주실 줄 알았는데, 말려주실 줄 알았는데….

나중에 옥한흠 목사님의 사모님이신 김영순 사모님으로부터 전해들은
사실이지만, 옥 목사님께서는 제게 그런 허락을 하시고서는 3일 동안 밤
잠을 못 이루셨다고 합니다. 내일 다시 허락 못한다고 말할까, 어쩔까를
놓고 고심하신 것입니다. 옥한흠 목사님의 훌륭하신 점이 바로 이런 부분
입니다. 당신 자신이 필요로 하는 것을 놓고 고민하기보다 상대방의 입장
에서 문제를 보고 그것을 고민하시는 분이시지요.

"최 목사, 사실은 난 자네가 여기서 떠난다는 사실이 무척이나 서운하
네. 그러나 자네, 언제까지나 여기서 만족할 수 있을 것 같나? 곧 50세가
되고, 60세가 되어서도 부목사로 목회하는 것에 만족할 수 있겠나? 자넨
담임목회를 해도 얼마든지 잘할 수 있는 그릇이네. 나이가 들어서 갈등하
지 않을 자신 있겠나? 그때는 후회해도 너무 늦어. 결혼도 적령기가 있듯
이 최 목사의 목회 인생에서도 지금이 적령기일세. 지금 내가 자네를 붙잡
고 있다가 나중에야 놔주면 그때는 갈 곳도 없고 하나님 앞에서 자네가 받
은 여러 은사들을 펼 수 있는 기회도 없을 것 아닌가? 그러니까 여러 생각
하지 말고 감사함으로 그곳으로 가게나."

이렇듯, 목사님께서는 제게 필요한 것이 무엇인지에 대해 잘 알고 계셨
던 것입니다. 그 말씀을 듣고 저도 결단을 내릴 수 있었고, 옥한흠 목사님
께 더없이 감사한 마음이 들었습니다.

곧 가족회의를 열어 부산으로 내려가자고 했습니다. 저희 집 큰아이가

고등학교 2학년, 둘째가 고등학교 1학년, 막내가 중학교 1학년이었습니다. 부산에 내려가면 아이들에게 여러 적응할 일들도 힘들고 문화적인 충격도 있겠지만, 하나님께서 우리 가정에 내리신 축복이라고 믿고 내려가도록 하자며 제 뜻을 전했습니다. 위로 두 아이는 그래도 철이 들어서 흔쾌히 뜻을 따랐지만, 막내는 아직 어려 한사코 안 가겠다고 성화를 부렸습니다.

그래도 이미 하나님 앞에 결정된 사실을 어떻게 하겠습니까? 막내에게 알아듣도록 설득하여 내려갔는데, 역시 막내가 제일 적응하기 어려워했습니다. 일단은 친구들 사이에서 사투리를 못 알아들으니까 처음에는 친구 관계의 어려움을 호소해왔습니다. 또, 저와 집사람은 나름대로 부산의 지역적 특성과 새중앙교회만의 독특함을 파악하지 못해 헤매고 있었습니다. 사실, 우리 가족은 부산 새중앙교회에서 펼치실 하나님의 놀라운 뜻들을 다 알지 못하고 있었습니다. 그러니 날이면 날마다 하나님을 기대하며 가슴 부풀기보다 눈물로 밤을 지새우는 일이 많을 수밖에 없었던 것입니다.

깨워라 일어나라

분열과 아픔 끝에 탄생한 새중앙교회
단독 목회의 기대와 희망
개혁의 깃발은 올라가고
첫 설교는 '분위기 좋은 교회 만들기'
헌금 동기부여는 담임목사가
이상한 소문들, 어려운 당회 운영
가스펠송 사건

보수해야 할 것과 변해야 할 것이 뒤바뀐 교회에서는 언제나 답답한 형식주의, 무서운 정죄, 약은 이원론이 득세합니다. 이런 곳에서는 전통이 복음을 관습이 생명을, 관념이 사랑의 역사를 질식시킵니다. 저는 울고 또 울었습니다. 숨가쁘게 누비고 다니던 서울, 그 아름다운 제 교구들을 그리워하기도 했습니다. 그러나 하나님께서 조용히 일하시기 시작하신 것도 이때였습니다.

분열과 아픔 끝에 탄생한 새중앙교회

부산 새중앙교회는 부산 중앙교회에서 분리되어 나온 지 10년 된 교회였습니다. 분리된 배경은 노진현 목사님의 은퇴를 앞두고 새로운 목사님을 모시고 난 후에 노 목사님을 여전히 존경하고 추종하는 교우들과 좀 반대 입장에 선 교우들 사이에 반목이 일어나고 그게 분쟁으로 이어진 것입니다. 그 일이 시발점이 되어서 두 파는 계속 사이가 벌어지고 벌어지면서 교회 내에 긴장 상태가 계속되었다고 합니다.

그 상황을 지켜보던 노회에서 합의를 본 결과, 두 파를 분리시켜 '77년에 합법적으로 새중앙교회가 탄생한 것입니다. 노 목사님의 훌륭하신 지도력에도 불구하고 교회가 분열되는 아픔이 생겼습니다. 이것이 단지 중앙교회의 모습만이 아니고 한국 전통교회의 역사요 부정적인 잠재력이라는 점에서 부끄러운 일이 아닐 수 없습니다.

그런 분열과 아픔 끝에 탄생한 새중앙교회에 새로운 목사님이 초대 목사로 오시게 되었지만, 장로님들과 마찰이 생기고 교회 내 문제가 끊이지 않았다고 합니다. 노진현 목사님은 참으로 청렴결백하시고 인격 목회를 하시는 분이라 양적 부흥이나 야망과는 거리가 먼 분이신데, 그런 면에서 새로운 목사님과 호흡이 잘 맞아떨어지지 않았었나 봅니다.

그러니 교회 일은 많은데 일할 사람은 없고, 일을 해도 자꾸만 불만이 쌓이게 되었던 것입니다. 그러나 성장하는 교회는 일하는 것이 즐겁고 신나기 마련입니다. 반면 성장하지 못하는 교회는 교인들이 일하면서 짜증을 내고 신경질을 부리며 불평 불만을 터뜨리게 됩니다. 일이 더 이상 일이 아니라 하나님께 드리는 감사의 제목이 될 때, 그 교회는 건강하다고 말할 수 있는 것입니다.

결과적으로 초대 목사로 오신 목사님과 그 목사님을 추종하던 몇 성도들이 함께 교회를 떠나는 바람에 새중앙교회는 참으로 어려운 상황에 직면했습니다. 당시 새중앙교회는 설립 10년째가 되었으나 사실은 원로목사를 모시고 나왔고, 장로, 권사 등이 모두 중앙교회 출신으로 교회 역사가 42년이나 된 교회, 지금은 54년째 된 교회로 문자 그대로 전통교회나 다를 바 없는 배경을 가지고 있었습니다. 당회원들은 60세를 바라보는 50대 후반들이었고, 전임자가 당회와의 오랜 갈등으로 결국 사임하게 됨으로 중간층이라 할 수 있는 4,50대가 공동(空洞) 현상을 빚고 있는 실정이었습니다. 젊은이들 역시 지도자에 대한 불신으로 가득 차 있었지요. 이런 산적한 문제들 속에서 저를 부르셨으니 그릇도 작은 제가 감당할 길이 막막했습니다.

한편, 그 즈음해서 저는 안식년을 맞아 사랑의교회에서 성지순례를 시켜준다고 해서 그 수속을 밟고 있었습니다. 그런데 부산으로 내려가는 문제로 인하여 성지순례 과정을 반납했습니다. 그랬더니 옥 목사님께서 호통을 치셨습니다.

"이 사람이 지금 무슨 소리를 하는 건가? 자네 담임목회를 하면 언제 성지순례를 갈 수 있을 것 같나? 나도 담임목회를 한 후 아직까지도 못 갔다 왔네. 자네는 갔다 오고 시작하게나. 다 목회적 자산이 되는 일일세."

그 말씀에 감동을 받고 정말 갔다 오고 시작해야겠다 싶어 부임할 부산 새중앙교회에 말씀을 드렸습니다. 그러자 교회에서도 흔쾌히 허락을 해주셔서 대망의 성지순례도 다녀올 수 있었습니다. 어떤 분들은 "지금처럼 절박한 때에 왜 속히 안 오느냐?"면서 재촉하셨지만, 단기간이 아니라 장기간 해야 하는 목회이기 때문에 성지순례를 다녀오는 쪽으로 마음을 굳혔습니다.

단독 목회의 기대와 희망

은혜로운 성지순례를 마치고 돌아오자마자 드디어 담임목사로 부임하게 되었습니다. '87년 1월 말에 돌아왔는데, 2월 15일을 디데이(D-day)로 잡고 가게 되었습니다. 전에 계시던 담임목사님이 자리를 비운 지 2년 만의 일이었지요.

막상 부임을 해서 보니 교인은 400명 정도 모여 있었습니다. 중형교회 수준이었지요. 사실, 그 전에는 5~6백 명이 모이는 큰 교회였는데, 그 정도로 교회규모가 줄어든 것입니다. 재정적으로도 적자를 면하지 못하고 있었고, 상처투성이었습니다. 서로 간에 감정적인 앙금이 남아 있어서 불신의 골도 깊이 패여 있었습니다.

무엇보다 예배에서 그것을 피부로 느낄 수 있었습니다. 예배가 죽어 있었던 것입니다. 그러면서도 한편 희망적이었던 것은 교회의 저력을 느낄 수 있는 부분들이 보였다는 것입니다.

대부분의 경우, 장로와 목사 사이가 안 좋고 다툼과 분열만 계속되는 교회는 새로 담임목사가 오건 말건 상관하지 않습니다. 그러나 전통적인 교회는 그렇지 않습니다. 예의가 갖추어져 있지요. 먼저 장로님을 보내서 담임목사의 이삿짐을 챙겨주고, 마중나와주는 배려가 있기 마련입니다. 소위 젊은 목사를 나이 많은 장로님들이 모시고 가는 예의를 갖추는 것이지요.

그러나 저는 솔직히 새중앙교회로 부임할 때 그 부분은 전혀 기대하지도 않았습니다. 그래서 정장도 갖춰서 하지 않고 가벼운 옷차림으로 비행기에 올랐습니다. 그런데 이게 웬일입니까? 김해공항에 내려서 보니까 장로님, 권사님, 전도회, 청년부까지 모두 나와 저희 가족을 환영해주는 것이었습니다. 케쥬얼한 차림의 저는 얼마나 민망하고 죄송했는지 모릅니다. 그리고 속으로는 너무나 긴장이 되었습니다.

'아이쿠, 큰일났다. 이렇게 담임목사를 챙기는 걸 보니 교인들은 담임목사 얼굴만 바라보는 스타일인 것 같은데, 내 목회 패턴은 그게 아니지 않는가? 한 사람 한 사람을 챙겨주기보다는 훈련목회 스타일인데….'

정말이지, 그들의 얼굴을 보면서 저는 그동안 사랑의교회에서 해왔던 목회 패턴과는 상당히 다르게 목회를 하게 되겠다는 느낌을 갖게 되었습니다. 한편으로는 '그것이 정말 가능할까?' 하는 회의스러운 마음과 함께, 제가 과연 저들의 목자로서 하나님께 저들을 잘 인도할 만한 사람인지에 대한 자기점검도 자꾸만 교차되었습니다.

그러다보니 위축된 마음만 커져서 스스로를 달래야 했습니다.

'그래, 3년만 한번 부딪혀보자. 안 되면 보따리 싸가지고 가면 되는 거 아닌가?' 그런 배짱으로 목회 일선에 뛰어들었습니다. 한편으로는 기대가 되면서도 한편으로는 두렵기 시작한 셈이지요. 언제든지 그만둘 각오와 함께 최선을 다하기로 마음먹었습니다. 그런데 사실상 저의 목회 인생은 그때부터 시작된 것이나 다름없을 정도로 여러 사건과 문제들이 저를 기다리고 있었습니다. 어떤 면에서는 그걸 몰랐기 때문에 오히려 용기있게, 배짱있게 시작할 수 있었던 것 같기도 합니다.

개혁의 깃발은 올라가고

부산에 내려갈 때 어떤 목사님께서 제게 이런 말씀을 하셨습니다. 1년 동안은 아무것도 손대지 말라고 말입니다. 절대로 한꺼번에 고치려고 생각하지 말고 서서히 개혁을 하라는 뜻이었지요.

그러나 가자마자 저를 사로잡았던 생각은 '어떻게 하면 이 토양을 바꿀 수 있을까?' 하는 것이었습니다. 목사인 제 눈으로 보기에 바뀌어야 할 것들이 무척이나 많아보였습니다. 한편으로는 교회의 긍정적인 모습들이 보이면서도 한편으로는 속이 타 들어가도록 당장 고치고 싶은 부분들이 산적해 있었습니다.

직분자들 가운데 상당수가 성도의 기본 의무인 십일조를 전혀 안 하고 있었습니다. 심지어 기도를 많이 한다는 사람이 사적인 기도그룹을 인도하고 있었고, 한꺼번에 천 명 가까이 수용 가능한 본당에서 4백 명 정도의 성도들만 예배를 드렸으니 예배당은 썰렁하다 못해 찬바람이 부는 분위기였습니다. 전임으로 계시던 목사님께서 부산 시내에 있지만 새중앙교회와는 상당히 멀리 떨어진 지역으로 부임해가셨는데, 그분을 따라 나간 교인들을 그 교회로 수송하기 위한 대형버스가 교회 주위를 주일마다 돌면서 남아 있는 성도들에게도 계속 바람을 넣는다는 소리가 들리기도 했습니다. 그러니 제 마음속엔 단호하고 옹골찬 개혁이 꿈꿔질 수밖에 없었지요.

그 첫번째 개혁은 다른 날도 아닌 부임예배를 드리던 날 이루어졌습니다. 부산은 생각보다 바람이 참 많은 곳이었습니다. 겨울날씨답게 쌀쌀하고 을씨년스러운 분위기 속에서 부임예배를 드리기 위해 열심히 설교를 준비했습니다. 그런데 주보부에서 문의가 오기를 이번 주일에 전할 설교 원고를 미리 달라는 것이었습니다. 주일 주보에 설교 내용을 실어야 한다면서 말입니다.

저는 여러 이유에서 안 된다고 했습니다. 대신 새중앙교회로 불러주셔서 참으로 감사하고 열심히 주의 사역을 하겠다는 내용의 인사말씀을 원고로 건네주었습니다. 그러자 당장 한 장로님으로부터 전화가 왔습니다. 주보 검열을 하시는 장로님이셨지요.

"목사님, 이 원고 말고 목사님의 이번 주일 설교 원고를 주십시오." 저는 무척이나 놀랐습니다. 말씀이 선포되기도 전에 설교 원고를 달라는 것은 도저히 이해할 수 없는 일이었기 때문이지요.

"장로님, 저는 설교할 때 철저하게 원고를 준비해서 설교를 합니다. 그러나 그 원고를 주보에 먼저 싣는 것은 제가 용납할 수가 없습니다. 왜냐하면 제가 설교할 때 성도들이 그 원고 설교를 들여다보며 듣는 것은 마치 강의를 듣는 것과 똑같기 때문입니다. 설교는 강의와 다릅니다. 설교는 원고가 있더라도 성령의 기름부으심이 있을 때 얼마든지 달라질 수 있는 것이에요. 그렇기 때문에 저는 이번 주일에 한 설교를 다음 주 주보에 싣는 것은 괜찮지만 그 주간에 미리 싣는 것은 용납할 수가 없습니다. 그러니 이번 주일에는 인사말씀을 실어주십시오."

아니나 다를까, 다음 당회에서 그 문제가 당장 불거져 나왔습니다. 그래서 제가 물었지요.

　　"설교 원고를 그 주간의 주보에 내야 하는 제도가 왜 생겼습니까?" 장로님의 설명은 다음과 같았습니다. 전임 목사님께서 매주 같은 말씀만 반복해서 전하시고, 설교 준비를 도통 안 하시는 바람에 원고를 미리 내도록 종용했다는 것입니다. 그 말씀을 듣고 무척이나 마음이 아팠습니다. 목사와 장로들 간의 불신의 벽이 얼마나 깊었는지를 단적으로 보여주는 실례였기 때문입니다. 저는 장로님들께 간곡히 말씀을 올렸습니다.

　　"장로님, 좋습니다. 만약에 제가 했던 설교를 또 하거나, 같은 내용만 반복해서 말씀을 전하는 경우가 생겨 장로님들께서 설교원고를 그 주일에 내라고 하면 그렇게 하겠습니다. 그러나 당분간만 이 문제를 제게 맡겨주시고, 지켜보십시오. 그런 일은 없을 것입니다."

　　다행히 그 날 이후, 지금까지 당회에서는 한번도 그 주간의 설교를 미리 제출하라고 한 일이 없었습니다. 부산 새중앙교회에서 이룬 첫번째 개혁 아닌 개혁이었습니다.

첫 설교는 '분위기 좋은 교회 만들기'

부임 첫날 주일 낮예배에 마침 김명혁 박사님께서 오셔서 친히 축사까지 해주셨고 저를 많이 격려해주셨습니다.

그날, 첫 설교 제목은 '분위기 좋은 교회'였습니다. 분위기 좋은 교회. 그건 제 희망이고 궁극적인 비전에서 나온 제목이었습니다. 저는 강력하게 말씀드렸지요. 교회는 분위기가 너무나 중요하다고 말입니다. 현대인들은 식당을 가도 분위기를 찾는데 영적 양식을 공급받는 교회는 특히 더 분위기가 좋아야 한다고 역설했습니다. 이런 내용으로 가면서 예루살렘교회를 조명했습니다. 분쟁이 뿌리내리지 말아야 하고, 절대로 싸움이 없어야 되며, 주님의 사랑에 터를 닦은 사랑의 공동체가 되어야 한다고 힘있게 전했습니다. 그러기 위해서는 훈련이 있어야 한다는 것도 빼먹지 않고 말씀드렸습니다. 주일 낮예배를 마치고 곧이어 환영예배를 따로 드리더라구요. 그때 부목사였던 박종덕 목사(현 양산 성광교회 담임)가 말씀을 전했는데 '소문난 교회'라는 제목으로 말씀을 전하셨습니다. 어느 정도 말씀의 조화를 이룬 첫예배인 셈이었습니다.

　말씀을 마치고 환영 시간에 제가 인사를 드리자 교인들이 박수를 쳐주셨습니다. 그러자 한 장로님께서 예배 중에 박수를 치면 어떻게 하느냐면서 호통을 치시는 것이었습니다. 예배를 드릴 때는 하나님께 영광을 돌려야지 어떻게 사람에게 영광을 돌릴 수 있느냐는 뜻이었지요. 그때도 저는 마음의 벽이 느껴져왔습니다. 목사님을 환영한다는 것과 하나님께 영광을 돌리는 것은 별개의 문제인데, 그것에 대해 분개하시는 모습을 보며 '하나님의 영광'에 대한 교육이 그동안 얼마나 잘못되어왔나를 알 수 있었습니다. 그런 것조차 구분할 수 없는 분위기는 제게 하나의 큰 충격이었고 저를 더 긴장하게 만드는 계기가 되기도 했습니다.

헌금에 대한 동기부여는 담임목사가

환영예배를 마치자마자 교회 시설에 대한 점검에 들어갔습니다. 이미 교회 지붕엔 비가 새고 있었기 때문에 지붕 수리가 필요했습니다. 또한 앰프 시설이 엉망이었습니다. 그런 앰프 수준으로 4백 명이나 되는 청중들에게 말씀을 전달한다는 건 상식적으로 말이 안 될 정도였지요. 그래서 제일 먼저 앰프부터 교체하자고 했습니다. 당회에서는 돈이 없는데 어떻게 앰프를 교체하느냐며 되레 물었습니다. 사실 저는 교회 시설 투자에 유별난 관심을 보이는 사람은 아니었지만, 예배를 위한 가장 기본적인 투자는 아끼지 말아야 했습니다. 장로님들께 정중하게 말씀드렸습니다.

"믿음은 들음에서 납니다. 설교가 들려야 교인들의 믿음이 자라든지 안 자라든지 할 거 아니겠습니까? 만약 이 일이 제대로 되지 않는다면 교회의 기능이 마비되는 것과 다름없습니다. 따라서 이 들리게 하는 기능을 보완해주는 앰프 시설이 제대로 되어 있지 않다는 건 있을 수 없는 일입니다. 헌금을 해서라도 앰프 시설은 제대로 갖춰야 합니다." 장로님들은 모두 입을 벌리셨습니다. 무턱대고 "공사합시다."라고 말씀드린 것이 아니라 "믿음은 들음에서 납니다." 하며 원론적인 말씀을 드렸으니 대답할 말씀을 잊으신 것이지요.

그런데 막상 재정 상태를 살펴본 저 역시 입을 벌리고 말았습니다. 재정 상태는 극도로 빈약하여 교회당에 비가 새어도 손을 쓸 수 없었고, 심지어 교회 주위의 구멍가게마다 외상으로 빚을 지고 있는 형편이었습니다. 심지어 목사 사택도 세입자를 내보내고 입주를 해야 하는데, 전세금도 이잣돈을 내어 변제하는 형편이었습니다. 사례비 또한 재정부장이 변통을 해가며 내주는 식이었고, 그나마 제때 나오지도 못하고 있었습니다. 교인들 수로는 중형교회 정도 되었지만 교인들 대개가 가난하기도 하거니와 헌금에 대한 동기 부여도 전혀 되어 있지 못한 상태였습니다. 단 한 사람의 선교사도 지원하지 못하고 있었고, 구제헌금도 전혀 없었습니다. 너무도 춥던 어느 주일은 기름이 없어서 교회 전체에 난방이 끊기는 바람에 오들오들 떨며 예배를 드릴 정도로 교회 예산이 턱없이 부족한 형편이었습니다.

이런 상황에서 교인들에게 헌금을 내도록 하는 일이 쉬운 일은 아니었지만, 하루는 교인들을 모아놓고 헌금 얘기를 해야만 했습니다. 장로님들께 드린 말씀 그대로 드렸지요.

"믿음이란 들음에서 난다고 했습니다. 그런데 여러분, 제가 설교할 때마다 여기저기서 잘 안 들린다고 수군거리곤 합니다. 그럴 때마다 여러분들을 돌볼 책임이 있는 저도 얼마나 힘이 드는지 모르겠습니다. 여러분, 교회에 듣는 기능이 마비된다면 그 책임은 우리에게 있습니다. 새신자들에게도 말씀이 들어가야 믿음에 굳게 설 수 있지 않겠습니까? 우리가 만약 이 일을 잘 감당하지 못한다면 나중에 하나님께 책망받지 않는다고 누가 장담할 수 있습니까? 좀 힘들더라도 이 일을 위해 헌금을 마련해야겠습니다. 우리 무슨 일이 있어도 앰프는 제대로 설치하도록 합시다!" 성도들의 헌금, 그것은 목자가 오해를 무릅쓰고라도 동기 부여를 해주어야 하는 의

무사항이었습니다.

이 말씀을 드리고 난 얼마 뒤부터 헌금이 쏙쏙 들어오기 시작했습니다. 신이 난 우리는 그 헌금으로 앰프를 교체하기 시작했는데 결과적으로 무려 다섯 번이나 교체하게 되었습니다. 그 결과 지금은 앰프 시설이 아주 훌륭한 편에 속한다고 자신할 수 있을 정도가 되었습니다. 작년에 극동방송에서 저희 교회를 방문한 적이 있었는데, 저희 교회 앰프 시설을 보고는 "방송국보다 낫다."며 칭찬할 정도였으니까 교회로선 대단한 투자를 한 셈이었습니다.

그렇게 '앰프 헌금'을 하면서부터 두 번째로 손댄 부분이 '감사헌금'과 '십일조'였습니다. 당시는 헌금을 드리면 헌금자 명단을 일일이 담임목사가 호명하는 식으로 예배 순서가 진행되고 있었습니다. 그런데 제게는 그게 도저히 용납되지 않았습니다. 당회를 소집해서 말씀을 드렸지요.

"예배 시간에 헌금자 명단을 꼭 일일이 호명해야만 되겠습니까? 어차피 주보에 명단이 나가는데 예배 시간에 헌금에 대한 기도만 하고 명단은 안 부르면 안 되겠습니까?" 그러나 장로님들의 태도는 난공불락이었습니다.

"그거 안 부르면 안 됩니다. 그렇게 되면 헌금이 줄어들 게 뻔한데 왜 안 부르려 하십니까?"

"헌금이 줄어든다고요? 좋습니다. 그러면 헌금이 줄어드는지 안 줄어드는지 한번 시험해보도록 합시다."

"아, 목사님. 그건 시험 해보나 안 해보나 줄어들게 뻔합니다. 뻔한 일을 갖고 뭘 그러십니까?"

계속 실랑이를 벌이던 우리는 결국 3개월 정도만 테스트를 해보기로 합의를 보았습니다.

드디어 그 다음 주일. 그날은 헌금자 명단을 호명하고 대신 광고 시간에 제가 이런 말씀을 드렸습니다.

"성도님들, 다음 주일부터는 헌금자 명단을 호명하지 않고 기도만 하겠습니다. 만약에 헌금이 줄어들게 되면 제가 다시 호명을 하기로 했습니다. 그러나 여러분, 우리가 헌금할 때 하나님께서 보시고 기뻐하시는 걸로 알고 헌금하시는 여러분들이 되시기를 바랍니다. 하나님께서는 제가 여러분의 이름을 일일이 부르면 축복을 주시고, 안 부르면 축복을 안 주시는 분이 아니시기 때문입니다. 우리의 심령까지도 감찰하시는 하나님께서 우리의 모든 마음과 행위를 알고 계시기에 그것으로 하나님께 만족하십시다. 혹여 이름을 안 불렀다고 해서 헌금을 안 하신다면 할 수 없는 일이고, 제가 이름을 안 부르더라도 하나님께 감사하며 십일조하고 싶으신 분들은 하십시오. 하나님께서 축복해주실 것입니다."

그런데 그 결과 어떻게 된 줄 아십니까? 한 달도 안 되어서 헌금이 두 배로 뛰어올랐습니다. 헌금이 잘 나오게 하기 위해 인간적인 방법들을 쓰기보다는 성경적인 헌금의 원리를 성도들에게 가르치면 하나님께서 채워주신다는 걸 보여준 단적인 사례였습니다.

그 즈음해서 교회 냉방 시설 문제가 당회의 큰 쟁점이 되었습니다. 저는 교회 냉방 시설 설치를 급선무라고 여겼지만, 장로님들에게는 관심 밖의 일이었거든요. 그때까지만 해도 냉방시설이 갖추어진 교회가 흔치는 않았습니다. 그런데도 저는 빨리 이 시설부터 갖추자고 강력하게 주장했습니다.

"우린 전도하기 위해서라도 교회 냉방 시설을 갖추어야 합니다. 예수 안 믿던 사람들이 무엇이 갑갑해서 팍팍 찌는 교회로 오겠습니까? 그 사람들이 주로 다니는 주점이나 다방 같은 곳을 보십시오. 다 피서할 만한 곳들입니다. 설교 듣는 데도 아직 지루하고, 사람들과의 관계도 어색한 교회, 게다가 푹 찌기까지 한다면 교회로 쉽게 발길을 돌리겠습니까? 믿는 사람들끼리만 은혜 받기 위해서 존재하는 곳이 교회가 아닙니다. 안 믿는 사람들에게 열려 있는 휴식처요 피난처로 교회가 존재하는 것입니다. 그러니 이건 절대 낭비가 아닌 것입니다."

제가 그렇게 설득을 해나가자 하나님께서 은혜를 주셔서 성도들이 고개를 끄덕이기 시작하고 차츰 결의가 모아졌지만, 문제는 또 돈이었습니다. 그 막대한 돈이 나올 곳은 뻔했기 때문입니다. 하지만 뜻이 있는 곳에 길이 있다고 우리가 결의가 되니까 물질이 나올 수 있는 틈새가 보였습니다.

수요예배를 드릴 때마다 저는 에베소서 강해를 해나갔습니다. 아시다시피 에베소서는 바른 교회관을 심어주는 데 적합한 말씀이고, 더 깊이 파고 들어가면 올바른 평신도 지도자관을 심어주는 데도 적합한 말씀입니다. 저는 그런 에베소서 말씀들을 근거로 해서 성도들의 생활적인 면에 깊이 파고 들어갔습니다. "무엇이 옳고 그르냐?"는 근본적인 문제 앞에서 다른 철학이나 제 생각보다 성경적인 원리들을 지침으로 해서 풀어나가자 무엇보다 젊은층들이 지도층에 대해 신임하는 눈치가 보였습니다. 그럴 즈음해서 "교회 시설 투자는 사치가 아니다."라는 요지로 교회 내 냉방 시설을 갖추자는 애기를 꺼냈고, 감사하게도 온 교인들의 협조 하에 그 문제도 어렵지 않게 풀어갈 수 있었습니다. 그렇게 하나, 둘씩 문제가 해결되어가고 있었습니다.

이상한 소문들, 어려운 당회 운영

목회는 여러 면에서 하나님의 은혜를 체험할 수 있는 현장이기도 하지만 한편으로는 사람을 직접 상대하는 일이기 때문에 독특한 어려움을 겪는 전장(戰場)이기도 합니다. 더군다나 담임목사는 여러 사람들을 거느리고 지도력을 발휘해야 하는 자리에 있기 때문에 조금만 잘못해도 여지없이 화살이 돌아와 오해도 받기 쉬운 사람입니다.

부산 새중앙교회에서의 어려움도 결과적으로는 저의 지도력의 부재로 시작된 것이었는데, 당시로서는 참 힘들고 난감했습니다. 그것도 교인들 문제가 아니라 같은 교역자 사이에 일어난 일이라 저를 더욱 곤경에 빠트렸습니다.

제가 부임하기 전부터 새중앙교회 안에는 한 여 전도사님이 교인들 사이에서 무척 신임을 얻고 있었습니다. 그분은 교회 내에서 상당한 영향력을 미치고 있었습니다. 또한 교인들이 말씀에 대해 갈증을 갖고 있을 때 제자훈련의 특징이랄 수 있는 소그룹으로 성경공부를 시켰던 것이 아니라, 대형그룹을 만들어서 성경 강의를 하며 통찰력을 갖고 그 목마름을 채

워주었다고 합니다. 그러니 교인들이 굉장히 좋아했지요. 워낙 여 전도사의 성품이 적극적이고 명랑해서 사람을 잘 이끄는 힘이 있기도 했습니다. 제가 부임하자마자 교인들의 반응을 알려주며 가장 적극적으로 저를 격려해주고 용기를 줄 뿐만 아니라 갑자기 서울을 떠나 부산에 온 저의 자녀들에게도 깊은 관심과 배려를 아끼지 않았기에 그분에 대한 제 신망도 무척 두터웠습니다.

그런데 4월이 되자 이분이 갑자기 사임을 하겠다고 했습니다. 이유인즉 다음과 같았습니다. 당시 주일학교에서 중·고등부는 여 전도사가, 유·초등부는 남 전도사가 맡고 있었습니다. 그래서 아무래도 균형을 맞추는 게 좋겠다 싶어 새로 부임한 남 전도사에게 고등부를 맡게 하고, 중등부를 여 전도사가, 초등부를 남 전도사가 맡는 식으로 남·여 전도사들을 섞어서 지도하도록 했습니다. 그런데 그 여 전도사가 여기에 반발을 한 것입니다. 그 전에 교역자 회의를 할 때 분명히 이렇게 해야 조화를 이룰 것 같다며 합의를 본 사실인데도 그것에 상당히 부담을 가졌던지 사표를 낸 것이었습니다. 그러나 어디 이유가 그것뿐이었겠습니까? 곰곰 생각해보면 제 지도력의 부족이 결정적인 이유였을 거라 짐작이 됩니다. 부임하면서부터 제자훈련의 특징 중 하나인 귀납적 성경공부를 주도적으로 해나갔는데 그 역시 여 전도사가 생각할 때는 불만거리가 되었던 것 같습니다.

결국, 아무리 붙잡으려 해도 만나주지도 않고 나가버렸습니다. 그러자 그때부터 교회 내에 담임목사가 여 전도사를 내쫓았다는 식의 소문이 돌기 시작하는데 걷잡을 수가 없었습니다. 교회라는 곳이 소문에 얼마나 민감한 곳입니까? 그동안 자신들에게 영적인 영향을 미쳤던 전도사를 내쫓았다고 생각하는 교인들이 담임목사를 곱게 봐줄 리가 없었습니다. 또한 교인들은 언제나 약자 편이라 '담임목사와 전도사의 싸움' 이라는 소문이 돌면 여지없이 세력이 약한(?) 것 같은 전도사 편을 들게 되어 있습니다.

"별 수 없는 목사네! 제자훈련한다는 목사도 마음에 들지 않는 교역자라고 오자마자 목부터 자르고 시작하는 기라. 여 전도사가 무슨 힘이 있노. 목 짜르면 짤리는 기제."

여기저기서 수군대는 소리가 들려오고 심지어는 인사도 제대로 안 하는 교인들도 생겨났습니다. 그때의 그 외로움과 억울함은 말로 다 할 수 없었습니다. 부임한 지 얼마 안 되어 일어난 일이었기 때문에 앞으로 어떻게 헤쳐나가야 하는지 막막한 심정이었습니다. 온 교인들과 합심해서 교회 부흥을 위해 뛰어도 시원찮을 판에 불신의 골이 깊어져 갔으니 그때의 답답한 심정은 이루 다 표현할 수가 없었지요.

그러나 불신이 사라지길 기다려야지 어떻게 하겠습니까? 일일이 찾아다니며 해명을 할 수도 없는 노릇이라 묵묵히 불신의 안개가 걷히기를 기다렸습니다. '언젠가는 그 안개가 걷히겠지.' 하는 믿음으로 말입니다.

그때 저는 교인들에게 "여러분, 저도 여러분을 보자마자 평가하지 않을 테니 여러분도 저를 함부로 평가하지 마십시오. 3년만 피차 인내하자구요. 예수님께서도 제자 중에 가룟 유다를 모르시지 않았으나 3년을 참아 주시지 않았습니까?"라고 말하는 것 외에는 일절 구구한 변명을 하지 않았고, 그 문제로 인해서 마음을 빼앗기지 않았습니다. 그러나 당시에는 성도들이 그 일로 인해서 제게 마음문을 닫았었지만, 3년이 지나기도 전에 그들은 마음을 열게 되었고 그때와는 대조적으로 저의 절대적인 지지자들이 되어 현재까지 본교회의 아주 중요한 자리에서 뜨겁게 봉사하고 있습니다.

저는 그 문제를 겪으면서 부교역자와 담임목사의 사이가 어떻게 해야 원활히 돌아갈 수 있을까를 깊이 고민하게 되었습니다. 그래서 당회를 소집했습니다. 장로님들께 양해를 구했지요. 이제부터는 교역자 선택권을 제게 달라고 했습니다. 교역자 인사권을 제게 줘야 통일성이 있다고 간곡히 말씀을 드렸지요.

"장로님, 교역자들은 서로 조화를 이루어야 교회가 발전할 수 있습니다.

특히 담임목사와 부교역자와의 관계는 교회 발전에 무엇보다 중요합니다. 그러기 때문에 교역자 선택권을 제게 주셨으면 합니다. 또한 만약에 장로님들께서 부교역자들을 책망할 것이 있으면 저를 통해서 하십시오. 만약 제가 지도력이 부족해서 부교역자들을 잘 지도하지 못할 때는 장로님들께서 직접 부교역자를 당회에 불러 말씀해주시기 바랍니다."

제가 장로님들께 그런 말씀을 드린 이유는 여러 가지가 있었습니다. 만약 교회에 입심이 센 장로님들이 교역자들을 간섭하기 시작하면 그 장로님께 아부하는 부교역자가 생겨나기 마련입니다. 그러면 담임목사는 안중에도 없고, 통솔이 어려워집니다. 이건 제가 독재를 하기 위해 마련한 제도가 아니었습니다. 실제로 교회의 교역자들이 하나가 되지 못하면 교회는 항상 시험에 들게 마련이기 때문입니다. 그래서 그토록 간곡히 장로님들께 말씀을 드렸는데 다행히 장로님들께서 모두들 찬성하셔서 그 이후로는 교역자 이동이나 부서이동 문제에 관해서는 당회에서 의논할 필요 없이 보고사항으로 끝낼 수 있었습니다. 그러나 부교역자 선택권은 제게 있다지만 충분히 필요한 의논사항은 의논해서 기도로 결정하고 있습니다. 자연스럽고 유기적인 의논이 차츰 되어가고 있는 것입니다. 부교역자들의 사례비에 대해서도 할 수 있는 한 풍성하게 드리도록 하자는 제 희망사항에 따라 지금은 그대로 되고 있습니다. 어려운 고비를 한 고개 두 고개 넘기면서 당회 운영도 비교적 잘 되어지고 있는 것입니다.

그러나 제가 새중앙교회에 부임할 당시만 해도 저는 당회에 대한 아무런 훈련도 받지 못한 상태였기 때문에 당회를 운영하는 데 여러 시행착오가 따라야 했습니다. 사랑의교회 옥한흠 목사님께서도 당회를 하실 때는 회의 중심이 아니었고 특별한 일이 있을 때에 수시로 모여 자연스럽게 대화를 나누고 의논하시곤 하셨기 때문에 일반 전통교회의 당회 운영에 대해서 저는 거의 모르고 있는 형편이었습니다. 게다가 사랑의교회에서도 당회를 할 때 제가 직접 들어갈 수 있었던 기회는 많지 않았으니 '동의'

니, '재청'이니 하는 것들은 전혀 알지 못했습니다. 하다못해 "가부를 묻겠습니다. 가하면 '예.' 하십시오."라고 묻는 것조차 몰랐으니까요. 어느 날 장로님께서 직접 가르쳐주셔서 안 사실이었습니다.

그러니 부임하고 가장 힘들었던 건 당회 운영이었습니다. 저 자신부터가 미숙했으니 무슨 안건을 내놓았을 때 사랑의교회에서처럼 자연스럽고 유기적으로 의논이 되는 게 아니라 딱딱하고 서로 눈치만 보며 아무 말도 하지 않는 식의 회의가 되고 말았으니까요. 그런 딱딱한 회의가 지금의 유연한 회의가 되기까지 그냥 된 것이 아니라는 걸 하나님께서는 누구보다 잘 알고 계실 것입니다. 당회 운영 하나 가지고도 하나님 앞에서 흘려야 했던 눈물이 얼마나 많았는지, 또한 그 흘린 눈물만큼 성과가 돌아온다는 사실을 저는 뼛속 깊이 경험해야 했습니다.

가스펠송 사건

한번은 당회에서 이런 논란이 벌어졌습니다. 예배 시간에 복음성가를 불러도 되느냐, 안 되느냐 하는 것이었습니다.

"장로님, 성가대도 가끔 예배송을 할 때 복음성가를 부르지 않습니까?"

"아, 그거야 성가대니까 그렇지요."

"그러면 성가대는 부르는데 왜 회중은 불러선 안 됩니까?"

"그게 아니라 안 불러봤으니까요."

"장로님, 우리가 찬양할 때 그 곡과 가사에 대해서 이것이 예배에 부를 수 있는 것이냐 못 부를 것이냐 하는 것은 신중히 검토해보는 것이 좋지만, 찬송가집에 나온 것이 아니라고 모두 비판하는 것은 옳지 않습니다. 장로님, 어떻게 생각하십니까?"

"…"

"저는 전통도 중요하다고 생각합니다 그러나 교회는 시대의 변화에 대처해나가는 것이 무엇보다 중요합니다. 왜냐하면 우리는 세상을 감당해나가야 할 교회이기 때문입니다. 교회를 위해서만 교회가 존재하는 것이 아니라 하나님의 영광과 동시에 세상을 위해서 세상의 소금이요 세상의 빛으로서 교회가 존재하는 것입니다. 그런데 빗장을 걸어놓고 세상을 변화시킬 수 있습니까? 젊은이들이 즐겨 부르는 복음성가인 경우도 지금까지 예배시간에 안 불렀기 때문에 계속 안 부른다면 아예 옛날로 돌아가야 옳지 않겠습니까? 그러다보면 우리는 새로운 시대에 대처할 능력을 잃게 됩니다. 장로님들, 한번 보십시오. 옛날에는 예배드릴 때 남자와 여자 사이에 휘장을 쳤잖아요. 장로님들, 기억나시죠? 남녀가 어떻게 얼굴을 보며 거룩한 예배를 드릴 수 있느냐는 발상이었지요. 그러다가 휘장을 치울 때에 얼마나 문제가 많았습니까? 또 마룻바닥에 앉아서 예배를 드리다가 의자를 놓을 때도 얼마나 문제가 많았어요? 시대는 계속해서 달라지는 것입니다. 교회는 매일 다른 이들의 뒤만 쫓아가서는 안 되는 것입니다. 우리가 오히려 문화적인 면에서나 모든 면에서 앞장서서 나아가야 합니다."

이렇게 상당한 기간을 설득한 끝에 예배중에도 복음성가를 부를 수 있게 되었습니다. 찬송 하나 부르는 데도 이런 우여곡절이 있었던 것입니다.

또 한번은 이런 일도 있었습니다. 주일에 설교 테이프를 교회에서 파는데 장로님들께서는 주일에 테이프를 판다고 무척이나 노여워하시는 것이었습니다. 물론 믿음에 대한 순수함 때문에 그러신다는 것은 알지만 다소 이분법적인 시각을 가지고 계신 것 같아 또 한번 말씀을 드려야 했습니다.

"장로님, 주일에 테이프를 파는 것은 장삿속으로 이익을 보려는 것이 아닙니다. 더군다나 개인의 영업으로 하는 일도 아니고요. 평일에 교회에 와서 테이프를 살 시간적 여유가 없는 분들도 계시고 그 설교 테이프로 전도하려는 분들도 있을 겁니다. 그렇게 각각 선교 또는 은혜를 받기 위해 설교 테이프를 사는 겁니다. 만약 그런 것으로 주일성수를 범했다고 여기신다면 버스를 타고 교회에 오는 것도 주일성수를 범한 것이 됩니다. 주일성수는 율법적으로 생각해선 안 되는 문제입니다."

그럴 때마다 장로님들은 제 의견을 듣고 그대로 수렴해주시곤 하셨습니다. 저는 항상 교회는 장로만을 위해 존재하는 것이 아니라 장로가 교회를 위해 존재하는 것이라고 강조했습니다. 그런 강조 때문인지 문제가 있을 때마다 장로님들은 합리적인 해결책을 찾으려고 했지, 끝까지 말도 안 되는 고집을 부리시는 분이 없었습니다. 지금 생각하면 당시로서는 어떤 면에서 억지 같은 제 의견을 끝까지 수렴해주셨던 장로님들은 정말로 훌륭하신 분들이라 생각됩니다.

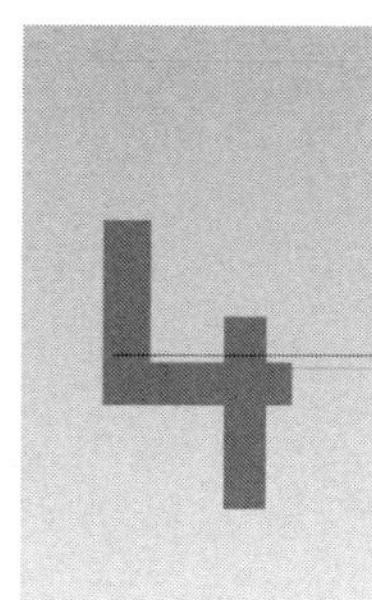

4 훈련은 전투의 연장입니다

당찬 심방, 힘찬 목회
제자훈련, 그 란칭(launching) 작업
반편성이 문제였다
산고의 열매들
온전함을 위한 방법과 전략
제자훈련, 양극에서 균형잡기
기존 그룹과 제자반의 반목
새로운 헤러티지, '새가족반'
사역 복병, 건강 적신호
본궤도에 오른 제자훈련

제자훈련 목회는 적잖이 미련해야 성공할 수 있습니다. 어떻게 하면 사람들을 많이 모을까, 어떻게 하면 헌금 많이 거둬서 예배당 짓고 교회 버스 돌릴까, 이런 비본질적인 것에 마음이 가 있어선 절대로 제자훈련 못 합니다. '한 사람', 그것도 이 훈련의 의미와 보람에 공감하는 사람을 위해서가 아니라 '난 이런 훈련 못 받습니다.' 하고 버티는 사람을 위해 죽는 것이 제자훈련입니다. 저는 제자들의 발을 씻기시고 자기 목숨을 대속물로 주신 예수님의 심정을 제자훈련 하며 조금이나마 깨우칠 수 있었습니다.

당찬 심방, 힘찬 목회

성도들과 관계를 형성할 때 가장 중요한 시점이 부임 심방할 때입니다. 부임 심방을 하다보면 복음에 대한 성도들의 이해가 어느 정도인지 진단할 수 있고, 앞으로 목회 방향을 어떻게 잡아야 할지도 어느 정도 가늠할 수 있습니다.

그런 이유에서 저도 서둘러 부임 심방을 준비했습니다. 그러면서 장로님들을 불렀지요. 대부분 부임 심방시에는 장로님 댁을 제일 먼저 심방하기 마련이고, 그렇게 되면 장로님들 댁에서는 상다리가 부러지도록 음식을 차리는 게 관례입니다. 그러나 저는 그것부터 못 하도록 했습니다. 그리고 장로님들 댁보다 환자가 있는 곳, 보다 연약한 사람들이 있는 곳을 먼저 심방하겠다는 제 뜻을 밝히고는 양해를 구했습니다. 그리고 환자나 극빈자가 있는 집, 어려움이나 환란을 당한 집을 먼저 방문했습니다. 방문할 때마다 그 가정마다의 어려움들을 놓고 간절히 기도를 드렸습니다.

그리고 난 후 장로님, 권사님, 집사님들의 가정을 방문했습니다. 방문하기 전부터 다시 한번 신신당부를 했지요. 장로님들이 모범을 보이셔서 절대 식사 준비는 하지 마시라고 말입니다. 당부대로 장로님들은 식사 준비를 안 했더군요. 그러니 시간적 여유가 생기고 심방예배도 형식적인 틀에 의해 드려지는 것이 아니라 좀더 여유있게 드릴 수 있었습니다. 여기에서 여유있게 드렸다는 것은 다음과 같은 뜻입니다. 형식은 예배식으로 드리되 찬송하고 말씀보며 서로 대화를 나누는 시간을 충분히 갖는 것입니다. 그것이 제 심방예배의 특징이었습니다. 말씀을 읽고 나면 제가 성경에 대해 이것저것 여쭈었습니다. 그러자 어떤 가정에서는 제 질문에 다음과 같이 답하는 일도 있었습니다.

"목사님, 고마 목사님이 말씀하시이소, 예."

말씀을 읽던 중 "그 아들을 세상에 보내신 것은"(요 3:17)이라는 구절에서 그의 아들이 누구냐고 묻는 저의 말에 대한 성도의 대답이었습니다. 그래서 "그의 아들이 예수님을 뜻한다는 걸 모르시는 것은 아니시죠?" 했더니 "와 모르것습니꺼?"라고 선뜻 답변하셨습니다.

"그러면 왜 대답을 안 하시죠?"하고 다시 물었더니 "부끄러워서예. 그라고예. 목사님 말에 대답할라카이 떨리고예. 말이 안 나옵니다. 그라이 목사님이 다 말씀했뿌리이소."

"말씀은 서로 나누라고 있는 것입니다. 서로 나누는 중에 성령께서 깨닫게 하시는 은혜를 주시는 것이니까요."

전임 목사가 떠나고 1년이 넘도록 비어 있는 교회에 고대하고 고대하던 담임목사가 부임하여 심방을 하게 되자 성도들의 자세는 처음엔 너무나 진지했었습니다. 방석을 새로 준비한다, 집안을 청소한다, 온갖 정성을 들여 준비들을 하는 눈치였습니다. '우리집은 언제쯤일까.' 주보의 발표를 보고 가슴 설레며 차례를 기다리던 교우들에게 전해진 소식은 뜻밖에도 "새로 오신 목사님이 심방 오믄 꼬치꼬치 캐묻는데이. 내는 홍역 치룬기라. 집사님 집에 아직 안 오셨제. 심방 받아봐래이. 땀 뺄기다, 땀 빼!"라는 것이었으니 얼마나 황당했겠습니까? 소문은 삽시간에 퍼지기 시작했습니다. 의례적인 인사치레의 심방이 아닌, 더군다나 일방적인 방법으로 말씀을 전달하기보다 성도들의 영적 상태를 진단해볼 의도를 갖고 귀납적 방법을 활용한 심방에 교인들은 모두들 얼떨떨했던 것입니다.

그 결과 짐작했던 것 이상으로 성도들의 심각한 영적 무지와, 말씀에 기초해 있지 못한 신앙을 확인하게 되었습니다. 사실 이런 현상은 저희 교회뿐만 아니라 많은 교회가 안고 있는 문제점인지도 모릅니다.

한번은 이런 일도 있었습니다. 어떤 권사님께 "권사님, 예수 믿으시죠?" 하고 물었더니 "하믄요, 믿고 말고예."라고 대답하셨습니다. "그럼, 만약 오늘밤이라도 예수님이 오신다면 권사님은 예수님 맞을 준비가 되셨어요?" 했더니 "목사님, 그기 문제 아입니꺼. 딴기 아이라 그기 걱정인기라예." 하는 정도였으니 짐작이 가실 것입니다.

상황이 이쯤 되다보니 심방을 늦게 받는 분들은 내심 부임 심방을 꺼리는 눈치까지 보였습니다. 그러나 부임 심방을 안 할 수가 없었습니다. 그것도 심방을 더욱 심술궂게 해야만 했습니다. 왜 그랬겠습니까? 목자는 양들을 돌보는 사람입니다. 양들에게 양질의 꼴을 먹이기 위해선 양들을 정확하게 진단해야만 합니다. 저는 각 가정을 방문할 때마다 그들의 신앙생활 및 신앙 정도, 복음에 대한 이해 정도를 일일이 메모하며 다녔습니다. 그들이 복음 안에 제대로 성장하지 않으면 새중앙교회의 성장은 멈춘 것이나 다름없고, 부흥이란 말도 공허한 구호에 지나지 않을 것이기 때문입니다. 무엇보다 장로님들을 깨워야 했습니다. 교회의 기둥인 장로님들에게 제자훈련을 시켜야겠다고 결심을 굳히기에 이르렀지요.

어느 교회든 장로님들은 목사와 함께 교회를 세워가는 사람들인데 저희 교회는 어떤 면에서는 장로님들의 힘이 젊은이들과 여러 교인들 사이에 뿌리내리지 못하고 있는 듯한 인상을 받았습니다. 교회의 어른으로서 전폭적인 신뢰를 받지 못하는 듯한 모습이었습니다. 저는 곰곰이 그 이유를 생각해보았습니다. 인격적으로나 신앙연륜 면에서는 우리 교회 장로님들이 저력있는 분들이셨지만 당시로서는 말씀에 권위가 없었습니다. 게다가 목사님을 쫓아낸 장로들이라는 과거의 상처들이 교인들로 하여금 장로님들을 신뢰하지 못하게 하는 요인이 되고 있었습니다. 또한 새벽기도에 나오시는 장로님들이 거의 없을 지경이었으니까 그분들이 기도하는 모습을 교인들이 볼 수 있는 기회도 흔치 않았지요.

물론 새벽기도에 안 나온다는 것과 기도를 쉬고 있다는 것은 별개의 문제로 생각해야만 하는 점들이 없지 않아 있습니다. 그래서 저는 처음부터 새벽기도 나와야 한다고 강압하진 않았습니다. 사실, 새벽기도에 나오는 사람은 말이 없어야 합니다. 새벽기도는 본인이 하나님 앞에서 기도하고 싶어서 나오는 것이지 다른 사람이 새벽기도를 하나 안 하나를 판단하러 오는 것이 아니기 때문입니다. 그렇게 판단하러 나온다면 하나님께서 분명 기뻐하지 않으시지요. 어떤 사람은 체력적으로 밤에 리듬이 맞춰져 있는 사람도 있고 몸이 불편해서 못 나오거나 교회와 너무 멀리 떨어져 살아서 못 나오는 분들도 있습니다. 그러니 새벽기도에 나오는 사람은 안 나오는 사람을 용납해야만 합니다. 서로 그런 풍토가 조성되어야 하는 것입니다.

그런 면에서 저는 새벽기도 나오는 사람이 안 나오는 사람을 놓고 이리저리 판단하는 건 용납을 못하는 사람입니다. 한번은 당회를 소집해서 장로님들께 새벽기도에 대한 저의 그런 의견을 쭉 말씀드렸습니다. 그러자 새벽기도 안 나오시는 장로님들의 얼굴 표정이 환히 밝아졌습니다. 저는 계속해서 말씀을 드렸지요.

"장로님들. 아무래도 전 혼자 목회할 수 있는 사람이 아닙니다. 장로님들이 도와주셔야 되겠습니다. 성경의 원리가 그렇지 않습니까? 성경의 원리는 동역입니다. 전 동역 목회를 하고 싶지 단독 목회를 하고 싶지는 않습니다. 장로님, 그래서 말씀인데요. 저희 교구를 좀 나누어서 여섯 교구로 만들 테니까 장로님 여섯 분이 그 교구를 하나씩 맡아주십시오. 그리고 그 교구에 어려움이나 문제점이 있으면 장로님들이 기도하시면서 문제를 풀어가시도록 해주셔야 하겠습니다."

그리고는 각 교구별로 문제점을 쭉 뽑았습니다. 그 문제들을 놓고 저는 전체 교구를 위해 기도하기로 하고 장로님들께서 각각 한 교구씩 맡으셨습니다. '이제 됐다.' 싶은 저는 각 교구별 교인들의 전화번호 및 그동안 제가 파악한 그분들의 상황, 형편, 기도제목도 나누어드렸습니다. 장로님들께 여쭈었지요.

"자, 이제 앞으로 어떻게 하시겠습니까? 장로님들은 이제 어쩔 수 없이 양떼를 맡아야 하는 감독의 자리에 서신 것입니다. 아시겠지만 장로의 직분은 양떼를 위해 죽어야 하는 직분입니다. 이제 죽을 각오로 저나 장로님이나 달려가야 될 것입니다."

일순간 분위기가 숙연해졌습니다. 저는 목회에서 기도 없이는 되는 게 아무것도 없다는 사실을 강조했습니다. 사실 우리가 무엇이관대 양들을 돌볼 책임을 질 수 있겠습니까? 똑같은 인간이고, 똑같은 죄인들인데요. 그래서 간곡히 말씀을 드렸지요.

"기도 외에는 다른 것이 없습니다. 우리, 양들을 위해 기도하는 시간을 가지십시다. 우선 장로님들이 교회와 멀리 계셔서 새벽에 못 나오니 다른 모임 시간을 마련해서라도 기도하는 시간을 마련했으면 합니다. 들으셨겠지만 장로님들이 새벽기도에 안 나오신다고 불만을 가지고 있는 사람들이 있습니다. 저는 그 부분에 대해서 새벽기도로 신앙 정도를 판단해선 안 된다고 단호하게 교인들에게 가르쳐왔습니다. 그러나 목사와 장로는 성도들에게 존경을 먹고 사는 사람들입니다. 그러니 일주일에 한 번이라도 우리 모여서 함께 기도를 하는 기도회를 갖는 것이 어떻겠습니까? 수요일 예배에 모두들 나오시니까 수요예배 후에 한 15분 정도 기도회를 하도록 하십시다."

기도회를 하자는데 싫다는 분이 어디 있겠습니까? 우리 장로님들도 순순히 그러자고 했습니다. 혹여 당장 하자고 하면 부담이 될까봐 4월부터 하자고 외상을 그어놨지요. 우스갯소리로 한국 사람들은 외상이면 소도 잡아먹는다는데 4월부터 하자는 소리에 손쉽게 그 안이 통과되었습니다.

저는 당회에서 결의한 그 사항을 회중들에게 선포했습니다.

"장로님들이 여러분들의 사정과 형편을 보며 매일 기도하셨지만, 앞으로는 더욱 여러분들을 위해 기도에 힘쓰고자 여섯 교구로 나누고 각 교구별로 장로님들이 맡아 기도하시기로 하셨습니다. 그리고 매주 수요일마다 장로님들이 합심해서 교회와 여러분들을 위해 기도하시기로 하셨습니다. 여러분들도 그 모임을 위해 기도해주시고, 교회 기둥격인 장로님을 위해서도 기도해주시기 바랍니다."

드디어 4월 달이 되었습니다. 수요예배를 마치자마자 우리는 찬송 한 곡을 부르고 말씀을 나눈 후, 간절히 기도를 드렸습니다. 합심해서 통성으로 기도 드린 뒤 제가 대표기도를 한 후 딱 15분 만에 그 기도모임을 마쳤습니다. 교인들은 목사와 장로들의 찬송소리와 기도소리를 듣게 되자 너무나 좋아하는 눈치였습니다.

그리고 그 다음 주일이 되었습니다. 그날도 수요예배를 마치자마자 장로님들과 함께 기도회를 했습니다. 그날부터는 제가 하지 않고 장로님들이 대표기도를 하도록 했습니다. 그런데 장로님들이 대표로 기도하기 시작하면 기도가 길어질까요, 짧아질까요? 너무나도 간절한 그 기도들은 15분이었던 게 30분이 되고 나중에는 40분이 넘어가기 시작했으며 급기야는 1시간을 넘기기도 했습니다. 그렇게 기도 모임을 하며 말씀을 나누자 교회 분위기가 달라지기 시작했습니다. 두세 사람이 그리스도의 이름으로 모여 기도하는 곳에 하나님께서 역사하신다는 말씀처럼 교회 분위기는 너무도 뜨거워졌고, 서로 사랑하고 교제하는 영적인 코이노니아가 이루어지기 시작했습니다. 영적인 능력으로 교회 분위기를 장악하기 시작한 것이지요. 그러다보니 자연스럽게 두세 사람이 모이면 기도하는 분위기가 형성되고 말씀을 나누었으며 사랑의 교제가 이루어졌습니다. 너무도 자연스럽게 말입니다. 그것이 저희 부산 새중앙교회 제자훈련의 시초가 될 줄 장로님들은 아마 모르셨을 것입니다. 그리고 이 수요예배 후의 기도회가 오늘날은 심야기도회로 발전했을 뿐 아니라 장로·목사들이 환자 성도들에게 안수기도해드리는 시간으로 발전했습니다.

기도모임이 활성화되기 시작하면서 저는 또한번 당회를 소집했습니다. '새가족반 성경공부'에 대한 안건을 내놓았지요. 그러자 장로님들은 흔쾌히 "아, 목사님. 그거 하십시오."라고 찬성을 하셨습니다. 제가 대답했지요.

"장로님, 저의 뭘 믿고 천하보다 귀한 한 영혼을 제게 맡기시려 하십니까? 혹여 제가 이단을 가르치면 어떻게 하시겠습니까?" 뜬금없는 제 물음에 장로님들은 분위기 파악이 안 돼서 제 얼굴만 쳐다보셨습니다.

"제가 새가족반 성경공부를 해도 되는지 안 되는지 장로님들이 판단해주시기 바랍니다. 새가족반이 생기기 위해서는 장로님들이 먼저 공부를 하셔야 되지 않겠습니까? 모범을 보이신다는 차원도 있고, 장로님들이 먼저 잡숴보시고 새가족들이 먹어도 되는지를 판단해보셔야 할 것 같습니다. 바울도 내가 받은 것을 너희에게 전한다고 했으니까 장로님들께서도 이 교재를 갖고 제게 5주 동안 성경공부를 받아보시고 좋다는 찬성이 일면 그때 가서 적용하도록 하겠습니다."그 말씀을 드리자 장로님들은 서로 눈치를 보시더니 "정 그러시다면… 그렇게 하도록 합시다." 하며 안건이 통과되었습니다. 제자훈련의 기초가 시작된 역사적인 순간이었지요.

다음 주부터 장로님 성경공부를 시작했습니다. '예수 그리스도란 누구이신가?'에서부터 '믿음이란 무엇인가?', '어떻게 신앙생활을 할 것인가?', '성경이란 무엇인가?', '교회란 무엇인가?' 이런 주제를 잡고 성경을 찾아가며 풀이하고 가르쳤습니다. 그렇게 다섯 주를 하니까 장로님들이 너무 재미있어 하고 흥미를 느끼기 시작하셨습니다. 눈이 뜨여가는 느낌을 받았다면서 서로 감격스러워했지요.

"목사님, 참 좋네요. 빨리 다른 교인들도 이 재미를 느끼게 해줘야 되지 않겠습니까?"

이렇게 불붙기 시작한 성경공부가 바로 본격적인 제자훈련의 시초가 되고 있었던 것이었습니다.

제자훈련, 그 란칭(launching) 작업

그렇게 5주 동안의 성경공부를 끝내고 새가족 성경공부를 평신도들을 대상으로 시작했습니다.

그러자 장로님들이 한두 분씩 물어오셨습니다.

"목사님, 제자훈련은 안 합니까?"

"제자훈련이요? 장로님들이 하자고 해야 하지요. 제가 무턱대고 시작할 수 없잖아요."

"그래요? 그럼 빨리 시작합시다."

그렇게 해서 출발한 제자훈련. 장로님들의 요청으로 기쁘게 시작했지만, 시작하기 전부터 문제도 많았습니다.

"목사님은 제자훈련을 하신다고 하셨는데 누구 제자를 만드능교?"

어느 날 밤 12시가 다 되어 한 젊은이가 찾아와 던진 질문이었습니다. 그는 모태신자요, 한 아이의 아빠로서 저희 교회에서 신앙생활하는 분이었는데 술만 취하면 목사의 사택으로 찾아오는 습관을 가지고 있었습니다.

"형제는 왜 그런 질문을 하지요?"

"지가 질문하는 것이 뭐 잘못되었습니꺼?"

"잘못되었다기보다 이유가 있지 않을까 해서 묻는 거지요?"

"이유가 있다 마다요. 내가 눈치가 얼마나 빠른지 아능교? 말 안 해도 알만 한기라. 목사님 자기 패 만들려고 '제자훈련' 간판을 거는 기라. 다른 사람은 몰라도 마, 나는 못 속입니더. 그러지 마이소."

이것은 완전히 일방적이고 공격적인 시비였습니다. 술이 깬 다음 다시 만나 이야기를 하자며 그때 답을 해주겠노라고 달래서 보내놓고 곰곰이 생각하게 되었습니다.

'왜 젊은이가 이런 시비를 하게 됐을까?'

그동안 교회는 목사 지지 세력과 반대 세력의 갈등이 오랫동안 지속되어왔었습니다. 게다가 담임목회자가 떠난 후 일 년 여 동안 비어 있었던 교회 안에는 이런 공백 외에도 어떤 교회에서든지 쉬 발견할 수 있는 패거리 의식이 자리잡고 있었습니다. 전임 목회자를 따라 나간 사람도 있었고 남아 있는 사람도 꽤나 있었으므로 이런 계파는 어찌 보면 당연한 결과였습니다.

그 젊은이와 그런 식으로 대화를 나눈 후 바로 그 젊은이뿐만 아니라 제자훈련을 이해 못하는 성도들 가운데 같은 생각을 하는 분들이 얼마든지 있을 것이라는 생각이 스쳤습니다. 즉, '새로 온 목사는 대범하게도 양성적으로 자기 패거리를 만들려고 하는구나.' 하는 의혹을 갖는 것도 무리는 아니겠다고 판단되었습니다. 그래서 '이런 의혹이 말끔히 씻기기 전에는 제자훈련이 접목되기는 요원하겠구나.' 하는 결론에 도달했습니다. 생각이 이쯤에 이르자 새로운 차원의 고민을 안 할 수 없었습니다. '어떻게 하면 엉뚱한 의혹을 불식시키고 제자훈련이라는 목회 전략을 연하고 부드럽게 현실에 접목시킬 수 있을 것인가?' 이런 제목을 놓고 기도하는 가운데 하나님께서 방향을 제시해주셨습니다.

처음에 저는 제자훈련을 제한적으로 접목할 것을 생각하고 있었습니다. 충격을 극소화하기 위해서 혼자 몇 년 하다가 점차적으로 확산할 생각을 했던 것이지요. 그런데 이것을 전면 수정하기로 했습니다. 부목사님께도 두 반, 여 전도사님에게 각 한 반씩, 심지어 제 집사람에게도 한 반을 맡기고 나머지 두 반은 제가 맡기로 한 것입니다. 그렇게 준비하기로 계획을 세운 후, 부교역자 제자훈련을 곧바로 하게 되었습니다. 월요일은 교역자 회의가 있는 날인데 회의는 간단히 끝내고 제자훈련을 실시했습니다.

이렇게 해서 "담임목사 제자를 양산한다."는 오해를 원천적으로 봉쇄하고 전면적인 제자훈련 실시의 기틀을 마련하게 되었습니다. 그것은 적지 않은 충격을 교회에 가져왔지요. 물론 긍정적인 의미에서의 충격을 의미합니다.

처음에 그 젊은이의 행동은 몹시 곤혹스러웠으나 그것이 도리어 제자훈련의 진보를 가져올 줄이야 어찌 알았겠습니까! 바울이 빌립보서 1장 12절에 "형제들아, 내가 당한 일이 도리어 복음의 진보를 가져왔노라."고 증언했던 것같이 저 역시 그때를 회상하면 같은 증거를 하고 싶습니다.

반편성이 문제였다

부 교역자들을 제자훈련시킨 뒤, 그들과 제가 인도하는 식으로 편성된 제자훈련반을 드디어 본교회 평신도들에게도 실시하게 되었습니다. 10명 이내의 소그룹으로 편성된 제자훈련반이 발표되고 저는 설레이는 마음으로 미래를 꿈꾸고 있었습니다. 그런데 그날 밤 어느 여 성도에게서 전화가 걸려왔습니다.

"목사님 좀 바꾸이소."

집사람이 전화를 받고는 눈이 동그래져가지고 제게 수화기를 넘겼습니다. 전화를 받자마자 "목사님, 제자반인지 공분지 지는 안 할 겁니더!"라고 말씀하시는 것이었습니다.

"왜 그러시죠?"

"좌우간 안 할 테니 그리 아이소."

"집사님, 제자훈련은 억지로 하는 것이 아니긴 합니다만, 이유가 있을 것이 아닙니까?"

"사실은예, 나도 제자훈련을 받고 싶었어예."

"그런데요?"

"그런데 왜 하필 K전도사님 반에 들어 있습니꺼?"

그래서 대화 끝에 이유를 알게 되었습니다. 아마 교역자와의 관계가 원만하지 못한 사이였던가 봅니다. 그분을 설득하여 그 반에서 훈련받게 하느라고 아주 진땀을 뺀 일이 기억에 새롭습니다.

그러나 1년이 지난 후 그분은 그 교역자의 신임을 얻어 서로 너무 좋아하고 신뢰하는 사이가 되어 있었는데 그 모습은 보기에도 얼마나 흐뭇한지 모릅니다.

이처럼 제자훈련 편성에서 교역자와 성도간에 문제가 있을 때 상당히 긴장하게 되는 것은 사실입니다. 그래서 평소에 자기가 좋아하는 교역자 반에 들어가려고 편성 전에 담임목사에게 은근히 암시를 주는 경우도 있지요. 그러나 이런저런 개인적인 배려를 하다보면 균형을 잃게 되어 통솔이 어려워지게 됩니다. 때문에 몇 가지 원칙을 정한 바 있습니다.

Tips for Leaders1
제자훈련반 이렇게 편성하면 된다!

1. 집중한다 : 조금씩 서서히 그리스도의 제자로 만들어 가는 재미, 이것이 제자훈련의 참맛이며 동시에 어려움이다. 훈련의 점진성과 철저성을 생각할 때 목표와 과정의 집중이 생명이다.
2. 소수에서 시작한다 : 지도자가 커버할 수 없을 정도로 많은 인원을 한 제자반에 배치하는 것은 과욕에 불과하다.
3. 세밀하게 분류한다 : 동질적인(homeogenous) 교인들끼리 만나게 해주어야 한다. 연령, 교육수준, 고민의 종류가 너무 다른 이질 집단 내에서는 마음을 열고 나누기가 쉽지 않다.
4. 유지하고 점검한다 : 일단 편성된 반에 불만이 있다고 해서 편성 체계를 바꾸면 혼선만이 빚어지고 불신의 골만 생긴다. 일단 조심스럽게 편성을 유지하고 보강해 나아가는 식의 지혜로운 접근이 필요하다.

제자훈련에 들어오겠다고 지원한 성도들을 A, B, C로 분류하는 것입니다. 신앙상태, 나이, 학력, 경제수준, 집 위치 등의 분류 항목을 평가하여 네 개 반에 골고루 균형을 잃지 않게 편성한 후 부교역자 네 분이 어느 반을 맡아도 유감이 없도록 담임목사 앞에서 편성표를 제비 뽑아 배당받게 한 것입니다. 이러니 누가 불만을 갖겠습니까? 교역자도, 성도들도 하나님의 뜻이라고 믿고 그 반에 들어가 순종하고 배우게 되어 있지요. 편성을 마친 다음 주보에 발표를 하게 되면 어떤 성도는 볼이 부은 모습을 하기도 하나 3개월이 채 되기 전에 거의 대부분이 서로 좋아 만족하는 모습을 보게 되었습니다.

산고의 열매들

제자훈련반 중 특별히 장로님들은 따로 반을 편성했습니다. 장로님이 여섯 분이셨으니까 여섯이서 한 반을 만들었지요. 그리고 그분들은 제가 직접 인도하기로 했습니다. 누구든 전통교회에서 목회하고 계시다면 저는 전통교회의 지도자인 장로님들이 먼저 제자훈련을 받아야 한다고 거듭 주장하고 싶습니다. 무엇보다 목사와 장로 사이가 좋아야 목회를 원활히 할 수 있는데, 인간적인 지혜나 방법으로 그 사이를 좋게 하는 데는 한계가 있습니다. 하나님께서 중간에 역사하셔야 그 벽을 완전히 허물 수 있습니다. 그런 면에서 제자훈련은 하나님 말씀으로 서로에게 다가설 수 있을 뿐만 아니라 서로 나누고 고민하는 가운데 하나되는 기회가 될 수 있습니다. 또한 장로님들을 진정한 평신도 리더로 성장시켜서 담임목사와 동질감을 갖고 목회의 동역자가 되게 하는 데도 이것만큼 좋은 훈련이 없습니다.

그런 생각으로 장로님 반을 편성해서 제자훈련을 실시하는 중에 장로님들 여섯 분 가운데 네 분이 제자훈련을 따라오셨습니다. 한 분은 몸이 불편하실 뿐만 아니라 주일예배 후에 제자훈련 시간과 성가대 지도하시는 시간이 중복되어서 그랬고 한 분은 주일성수도 제대로 하시지 않는 분이셨습니다. 하루는 이분의 사정을 물어 보는 시간이 있었습니다. 그런데 아무도 선뜻 대답하시는 장로님이 계시지 않았습니다.

제 상식으로는 장로가 주일을 빠질 때는 적어도 담임목사에게 사정을 미리 알려주는 것이 예의라고 생각하고 있던 터라 한 번 두 번도 아니고 이렇게 주일을 빠지느냐고 물었더니 한 분의 대답이 회사가 바빠서 그렇다고 대답했습니다. 그때 저의 못된 옛사람의 성품이 터져 나왔습니다.

"손바닥만한 회사를 가지고 있으면서 주일까지 범하는 장로가 어디 있습니까?" 강한 어감으로 핀잔을 내뱉고 말았습니다.

입이 열 개라도 할 말이 없을 정도로 제가 말 실수를 했습니다. 아니나 다를까요. 그 말은 금방 그 장로님 귀에 들어갔고, 그분은 더욱 상처를 받아서 아예 교회 문턱을 넘어오지도 않고, 마음문을 닫아버리셔서 제가 심방을 가도 만나주지도 않았습니다. 그땐 그래도 제가 젊어서 패기가 남아 있었던 터라 한번은 비서실에 기다리고 앉아 있었습니다. 약 한 시간 가량 기다렸을까요? 사장실 문이 열리면서 그분이 저를 맞아주었습니다. 저는 그분을 만나고나서야 제가 실언을 했다는 사실과 그것이 그분 귀에 들어가서 상처가 되었다는 사실을 알았습니다. 곧바로 사과를 드렸지요.

"장로님, 제가 실언을 해서 장로님의 마음이 상했던 모양인데 죄송합니다. 아무것도 모르는 제가 손바닥만한 회사라고 해서 죄송합니다. 이렇게 큰 회사인데 말입니다. 그런데 장로님, 사실 그건 빈말이 아닙니다. 저는요, 아무 그룹 알지요? 제가 거기에서 사목을 했었습니다. 그러다보니 괜히 보는 눈만 높아져서 그 그룹보다 작은 회사들은 다 고만고만해보입니다. 이건 결코 장로님 회사를 과소평가해서가 아니라 그곳에 비해 작다고 생각한다는 뜻입니다. 사실, 거기에 비하면 장로님 회사는 손바닥보다 더 작잖아요?" 여기까지 말씀드리자 그 장로님 마음이 조금 풀린 것 같았습니다. 계속해서 말씀을 이었지요.

"장로님, 제가 그랬던 건 장로님께서 주일성수를 범하시고, 교회 문턱을 넘어서는 모습을 자주 뵙지 못해서 그랬습니다. 장로님, 사업도 좋고 돈도 좋지만 그러나 믿음보다 중요한 건 아무것도 없습니다. 그 믿음을 지키기 위해 주일날은 목숨을 걸고 주일성수를 지키셔야지요. 장로님 회사에 신우회를 만들어놓고 월요일에 예배를 본다고 해서 면죄부가 되는 것은 아닙니다. 반드시 주일을 지켜야만 합니다. 사업상 시간에 쫓기고 힘들고 어려운 것도 믿음 안에서 극복해야지, 매일 이렇게 주일도 못 지키는 사업을 계속하실 작정은 아니잖습니까?"

간곡하게 그런 말씀을 드리자 장로님은 제게 은혜를 받았다며 웃으며 헤어졌습니다. 목사님 오셨다며 거마비까지 쥐어주면서 말입니다.

그러나 달라진 건 없었습니다. 역시 주일예배와 제자훈련에 불참했으니까요. 그래서 저는 집에까지 쫓아갔습니다. 장로님 부인 집사님을 앉혀놓고도 그렇게 설교를 했건만 결국 그분은 신앙을 바로잡지 못하신 채 몇 년 뒤 세상을 뜨고 말았습니다. 지금 생각해도 참 안타깝고 가슴 아픈 일로 제 가슴에 '내가 무능한 탓이야.' 하는 자책으로 남아 있습니다.

장로님 한 분이 그렇게 낙오되고 나서 또 한 분이 자꾸 결석을 하셨습니다. 이분은 성가대 지휘까지 하시는 분인데 몸이 자꾸 아픈 바람에 결석을 하다보니 결국 교회에 융화되지 못하고 다음 단계인 사역반으로도 올라오지 못했습니다. 교회도 결국 떠나게 되었습니다.

결과적으로 장로님 네 분이서 사역반까지 마치시고 모두 순장이 되셨습니다. 그 일은 지금 돌아봐도 가장 큰 보람이라면 보람으로 남습니다. 제자훈련의 황금 같은 열매였기 때문입니다. 그러나 육십이 넘는 분들을 그렇게 훈련시킨다는 건 쉬운 일은 아니었습니다. 앞서 말씀드렸지만 처음부터 강압적으로 할 수 있는 분들도 아니어서 기도회를 하며 서서히 동기부여를 했고, 다행히 성령께서 그 마음 가운데 감동하심을 불어넣어주셔서 자연스럽게 제자훈련 사역에 들어갈 수 있었던 것이지요. 저는 항상 "제가 장로님들을 훈련시키는 것이 아닙니다. 장로님들과 더불어 함께 성장하는 것입니다."라고 말씀드리며 제자훈련에 임하곤 했습니다. 맞습니다. 제가 무슨 능력이 있어 연세 드신 장로님들을 가르치겠습니까? 모두다함께 주님 앞에 성장해가는 것에 불과할 따름이지요.

　장로님들은 제자훈련에 재미를 들이시면서 숙제도 얼마나 꼬박꼬박 해오셨는지 모릅니다. 회사의 중역이신 한 장로님은 회사에서 일을 하시다가 점심을 드신 후 태종대에 가서 차를 산 중턱에 대놓으시고 점심시간을 이용해서 열심히 숙제를 해오셨습니다. 또 교장선생님이신 장로님께 "장로님, 그렇게 바쁘신 분이 성경 읽기며 암송이며 예습 숙제를 그렇게 잘 해오셨습니까?" 했더니 "제가 누굽니까? 학교 선생님 아닙니까? 학생들에게는 숙제 안 해오면 안 된다고 하면서 제가 안 해오면 되겠습니까?" 젊은 목사에게 종종 여섯째 동생하고 나이가 같다고 은근히 압력(?)을 행사하시는 장로님께서 하시는 그 말씀이 얼마나 찡하던지…. 젊은 목사가 내주는 숙제를 그렇게 순종하면서 해오니 열매가 생길 수밖에 없었습니다. 저는 그런 분들에게 격려를 아끼지 않았습니다. 또한 제 격려뿐 아니라 본인이 직접 숙제하고 공부하다보면 주께서 주시는 은혜와 기쁨이 너무나 놀랍다는 걸 체험할 수 있었기 때문에 지속적인 제자훈련이 될 수 있었던 것 같습니다. 만약 그런 게 없었다면 한 주에 두세 시간씩, 그것도 2년 동안이나 계속되는 제자훈련을 감당하기 어렵습니다. 성령께서 주시는 기쁨이 있을 때 함께 기뻐하고 감격하며 은혜를 나누다보니 열매도 배로 맺게되었던 것입니다.

　그러나 그 과정에서의 어려움은 말로 다 할 수 없었습니다. 사람의 죄성 때문에 사람 자체가 변한다는 사실은 보통 어려운 일이 아닌지라 아무리 기도하고 제자훈련을 해도 꿈쩍도 않는 사람의 모습을 볼 때 한숨이 절로 나왔습니다. 특히 5,60이 넘으신 분이 어느 날 갑자기 확 달라지기를 기대하기는 힘든 일입니다. 또한 개인적으로 보면 완전히 악한 사람은 하나도 없는데 어쩌다가 이분들의 아픔을 건드리면 불똥이 튀고 상처가 생겨났습니다. 그런 면에서 목사는 항상 상대방의 인격을 존중하고 사람마다 장단점이 있는 것을 항상 명심해야 되는 사람입니다. 단점이란 나한테도 있고 상대방에게도 있기 마련이므로 상대방을 이해하는 쪽으로 목사가 서야 할 것입니다. 그렇게 이해의 폭이 클수록 목사와 성도 간의 사이도 좋아지고 우애도 좋아집니다. 사랑은 이해가 선행되어야 한다는 말도 있지 않습니까? 사랑이 있으면 이해해줄 수 있다는 뜻입니다. 그 사람의 입장에 서서 이해를 해야 사랑의 관계가 지속될 수 있는 것입니다.

저는 불같은 성격 탓에 연세 드신 분들을 이해하고 따르기가 참 힘이 들었습니다. 처음엔 이해력이 부족해서 "어떻게 이럴수가, 이럴수가…." 하다가 결국 병이 나기도 했습니다. 저의 작은 도량으로 상대방을 담으려 하다보니 제가 못 견딘 것입니다. 그러나 그런 아픔과 시행착오를 겪으면서 새중앙교회는 조금씩 조금씩 발돋움해나가고 있었습니다.

온전함을 위한 방법과 전략

제자훈련이 시작되고 한 달쯤 지나서인가요. 어떤 형제가 물었습니다.

"목사님, 신앙생활 이렇게 하는 것이 정상입니까?" "왜요?"

"다른 교회 다니는 친구들은 한 달에 한 번 전도회, 월례회도 힘들어하는데 매주일 두세 시간씩 이렇게 하는 것을 2년 동안 해야 한다고 생각하니 기가 막힐 노릇이라 하는 소립니다."

"그래요. 힘들지요. 그동안 주일만 교회 출석하던 습관에서 보면 별스러운 짓이지요. 적응하기가 쉽지는 않을 것입니다. 그래도 안 할 수는 없잖아요. 집사님, 그만둬도 할 수 없습니다. 단, 훈련받지 않고도 세상에 소금으로, 빛으로 그 사명을 감당할 자신이 있다고 확신하시면 훈련받을 필요가 있겠습니까? 안 받아도 됩니다."

"목사님, 어느 누가 그런 질문에 자신 있다고 할 사람이 있겠습니까?"

"그래요. 자신이 없으니 우리가 힘들어도 훈련을 받는 게 아니겠습니까?"

"그래도 이렇게 힘들게 신앙생활하는 게 …. 음."

"자, 집사님 지금은 힘듭니다만 조금만 지나보세요."

"조금 지나면 신체가 단련되는 것처럼 단련이 된다는 말씀입니까?"

"신체 단련과는 성향이 다르지만 이제 한달 째니까 3개월만 따라와보시면 알게 되실 겁니다."

"목사님, 세상에서도 힘든 일이 많은데 교회까지 와서 힘이 들면 어떻게 살아가겠습니까?"

"집사님, 우리는 영에 속한 사람이기에 세상에서 힘든 모든 일을 감당하기 위해서는 영적 에너지가 필요한 것입니다."

"그러면 영적 에너지를 공급받게 하는 것이 제자훈련이라는 말입니까?"

"그럴 수도 있지요. 어렸을 적 약해서 힘들어하던 일도 어른이 되고 내가 힘이 생기면 전혀 힘들지 않는 이치와 같지요."

"그것도 그렇군요. 알겠습니다. 힘들지만 참고 인내해보겠습니다."

바로 그들의 이와 같은 고민은 충분히 이해가 가고도 남았습니다. 직장생활이다, 사업이다 해서 세상에서 일반적으로 사는 성도의 삶이 곧 전쟁이 아니겠습니까? 전쟁터와 같은 세상! 가장으로서 가정에 대한 의무 때문에 아니꼽고 기분 나쁜 일을 보면서도 성질껏 악 한번 써보지 못하는 일반 직장인들, 이래저래 스트레스 받으며 지내는 현대인들에게 교회라는 곳이 부담을 주는 곳이 되어서야 되겠습니까! 위로와 격려를 해야 하는 것이 지극히 당연하리라 봅니다.

그러나 그렇다고 언제까지 투정만 받아주고 얼러주며 유약한 어린이로만 키울 수 있겠습니까? 강한 자녀로 키워서 세상을 감당하도록 해야 되지 않겠습니까? 사실, 성도들만 힘든 것도 아닙니다. 힘들게 훈련시켜야 하는 목사도 놀고먹을 수 있는 자리가 아닌 것입니다. 어떤 때는 목사 입장에서 "꼭 이렇게 목회를 해야 하나?" 하는 갈등도 없지 않아 생기기도 합니다. 그렇지만 에베소서 4장 11~12절에서 하나님께서 교회에 목사를 세우신 것은 분명히 성도를 온전케 하기 위함이라고 하셨으니 성도를 온

전케 하기 위해선 이 훈련 외에 더 효과 적인 것이 없다는 확신이 있었습니다. 만약 이 훈련보다 더 효과적인 사역이 있다면 얼마든지 바꾸겠다는 마음의 결의가 있었지요. 그러나 그당시도 그렇거니와 현재까지도 이 외에 다른 전략과 방법은 없었습니다.

바울도 갈라디아서 4장 19절에 "나의 자녀들아 너희 속에 그리스도의 형상이 이루기까지 다시 너희를 위하여 해산하는 수고를 하노라."고 말하고 있습니다. 바울이 자녀라고 부른 그들은 바울이 너무나 힘들게 박해와 핍박을 받으며 전도해서 예수 믿게 한 새형제들이 아닙니까? 그랬으면 다 된 것이지 다시 해산의 수고를 하는 이유가 무엇이라고 밝히고 있습니까? "너희 속에 그리스도의 형상이 이루기까지"라고 분명한 목표를 세우고 목회를 한 것을 볼 수 있습니다. 제자훈련을 시도하면서 저는 비로소 사도 바울의 이런 심정을 조금이나마 이해할 수 있었습니다. 설교나 심방도 힘든 일이지만 그보다 제자훈련이야말로 목사에게는 얼마나 힘든 사역인지를 해본 사람은 알 것이기 때문입니다. 그렇게 힘들기 때문에 열매가 더 값지게 나오는 게 아닌가 싶습니다.

Tips for Leaders2
탈락 기미를 보이는 훈련생을 격려하는 법

1. 무엇보다 목회자 자신이 제자훈련에 대해 확신있는 자세를 유지한다.
2. 난관에 부딪친 훈련생의 영적, 육적, 사회적 상황을 면밀하게 파악한다.
3. 단순히 의무감에 호소하거나 직분, 신앙 연조 등을 이유로 들어 열심을 재촉하지 말고 제자훈련의 당위성과 난관, 영광과 보람에 대해 정확하게 인식시킨다.
4. 생활상의 비근한 실례들-예를 들어 입시공부, 군 훈련, 스포츠 연마, 신입사원 연수 등등-을 적절히 들어 모든 훈련에는 어려움이 따름을 지적하고, 특히 영적 훈련인 제자훈련에 그만한 대가가 치러져야 함을 말해준다.
5. 제자훈련은 오히려 많은 굴곡과 망설임 때문에 더 값진 것임을 잘 설명하고 다시금 동기를 부여해준다.

제자훈련, 양극에서 균형잡기

어려움도 있지만 함께 성경을 공부하는 중에는 재미있는 일들도 많이 있습니다. 한번은 한 집사님이 제자훈련중에 다뤄지고 있는 주제와 다른 이야기를 계속 하고 있었습니다. 그러면서 자신의 견해를 말하는데, 거기에 대해 제가 답변하고 나면 계속 다른 문제를 가지고 이야기를 해대는 것이었습니다. 시작 초기라 어느 정도 이야기를 들어주기도 하며 어느 시점에 그분의 말을 끊고 공부를 시작하려고 하는 찰나에 한 형제가 아주 격앙된 목소리로 "보소, 집사님인지 선생님인지 모르지만 여기가 혼자 공부하는 자린교? 할 이야기가 그렇게 많으면 공부 끝나고 개인적으로 목사님을 만나이소."라며 눈을 부라리는 것이었습니다.

안 그래도 분위기가 무거워지고 있는 판에 이건 숫제 무겁다 못해 싸늘해지고 말았습니다. 이 말을 들은 한 집사님이 그 집사님을 쏘아보기 시작하자 침 넘기는 소리도 낼 수 없을 만큼 적막이 흘렀습니다. 더군다나 그 두 분은 같은 교회 집사님들이었지만 교제가 거의 없었던 터라 모르는 사이였습니다. 이 분위기를 본 다른 형제가 "예, 그쯤 해두고 공부시작하입시더."라고 말을 꺼냈습니다. 성도들은 서로 얼굴을 쳐다보다가 이내 모두들 저를 보는 것이었습니다. 그때 저는 어느 누군가를 선택해야 하는 시점에 놓였습니다. 좀더 일찍 서로의 말을 끊고 방향을 돌렸어야 했는데 때를 놓치고 말았으니 이를 어쩌겠습니까? 결국 이러한 위기상황에서 리더는 리더십을 발휘해야 하는 것입니다.

"자, 집사님들, 이 분위기 어떠하셨습니까? 이런 상황이 우리 삶에 흔히 있을 수 있지요? 이런 때에 지혜가 필요하고 슬기가 필요하지 않을까요? 질문을 계속하며 말씀을 이어나가신 K집사님, 이 K집사님의 말씀을 중단시킨 L집사님. 다 이유와 의미가 충분히 있는 것입니다. K집사님을 이해하는 부분도 충분히 있습니다. 개인적으로 목사를 만나 말씀을 나누는 분위기에 자주 접하지 못하시다 모처럼 이런 환경을 만났으니 '잘됐구나, 궁금한 것 다 물어보자.' 하고 생각하지는 않았으나 하다보니 그렇게 된 것 같은데 문제는 뭡니까? 절제가 필요했지요. K집사님, 맞아요?"그랬더니 "예."라고 대답하는 것이었습니다.

"L집사님은 자신의 생각뿐 아니라 성경공부를 인도하는 목사의 마음과 우리 순원 전체의 마음을 읽었던 것입니다. K집사님의 계속되는 질문에 모두가 피곤해 하는 것을 충분히 감지하고는 모두의 마음을 대변한 것이었습니다. 그렇지요?"

그랬더니 L집사님이 고개를 끄덕거렸습니다. 그 모습을 지켜보던 저는 L집사님께 말했습니다.

"총대를 메는 것은 속이 후련한 일이라고 볼 수 있으나 리더에게 맡기고 기다리는 인내가 조금 필요했지 않았나 생각하는데 집사님은 어떻게 생각하십니까?"

그 말에 L집사님이 머리를 긁적대며 "내가 성질이 급한기라. 이 성질 고치라고 우리 집사람이 제자훈련 받으라고 밤낮 쪼아 붙여서 왔지 않겠습니꺼. K집사님, 미안합니더." 하는 것이었습니다.

그래서 모두들 "허허." 함께 웃고 넘어갔던 일이 생각납니다. 그후 K집사님은 주제에서 빗나간 문제를 가지고 발언을 많이 하는 일은 별로 없었던 것으로 기억되며 그런 일이 있은 후 K, L 두 형제는 매우 가까운 사이가 되어 제자훈련중에 부딪히는 일이 없었습니다.

문득 "태산에 걸려 넘어지는 것이 아니라 돌부리에 걸려 넘어지는 것이 인간이다."라고 한 말이 생각납니다. 이처럼, 제자반에서는 신학적인 문제로 분위기가 험악해지는 일은 매우 드뭅니다. 사소한 문제가 서로간의 마음을 상하게 하고 그래서 제자반 분위기가 험악해져서 탈락하는 형제가 나오게 되며 나중에는 리더도 지치고 반이 깨지는 현상까지 생기는 것입니다.

한번은 이런 일도 있었습니다.

"목사님, 저를 다른 반으로 옮겨주시면 안 될까요?"

"왜요? 제가 가르치는 것이 맘에 들지 않나요?"

"아니오."

"그런데 왜 그러세요?"

"이유는 묻지 말았으면 합니다. 다른 반으로 옮길 수 없다면 한 학기 쉬었다가 하면 안 될까요?" 이유를 묻지 말라니 꼬치꼬치 따질 수도 없고 곰곰이 생각하다가 몇 가지 사례를 들어 제자반에 고비가 있다는 사실을 이야기해주었습니다.

Tips for Leaders3
제자훈련을 힘들어 하는 4가지 이유

1. '나는 이렇게밖엔 못 사는데 …' 생각과 삶의 수준이 드러날까 걱정한다
2. '저 사람만 없으면 나오겠는데 …' 눈엣가시 같은 사람 때문에 마음 열기, 나누기가 힘들다
3. '저분은 왜 저러실까 …' 훈련 지도자와 충분한 신뢰형성이 없어 자꾸 떠돈다
4. '또 날 시키면 어쩌지?' 애초부터 반배정이 잘못돼서 훈련을 따라가기가 힘들다

첫째로, 자신의 수준이 폭로되는 것을 두려워하는 경우, 둘째로 반원 중에 한 사람을 주마다 한 자리에서 만나는 것이 곤혹스러운 경우, 쉽게 말해서 '꼴 보기 싫은 저 사람만 빠지면 계속 공부할 수 있는데.' 하는 경우, 셋째로 담당 교역자 때문에 시험에 드는 경우, 넷째로 따라가기 힘든 높은 수준인 경우 등을 열거했습니다. 가만히 듣고 있던 그분은 "목사님, 우리 속을 훤히 보고 있네요."라고 말하는 것이었습니다. 속을 보는 것이 아니라 이런 경우 하나님께서 우리를 만드시기 위해 수준따라 저울질하시는 것이라고 설명하면서 인내할 것을 당부했던 기억이 있습니다. 제자훈련은 교재 몇 권 마스터하는 것이 결코 아니며 무슨 코스웍(coursework)을 끝내는 것이 결코 아님을 강조했지요. 말씀의 진리 안에서 분명히 굳게 서야 한다는 것과 그 말씀을 생활에 구체적으로 적용해야 한다는 말씀을 덧붙였습니다. 사실, 결코 이론에 머물러서는 더 이상 제자훈련이 아닙니다. 그것은 성경공부에 머물고 마는 것이지요.

그런 의미에서 제자훈련에서의 리더 역할은 매우 중요합니다. 탁상공론식의 이론에만 그쳐서도 안 되고, 잡담이나 늘어놓는 수다 떠는 장소로 바뀌지 않도록 적절한 균형을 유지해주는 일은 전적으로 리더에게 달려 있기 때문입니다.

기존 그룹과 제자반의 반목

저희 교회에는 제가 부임하기 전부터 '에덴회'라는 젊은이 부부 그룹이 있었습니다. 참 신선한 젊은이들로 구성된 그룹이었지요. 그러다 보니 이 그룹을 해체해야 하느냐, 그대로 흡수하여 한 반을 만들어야 하느냐가 고민이었습니다. 당시 저의 방침은 흩어서 재편성하는 것을 원칙으로 진행하고 있었기에 적지 않은 고민이 따라야 했습니다. 그런데 이 정보를 젊은이들 중에 한 형제가 알고는 제게 호소하는 것이었습니다. "꼭 이 반을 해체해야 하느냐? 그대로 둘 수 없느냐?" 하는 내용이었지요. 저는 처음에 해체를 설득하다가 나중에는 타협점을 제시했습니다. 그 그룹을 해체하지 않을 테니 그 그룹에 몇 사람을 추가 편성할 것을 요구하였습니다. 결국 그 그룹을 그대로 유지시켜서 부교역자에게 맡겼습니다.

그러나 이 결정은 바둑으로 말하면 악수(惡手)였습니다. 12명의 반원 가운데 지금에 와서 순장으로 쓰임받는 사람은 3명밖에 없으며 결국 에덴회라는 그룹은 해체되었고 제자반도 활성화된 것이 아니었기 때문입니다.

저는 이 일을 통해 아무리 목표가 선하고 비전있어 보이는 교회 안의 어떤 사조직도 당회의 지도 밖에 있는 경우, 교회에 덕을 이루지 못하는 것이 아닌가 조심스럽게 진단해보게 되었습니다.

또한, 제자훈련에서의 시행착오 한 가지를 덧붙이자면 다음과 같습니다. 처음 제자훈련을 하게 되면 교재 중심으로 진행하게 되는 것이 대부분 지도자들의 방식이라고 봅니다. 그러나 제자훈련을 통해 사람을 변화시켜 예수 그리스도의 소명 받은 일꾼으로 만들려고 한다면 교재를 따라가는 수준에서 사람을 보는 수준으로 올라가지 않으면 안 될 것입니다.

그래서 저는 종종 옥한흠 목사님께 배운 대로 부교역자들에게 이렇게 충고합니다.

"교재만 보입니까? 그건 제자훈련이 결코 아닙니다. 사람이 보이십니까? 그때부터 제자훈련이 되어가는 줄 아십시오. 사람이 보일 때 어떤 질문을 누구에게 할 것인가가 보일 것입니다. 만약 예수 그리스도가 주님되심을 발견하고 감격하며 눈물 흘리는 형제를 보고 '구원의 확신이 있느냐?' 고 질문한다든지 아직까지 하나님의 자녀라는 확신도 없는 형제에게 '하나님께서 네 소유를 다 요구한다면 전적으로 다 위탁할 수 있겠느냐?' 라고 질문을 하게 된다면 비효율적인 공부를 하게 될 것입니다." 다시 말해서 "사람을 보라. 사람을 읽어라. 심령을 살피라."고 말하고 싶은 것입니다.

새로운 헤러티지, 새가족반

제 자훈련반이 불붙기 시작하면서 교회 조직을 정비할 필요성을 느꼈습니다. 교회가 살려면 구역별 모임 및 예배가 살아나야 되는데, 사실상 구역예배는 교제 모임이 되어버리거나 명목상으로만 운영되는 형국이었습니다. 어떤 구역은 칠순이 다 되신 할머니께서 구역장을 맡고 계셨습니다. 신앙 연륜이나 살아오신 지혜들은 그분들을 통해 많이 배울 수 있지만 예배를 인도하시기에는 다소 무리가 따랐습니다. 그래서 개혁을 일으키기로 하고 당회에서 안건을 올렸습니다.

"이제부터는 각 구역을 조직적으로 나누고, 그 모임을 구역 모임이라 하지 않고 다락방 모임이라고 하겠습니다. 그리고 각 구역장은 제가 임명한 순장이 맡는 것으로 하겠습니다. 허락해주십시오." 무사히 그 안이 통과되었고 순장 임명권도 제게 넘어왔습니다. 저는 순장을 임명하기 위해 모든 구역장들을 흡수하고 순장 교육을 진행했습니다. 교육은 성경문제 쪽지를 나누어주고 그것을 귀납법적으로 가르치는 식으로 진행되었습니다. 그러자 할머니들이 못 따라오겠다고 하셨습니다.

"우리는 못 하겠습니다."

그러시는데 어떻게 하겠습니까? 이참에 60세 이상의 부인 성도는 '마리아반'이라는 새로운 기관을 만들어 매주 금요일(지금은 수요일) 10시~12시까지 부교역자에게 맡겨 성경을 가르치며 친교 모임으로 운영하고, 남자 성도들을 위해서는 '갈렙반'을 만들어 노인층을 흡수했습니다. 당시 기존 구역 운영은 기존 방법대로 계속 진행하면서 구역장들을 제자훈련에 편입시켜 훈련하게 되니 일주일에 세 번을 나와야 하는 고충이 따랐으나 초창기 멤버들이 얼마나 열심이었던지 처음 시도되는 제자훈련에 매력도 갖고 부담도 가지면서 잘 따라와주었습니다.

소위 밭을 갈 때는 두 가지 방법이 있습니다. 밭을 부분적으로 갈아서 부분적으로 모종을 하는 방법이 있는가 하면 완전히 뒤집어서 하는 방법이 있지요. 저는 후자를 택했습니다. 그것은 제가 그동안 사랑의교회에서 쌓은 경험이 있었기 때문에 그렇게 할 수 있었고, 만약 일주일이라도 제자훈련 세미나에 참석하고 온 사람을 위해서는 전자를 선택하는 것이 저는 현명하다고 생각합니다. 그래서 아예 제자훈련반과 순장반을 동시에 시작한 것입니다.

또한, 당시 전체 성도가 평균 주일 출석 400여 명, 등록 교인 500여 명 중 제자반에 편성된 숫자가 60명으로 12퍼센트 정도였으니 나머지 성도들에 대한 배려가 있어야 했습니다. 그래서 '새가족반'을 편성하여 담임목사가 직접 매주 한 과씩 1시간 30분 동안 강의하도록 했습니다. 이렇게 해서 5주 코스를 모든 성도들에게 받도록 한 것입니다.

'새가족반' 훈련 프로그램은 우리 교회가 수적으로 성장하는 데, 또한 교회 본연의 정체성을 유지하도록 하는 데 상당한 공헌을 했습니다. 저희 교회 시무장로님들도 그 반을 거쳐가야 했고, 집사가 되신 분, 권사가 되신 분들도 다 거쳐가야 했습니다. 아예 '새가족반'을 거치지 않으면 제자반에 들어가지도 못하게 했고 심지어 세례도 받지 못하게 했습니다. 그러니 새중앙교회에서 새가족반을 하지 않으면 설 자리가 없는 것입니다.

　제가 그렇게 새가족반을 선호한 데는 이유가 있었습니다. 통계상 새가족반을 거친 사람은 90퍼센트가 교회에 정착합니다. 그러나 새가족반을 안 거친 사람들은 정착율이 50퍼센트도 안 되는 형편이었으니 어느 목사가 새가족반에 집착하지 않겠습니까? 그러니까 어느 교회에서 장로로 있다가 왔든지, 권사로 있다가 왔든지 간에 새가족반을 이수하지 않으면 집사나 장로, 교사도 안 시켰습니다. 그리하여 '87년 10월에 17명의 새가족이 우리 교회의 첫 열매로 탄생하고 그때부터 '새가족반'은 새중앙교회의 전통으로 자리매김하게 되었던 것입니다.

사역복병, 건강 적신호

여러 어려움들이 있었지만 네 분의 장로님들과 함께 시작한 제자훈련이 열매를 보기 시작한 것은 교회 성장에 큰 활력이 되었습니다. 장로님들뿐만 아니라 여러 평신도들에게서도 좋은 열매를 거둘 수 있었습니다. 저희는 처음에 제자훈련반에 들어갈 수 있는 자격을 제한했습니다. 30세 이상 세례교인이고 반드시 등록신자여야 한다고 말입니다. 그런데 어느 날 부산지역 의사 부인회에서 저를 찾아왔습니다. 제자훈련을 시켜 달라는 것이었지요.

"목사님, 저희들은 여러 교회에서 왔습니다. 바쁘시겠지만 시간을 내시어 저희들에게도 제자훈련을 시켜주세요." 저는 단호하게 말씀드렸습니다.

"죄송합니다만 제자훈련은 저희 교회 성도에 한해서 실시되고 있습니다. 죄송합니다. 돌아가주십시오." 의사 부인회에서는 어디 그런 게 다 있느냐는 눈치로 저를 바라보았습니다.

"저는 새중앙교회 성도를 훈련시키는 사람입니다. 그런데 만약 다른 교회 성도를 훈련시키다가 한 성도라도 우리 교회로 옮긴다고 가정을 합시다. 그렇게 되면 그쪽 교회에서 어떤 소리가 들려오겠습니까? 교인을 유혹해가지고 빼앗아갔다고 하지 않겠어요? 저는 그 소리 못 듣습니다. 그리고 제자훈련하는 교회는 교인을 뺏는다는 그런 소리를 절대로 들어서는 안 됩니다. 그건 덕이 되지 못하는 일이지요." 그렇게 거절을 한 일도 있었습니다. 어찌 됐든 본교회 제자훈련의 명성이 조금씩 외부로 알려졌다는 청신호였습니다.

그런 일들과 함께 본격적으로 제자훈련에 박차를 가하던 중 '89년에 제가 덜컥 병이 나고 말았습니다. 제자훈련에 진액을 빼다보니 아마 체력에 한계가 온 모양이었습니다. 제자훈련 목회에 미쳐보신 분은 아시겠지만, 제자훈련 목회는 체력뿐 아니라 심신의 에너지를 고갈시키는 고난도 사역(高難度 事役)입니다.

"목사님, 얼굴이 왜 그렇게 까맣습니까?"

만나는 사람마다 걱정의 소리였습니다. 소화도 잘 되지 않았고 조금만 서 있어도 다리가 해산한 산모마냥 붓기 시작했습니다. 이때 저는 어떻게 기도해야 할지 잘 모르고 있었습니다. 목회자가 남에게 설교는 그럴 듯하게 해도 막상 자신이 문제를 만나니 여전히 약해지고, 의욕이 없어져 참으로 영육이 침체된 상태였습니다. 우선 위 검사부터 했는데 '신경성 위염'이라고 했습니다. 그런데 위를 치료해도 별 차도가 없어 혈액 검사를 했더니 의사가 하는 말이 "목사님, 큰 병원에 가보셔야겠습니다."라고 말하는 것이 아니겠습니까? 큰 병원이라는 말에 기분이 좋지 않았지요. 그런데 큰 병원에서조차 조직검사를 해봐야 될 것 같다고 말해주었습니다. 그래서 저는 일단 최악의 사태까지 각오를 했습니다. 그 결과 끝내 간경화라는 진단이 나오더군요.

고신 의료원 특실 11호. 주일이었습니다. 이날은 2년간 제자훈련, 사역훈련을 마치고 처음으로 남자 20명이(장로님 4명 포함) 순장으로 임명되는 날이었습니다. 잊을 수 없는 날인데 입원하다니…. 부목사에게 장로님들과 사역훈련을 마친 분만 면회 가능하다고 연락을 했습니다. '절대 면회 사절, 절대 안정' 이라는 팻말이 병실 입구에 붙어 있었습니다.

주일 오후, 링거를 손에 꽂은 채 침대에 앉아서 20명의 사역반 명단을 펴 들었습니다. 순원들의 명단이 적힌 다락방 명부를 들고 한 분 한 분 이름을 부르며 순장으로 임명하면서 순원들을 맡아 양을 치는 목자의 사명을 충성스럽게 감당해달라는 권면을 덧붙였습니다. 감격의 순간이었지요. 목사도, 스탭도, 임명 받은 순장들도 울었습니다. 병실은 남자들의 오열과 감격의 숨결로 흥분으로 가득 차 있었습니다.

사실은 사역반을 마칠 무렵에 순장에 대한 부담을 갖고 순장으로 섬기기를 사양하는 분도 제법 있었습니다. 그러나 뒤에 이분들이 고백하기를 "만약 목사님께서 교회에서 순원의 명단을 주셨다면 지는 아마 순장직을 거절했을 겁니다. 그런데 당시 병실에서 눈물을 흘리며 명단을 주시는 목사님을 볼 때 저도 모르게 덥석 받아버렸지예!"라고 하셨습니다. 그들은 지금도 8년이 넘도록 계속 순장을 하고 계신 분들입니다.

이처럼 사역의 정점에서 간경화를 만났지만, 오히려 이 병이 사역에 힘을 실어준 면이 없지 않아 있었습니다. 그러나 정작 제 병은 쉽게 낫질 않았습니다. 의사는 "간경화에는 약이 따로 없다."면서도 약을 한 보따리씩 싸주었지만, 저는 그 약을 먹을 수 없어서 기도에 매달릴 수밖에 없었습니다. 그러자 주윗분들이 영약은 따로 없으니 민간요법을 해보라고 권해오기 시작했습니다. 그때마다 거절하던 저는 "간경화에는 녹즙이 좋다."는 어느 분의 간곡한 요청으로 그것을 1개월 정도 복용해보기도 했지만 아무런 효력도 없었습니다. 병은 점점 깊어가는 것 같고, 사역을 포기할 수도 없던 시점이라 이때의 저는 깊은 절망에 빠져들었습니다.

그러던 어느 날, 총회신학원을 같이 다니던 동료 목사님 한 분이 찾아오셨습니다. 어느 권사님께 기도를 받아보는 게 어떻겠느냐고 권고를 하기 위함이었지요. 저는 처음에 그 제안을 거절했지만, 하도 권유가 강했고, 산 속에 있어야 할 기도원 원장이 시내 한복판에서 전세를 얻어놓고 야단법석을 떠는 이유가 궁금하기도 해서 가보기로 결심을 굳혔습니다. 더군다나 그분은 저희 교회 근처에 산다고 했습니다. 그렇다면 그 사람이 어떤 사람인지를 먼저 알아야 성도들에게 올바로 지도할 수 있겠다는 생각에 아내와 함께 동역자의 안내를 받아 그곳에 들어가보았습니다.

홀 안에 들어서자 열광적으로 찬송하는 사람들이 먼저 눈에 들어왔습니다. 누군가 저를 과장되이 소개한 모양인지 특별히 원장 방으로 인도를 해서 안수기도를 받았습니다. 저를 반듯하게 눕혀놓고 눈을 두 손가락으로 누르는데 얼마나 아프던지 별이 다 보일 지경이었습니다. 게다가 옆에 있던 한 여자 분이 방언을 하고, 한 사람은 통역을 하는데 완전히 아수라장 그 자체였습니다. "내가 사랑하노라. 아들아, 큰 종으로 쓰겠노라."는 말과 함께 1주에서 2주 정도 기도받으면 완치될 수 있겠노라고 했습니다. 그런데 제 마음속에는 아무런 감동이나 감화가 없고, 단지 안수받았던 자리에 너무나 큰 통증만이 전해져올 뿐이었습니다.

그곳을 나올 때 함께 갔던 동역자를 보며 제 입에서 좋지 못한 말이 나온 것은 당연한 일이었습니다.

"여보시오. 저 원장은 뭐고, 우리는 뭐요? 저 원장은 하나님의 딸이고 우리는 조카요? 왜 저분을 통해서 응답을 받아야 한단 말이요? 하나님께서 목회자에게 무슨 병을 허용했을 때는 성도들에게 유익하게 하기 위함이지, 어떤 신유의 은사를 받은 권사님의 능력을 나타내기 위해 병을 허용했겠소? 나는 더 이상 저 사람에게 기도받지 않겠소. 이것을 목사의 자존심이라고만 보지 마시오."

저는 그후로 그곳에 가지 않았을 뿐더러 저희 교회 성도들에게도 그런 데에 절대로 미혹되지 말라고 순장반에서 당부하곤 했습니다.

본궤도에 오른 제자훈련

그런데 문제는 계속해서 병이 낫질 않고 1년이 다 되도록 질병의 포로가 되어 지내다보니 성도들에게 눈치가 보이고, 마음의 절망이 깊어갔다는 점이었습니다. 부임 초기에 수요 집회를 강해설교로 직접 했는데, 발병 후 수요 강해를 중단하고 제자훈련만을 하게 되었습니다. 그러나 제자훈련 사역과 주일 설교를 감당하기에도 점점 몸이 벅차다고 느껴졌습니다. 그러자 서서히 오기가 나기 시작했습니다.

"하나님, 목사는 성도를 돌보기 위해 존재하는데 성도가 목사를 염려하며 돌보게 됐으니 저는 이렇게는 못하겠습니다. 차라리 본향에서 쉬고 싶습니다." 저는 당시 말씀을 준비한 후 선포하기 전 강대상 뒤에서 하나님께 기도하곤 했습니다.

"저를 데려가주십시오. 성도들 눈치를 보며 더 이상 사역하지 못하겠습니다." 막바지에 다다른 것 같은 절박감과 함께 이제는 더 병마와 싸울 힘이 없다고 느껴지던 시점이었습니다. 하나님께 무작정 "나를 데려가달라."고 떼를 쓴 것도 그나마 마지막 죽을 힘을 다 내어 떼를 쓰는 격이었습니다. 그순간 얼마나 눈물이 쏟아지는지, 온몸이 그 눈물로 데워지는 느낌에 사로잡혔습니다. 정말 물리적인 뜨거움이 느껴졌는데, 그 느낌은 하나님께서 저를 본향으로 부르시는 응답으로 여겨질 정도였습니다.

강대상에 서기 직전에 받은 그 느낌 때문에 저는 아주 담대해졌습니다. 비장한 각오를 하게 되었지요. '좋다. 이제 곧 하나님께로 갈 텐데 주님 앞에 부끄러움 없이 서자.' 놀라운 사실은 그 시각 이후로 제 설교가 너무나 달라졌다는 것입니다. 전에 없이 매우 강한 메시지 선포가 시작되었습니다. 성도들이 쓸데없이 큰 집을 사거나 부를 축적하기 위해 땅을 사는 일, 큰 차를 사는 일들을 지적하기 시작했습니다. 당시는 그런 일들을 하나님의 축복이라고 여겨 예배를 드려달라고 요청하던 분위기였는데 말입니다. 집 두 채 가진 사람을 보며 "복도 많다."고 부러워 할 때였지요. 그런데 저는 그것을 죄라고 외치기 시작한 것입니다. "저는 간뎅이가 부어 이제 겁이 없어졌습니다."며 당당하게 선포했습니다.

그런데 이상한 일이 생겼습니다. 그날 이후로는 소화도 잘되었고, 알브민 수치가 2.6에서 3.6으로 상승하여 병원에서 체크를 했더니 간경화 상태는 그대로인데 나머지 기능이 활성화되어 있다는 진단이 나왔습니다. 할렐루야! 8년이 지난 지금도 '90년 6월의 그 상태를 유지하고 있습니다.

또한 그해 8월에는 교통사고까지 당했습니다. 상황으로 보면 죽었어야 하는 너무나 큰 사고였는데, 지금까지 이렇게 저는 살아 있습니다. 저는 그때, 말씀을 선포하면서 이런 말을 성도들에게 복창하도록 했습니다.

"병 나서 죽지 않는다. 사고 나서도 죽지 않는다. 다만, 하나님께서 부르셔야 죽는다."

요즘도 6개월마다 정기적으로 초음파와 혈액검사를 받고 있습니다. 이런 검사를 받을 때마다 저는 항상 제 생명에 대해 언제 어떻게 될지 모른다는 생각을 염두에 두고 받습니다. 그러나 분명한 것은 하나님께서 부르신다면 누구든지, 언제든지 가야 한다는 사실을 잊지 않고 있습니다.

지금도 그때 그 일, 강대상 뒤에서 뜨겁게 역사하셨던 성령 하나님의 손길을 회상하면 은혜가 됩니다. 정말로 미약한 존재인 저와 함께하시며 오늘도 사용하고 계신 그 하나님을 생각하면 가슴 벅찬 감사를 드리지 않을 수 없는 것입니다.

이처럼 하나님은 간경화라는 병을 통해 제게 담대함과 여러 은혜를 맛보게 해주셨을 뿐만 아니라 이때부터 제자훈련을 우리 교회의 특장(特長)으로 자리잡게 해주셨습니다. 제자훈련을 받지 않으면 주일학교 부감이나 부장을 할 수 없다는 무언의 법칙 아닌 법칙이 생겨났으며, 순장으로 일하지 않고는 안수집사가 될 수 없을 뿐더러 각 기관에서 중직을 맡을 수 없게까지 되고 말았습니다.

이렇게 여러 모양으로 어려웠던 '89년이 지나고 '90년이 시작되면서 교회는 서서히 부흥의 물결을 타기 시작했습니다. 제자훈련과 함께 '대각성 전도집회'가 성과를 거두기 시작하면서 서서히 교인 1천 명 시대를 바라보게 되었지요. 교회는 이때가 가장 중요합니다. 교인 1천 명을 육박하게 되면 팀사역이 불가피해지고 그렇게 되면 부교역자를 제대로 투입해야만 합니다. 그리고 부교역자는 제대로 훈련받은 사역자여야만 합니다. 때문에 담임목사는 장로 사역을 지원할 뿐 아니라 교역자 사역도 동시에 해야 하는 것입니다.

제자훈련을 과감하게 부교역자에게 맡기고 부흥케 하는 일에 전력질주해야 하는 시점이 이때였습니다. 그래서 저는 교역자를 적절히 투입하여 반원들의 상황을 살피게 하고, 교역자에게 정보를 주고 교정해주는 역할을 했습니다. 또한 제자훈련 교재의 단원마다에 중요한 부분을 어떻게 다루며 코멘트를 어떻게 해주어야 할지를 잊지 않고 가르쳤습니다. 그리고는 전도집회에 매달렸습니다. 왜냐하면 제자훈련과 사역훈련을 마친 사람에게 순장의 일을 맡겨야 하는데, 교회가 성장하지 않으면 사병은 없고 장교만 우글거리는 병영이 되고 말 것이기 때문입니다. 훈련된 성도는 성장

하면서 열매를 맺거나 교회의 분위기를 긍정적으로 창출하기 때문에 새신
자가 정착하는 확률이 더 높아지기 마련입니다. 이게 바로 제자훈련이 교
회 성장에 지대한 영향을 주는 공식이요 경로입니다.

5 조용한 접목

제자훈련은 왜 시켜야 하는가/제자훈련 체제로 변환할 때의 어려웠던 점/야망의 목회냐, 비전의 목회냐/왜 중직자가 문제인가/임직을 벼슬로 생각하는 사고방식이 문제/부흥과 당회, 그 아름다운 역학에 관하여/장로님, 저의 진정한 목회 파트너이십니다/활주로를 치워라/제자훈련, 운영의 묘에 관하여/제자훈련은 결국 인재 목회다/사람을 중히 여기는 목회1/사람을 중히 여기는 목회2/목사의 성장 vs 교회의 성장/교회 성장의 일등 공신, 원로목사님/우째 이런 일이?/당회분과 활성화/미래교회는 가정사역에 달렸다/교회는 건물이 아니라 사람이다 – 교육관 건축, 그 낙수(落穗)/제 설끈 제가 아닙니다/안식년을 마치고/처음 들어보는 간증

본질을 잡고 고민하다보면 방법이 생깁니다. 이게 이치인데 많은 목회자들이 방법만을 알아서 교회 부흥 비책으로 제자훈련을 사용하려고 합니다. 이런 생각은 적절치도 못하지만 성공하지도 못합니다. 왜냐하면 제자훈련은 일시적 유행(fad)이나 방법론이 아니라, 신구약성경을 꽉 짜면 한 대접으로 나오는 탕재 같은 하나님의 계획이요 뜻이기 때문입니다. 철학에서 전략이 나오고 전략에서 구체적인, 변용 가능한 전술이 나옴을 명심하십시오

제자훈련은 왜 시켜야 하는가?

전통교회에 제자훈련을 접목시키기 위해서는 무엇보다 목회
철학이 절대적으로 중요하다고 봅니다. 보통은 제자훈련을 성경공부 기법
으로 알고 방법론에서 성공과 실패를 찾으려는 경향이 많은데, 분명 그것
은 아니라고 말할 수 있습니다. 성경을 재미있게 가르쳐 사람이 잘 모이도
록 할지는 몰라도 사람은 변하지 않기 때문입니다. 너무도 많은 경우, 교
회가 비생산적인 일에 소모전을 벌여서 힘을 낭비하고 있는 실정입니다.
이런 예는 우리 교회에서도 얼마든지 찾아볼 수 있습니다.

우리 교회에서 운영되는 마리아반은 60세 이상의 노인반이라 이분들을
훈련시키지 못했습니다. 그러나 그중에는 한평생 교회와 더불어 사신 분
이 대다수이며 권사들이 얼마나 많은지 한때 문제가 생긴 일도 있었습니
다. 사연인즉 새해 들어 출석부를 만들어 나이 순서대로 명단을 작성하여
부르게 되었는데, 이것이 문제가 된 것입니다. 전에는 서열이 앞서 있었는
데 왜 뒤에 호명되느냐는 문제였지요.

결국 담당자에게 지시하여 종전대로 등록된 순서를 따라 출석을 부르게

해서 진정됐다는 소리를 들었으나 그동안 이로 인하여 불거진 상처는 쉽게 아물지 않았습니다. 급기야 한 분의 권사님에게 선배 권사를 찾아가 대화를 하고 노여움을 풀어드리도록 권해서 마무리를 지은 일도 있습니다.

이렇듯, 아무것도 아닌 일에 소모전을 할 수밖에 없었던 것은 교회가 미숙아(未熟兒)적인 의식과 구조를 가지고 있다는 사실 때문입니다. 그리고 '교회관'에서 무엇이 중요하고 무엇이 우선순위인가를 모를 뿐 아니라 훈련되지도 않았기 때문입니다. 이런 점에서 교회가 무엇인가, 왜 교회가 존재하는가를 가르쳐줘야만 합니다. 이것은 설교든 개인심방이든 어떤 통로를 통해서든 내가 누구인가, 나는 어떻게 살아야 할 것인가에 대한 교육이 일차적으로 필요한 이치와 같습니다.

교회가 건물이나 조직이 아니라 성도라는 것 "아버지께서 나를 보내신 것같이 나도 너희를 보내노라"(요 20:21)는 말씀대로, 예수님께서 귀중한 하늘의 비밀과 복음을 제자들의 사역으로 위임하셨다는 것을 가르쳐야 합니다. 또한 교회의 본질에 사도적 본질이 포함되어 있는데, "내가 비옵는 것은 사람들만 위함이 아니요 또 저희 말을 인하여 나를 믿는 사람들도 위함이니"(요 17:20)라는 말씀대로, 이 사도성이 성도 전체, 즉 전교회에 위임되었다는 것을 믿게 해야 합니다.

그리고 "고린도에 있는 하나님의 교회 곧 그리스도 예수 안에서 거룩하여지고 성도라 부르심을 입은 자들과 또 각처에서 우리의 주 곧 저희와 우리의 주 되신 예수 그리스도의 이름을 부르는 모든 자들에게"(고전 1:2)라는 말씀대로 교회는 목사나 전도사에 한정된 것이 아니라 동일한 신앙고백을 한 모든 성도들로 이루어진다는 것을 알려야만 합니다. 때문에 모든 성도는 하나님께 부름받은 하나님의 자녀라는 특권과 세상으로 파송된 제자라는 소명을 동시에 보유한 존재라고 인식시켜주어야 바른 자아정립이 이뤄지는 것입니다.

솔직히 교회에서는 일반적으로 성도의 특권의식만 강조해서 구원의 확신을 강조하는 데 주력했지, 소명에 대해서는 소홀히 해왔습니다. 소명에서도 언제나 특별소명만 생각하고 일반소명, 즉 모든 성도가 세상에 파송된 제자라는 것을 혼동하여 소명 받은 자는 모두 신학교에 들어가야 되는 것으로 생각하는 폐단이 있음도 보게 됩니다. 그러나 이 소명은 특별소명을 말하는 것이고 예수 믿는 자는 모두 일반소명을 받은 사람들임을 잊어서는 안 됩니다.

"오직 성령이 너희에게 임하시면 너희가 권능을 받고 예루살렘과 온 유대와 사마리아와 땅끝까지 이르러 내 증인이 되리라."(행 1:8)는 말씀은 성령이 임해야 우리가 예수 믿게 됨을 알게 해주는 구절입니다. 또한 예수 믿으면 증인이 되는 것은 정해진 순서요 마땅한 이치라는 사실도 알려줍니다. 구원받은 백성이면 마땅히 이 땅에서 그리스도의 증인으로 살고, 구체적인 삶에서 하나님의 은혜에 어떻게 반응해야 하는가를 알아야만 합니다. 그러나 세상으로 보냄을 받았다고 해서 무조건 세상으로 뛰어나가기만 해서는 안 됩니다. 준비하고 훈련해서 파송 해야만 하는데, 이 과정이 바로 제자훈련인 것입니다.

또 하나, 정말 강조하고 싶은 점은 제자훈련은 성경공부와 다르다는 사실입니다. 단순히 역사적이고 객관적인 성경 지식을 늘리는 데 목적이 있는 것이 아니라 인격을 변화시켜 성숙한 사람으로 만들고, 한 걸음 더 나아가 사역자로서 비전을 갖게 하는 데까지 훈련시키는 과정입니다.

만약에 제자훈련을 해야 복 받는다고 권한다면 믿는 사람도, 듣는 사람도 호소력이 없을 것입니다. "나는 복 많이 받았으니 안 받아도 됩니다."라고 많은 성도들이 속으로 그렇게 말하면서 기피할 것이고 지성인일수록 복을 좋아하면서도 은근히 거부반응을 보일 것입니다.

따라서 전통교회에서 제자훈련을 한다면 제자훈련을 통해 반드시 가르쳐야 할 것이 교회의 존재 이유에 대한 부분입니다. 그렇게 해야 할 첫째 이유는 하나님을 위하여 교회가 존재한다는 사실을 모르는 이들이 상당수이기 때문입니다. 여기서 교회는 성도라 바꾸어 적용할 수 있습니다. 하나님을 위해 존재한다는 것은 하나님께 예배드리기 위해 존재한다는 뜻입니다. 하나님께 드리는 예배는 신령과 진정으로 드릴 때만이 의미가 있습니다. 신령과 진정의 예배는 장소와 형식을 초월하고 하나님이 어떤 분인지, 예수 그리스도가 누구인지 진리를 알고 드리는 예배입니다. 그렇다면 참예배자는 어떤 사람이어야 하겠습니까? 참된 예배자는 아무렇게나 나오는 것이 아닙니다.

구원의 확신뿐 아니라 하나님을 바로 아는 성도, 하나님의 속성과 주권, 하나님의 은혜와 사랑을 바로 아는 성도가 참된 예배자가 된다고 봅니다. 그렇지 못하고 현세에 받을 복만 생각하는 세속적 성도의 예배는 믿지 않는 자가 드리는 미신적인, 주술적인 예배와 같을 수밖에 없습니다. 때문에 교회는 하나님을 위해 참된 예배를 드리는 성도들로 훈련시켜야만 합니다. 이래서 제자훈련이 필요한 것입니다.

둘째로 세상을 위하여 교회가 존재한다는 사실을 알려야 합니다. 예수님 께서는 우리에게 "너희는 세상의 빛이요, 소금이다."라고 했습니다. 이 말씀은 곧 성도들은 세상에 나가 강하고 능력있는 영향력을 발휘하여 하나님께 영광 돌릴 수 있는 삶을 살아가야 한다는 의미를 내포하기도 합니다. 그렇다면 그들이 세상에서 제몫을 다하기 위해서는 어떻게 해야 할까요? 물론 강한 크리스천이 되어야 하는데 이를 위해 제자훈련이 필요합니다.

셋째는 교회 자체를 위해 교회가 존재한다는 사실을 알려야 합니다. 교회가 제 기능과 사명을 감당하기 위해서는 뭐니뭐니해도 교회 자체가 건강해야 합니다. 교회 자체가 나약하다면 어떻게 그 사명을 감당할 수 있겠습니까? 병들고 나약한 교회는 하나님 앞에 의로운 사업을 할 수 없습니다. 교회 자체를 위해 교인들을 훈련시켜야 하고 성숙시켜야 한다는 생각이 교인들에게 전달되면 순종하는 사람들이 나오기 마련입니다. 이렇듯 제자훈련은 숫자 불리기, 교회 덩치 늘이기를 위한 기교나 방법이 아니라 가장 기본적인 가치관이며 철학인 것입니다.

제자훈련은 인간적이거나 인위적인 것이 아니라 성경적이요 교회론적인 것이기에 어떤 성도들에게든 공감과 도전을 준다고 봅니다. 집사라는 위치와 목사라는 자리는 하나님의 일을 하게 하려고 주신 기능일 뿐 신분의 차이는 아닙니다. 따라서 교회 직분을 신분이 아닌 은사 측면에서 접근해야 합니다. 우리는 모두 하나님을 아버지라 부릅니다. 이 말은 우리 모두가 하나님 앞에서 동등하다는 사실을 나타냅니다. 베드로가 베드로전서 2장 9절에서 '왕 같은 제사장'이라는 말을 썼는데, 이것은 성직계급만을 염두에 둔 말이 아닙니다. 우리는 똑같은 주님의 몸된 교회의 지체들인 것입니다. 그러나 하나님은 교회를 질서있게 다루시기 위해 머리 되는 주님을 모시는 일에 감독자를 세워 교회를 다스리게 했습니다(롬 12:4-8). 섬기는 자, 가르치는 자, 권위하는 자, 구제하는 자, 다스리는 자 등의 직분을 주어 한 몸인 교회를 세워나가게 하신 것입니다.

우리 교회에서는 이와 같은 가르침을 제자훈련중에 심어주었습니다. 그러자 제자훈련이 무르익어가면서 서서히 성도들이 변해가기 시작했습니다. 찬양하는 자세와 말씀생활, 제자훈련 숙제, 기도생활에서 그들의 영적인 삶이 구체적으로 변화하면서 역동적인 모습을 보여주었습니다. 성도들이 모였다 하면 그 모임의 관심이 영적인 곳으로 화제가 바뀌어갔던 것입니다. 영적 분위기가 성숙해가니 새신자들이 교회에 와서도 적응을 잘할 수 있게 되었고, '87년 부임 초기 장년 400명 출석에서 평균 20퍼센트씩 해마다 성장을 거듭하기에 이르러 지금은 장년 신자 2천 3백명이 넘게 출석하는 교회로 자리잡았습니다. 이 성장은 폭발적으로 부흥하는 교회 입장에서 보면 답답한 성장이지만 훈련하고 기초를 다지면서 알토란처럼 성장했기에 모래성은 아니라고 믿고 있습니다(아래 표 참조).

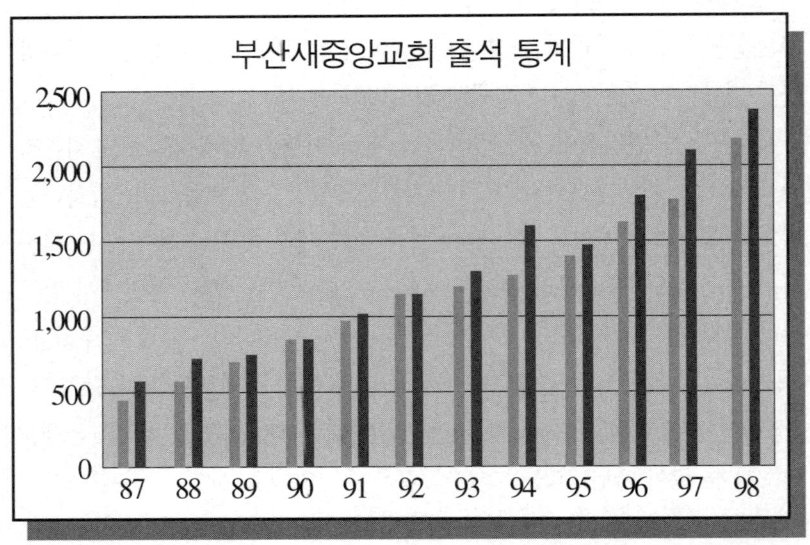

('98년 5월 현재 첫번째 막대 그래프는 연초, 두번째는 연말을 나타냄).

제자훈련 체제로 변환할 때의 어려웠던 점

기존교회를 들여다보면 하나의 공통점을 발견할 수 있습니다. 바로 변화를 바라면서도 변화에 저항하는 체질로 굳어 있다는 점입니다. 그렇다면 교회들이 변화를 바라면서도 막상 변화되는 데 겪는 진통과 어려움을 극복하기 위해서는 어떻게 해야 할까요? 무엇보다 성도들에게 비전을 제시해야만 합니다. 그러기 위해서는 우리의 현실을 정직하게 직시하고, 그 현실을 인정하도록 보편적 공감대를 형성하는 일이 급선무라 할 것입니다. 즉, "우리의 신앙고백과 생활이 일치한다고 보는가? 괴리는 없는가? 신앙생활은 기쁨이 넘치는가? 주일이 즐겁고 기다려지는가? 봉사가 즐겁고 기쁜 일인가? 예배가 은혜가 되고 교회생활과 일상생활이 갈등없이 일치하는가? 교회에서의 영적 교제는 어떤가?" 등등 이런 문제의식을 가지고 자신의 문제를 있는 그대로 정직하게 바라보는 것이 중요하다는 것입니다.

만약 이러한 자기 인식의 공감대가 형성되었다면 "그대로 방치해둘 것인가?" 하는 질문으로 이 문제를 극복할 용기를 심어주어야 합니다. 막연한 권면이나 성경 둘러대기, 구호에 그치기 십상인 '인격변화', '삶의 변화'와 같은 말들을 접고, 있는 그대로 문제를 직시하게 한 후 비전을 제시해주어야 하는 것입니다.

저는 언젠가 사업하는 어떤 형제에게 심방을 갔던 일이 있습니다.

"집사님, 신앙의 연수는 얼마나 되셨지요? 참 모태신자라더니 몇 대째인가요?"라고 물었더니 "3대째입니다."라고 대답했습니다.

"3대째라면 기독교 집안에 대한 자부심은 있으세요?" 하고 묻자 "있지요."라고 대답하더군요.

"어떻게요?" 하고 다시 물었지만 더 이상 답을 못했습니다. 당황해 하는 형제에게 다시 질문을 던져보았습니다.

"지금 신앙생활은 구체적으로 어떻게 하세요?"

"전에는 청년회다, 전도회다, 교사다 해서 봉사도 다 해보았습니다. 성가대도 했지요."

"아, 네. 그런데 형제님은 하나님의 은혜를 인정하십니까?"

"인정하지요."

"과거에 봉사한 것으로 만족하고 이제는 안 해도 부담이 없습니까?"

"해야 된다고 생각하지만 바쁘고 두렵습니다. 자신이 없어요."

이런 대화의 시간 이후 계속 그 형제에게 도전하기 시작했습니다.

"집사님, 구원의 확신은 있나요?"

"예."

"그러면 하나님나라의 상속자인 것을 믿으세요?"

"…"

"자, 그러면 우리를 하나님께서 부르셔서 하나님나라를 상속하고 이 땅에서 잘 살게만 하기 위해 하나님께서 우리를 부르셨다고 보십니까? 로마서 8:12-14에 "형제들아 우리가 빚진 자로되 육신에게 져서 육신대로 살 것이 아니니라 너희가 육신대로 살면 반드시 죽을 것이로되 영으로써 몸의 행실을 죽이면 살리니 무릇 하나님의 영으로 인도함을 받는 그들은 곧 하나님의 아들이라.”는 말씀이 있습니다. 하나님께서는 집사님에게 좋은 학문을 배우게 하시고 좋은 사업, 좋은 가정, 또한 좋은 자녀까지 주셨습니다. 인정하시지요?”

“네.”

“그렇다면 하나님께서 왜 이런 축복을 주셨을까요? 하나님께서는 우리에게 헌신하라고 하십니다. 받은 복이 많은 자들에게는 하나님께서도 많이 받겠다고 하셨습니다. 많이 배우고 많이 받았으니 하나님 앞에 결산할 때 더 많은 봉사와 헌신이 요구되지 않을까요?”

“목사님, 좋습니다. 마음은 있어요. 그러나 믿음도 약하고 능력도 없습니다.”

“예. 좋습니다. 때문에 저에게 전략이 있습니다. 제자훈련을 받으십시오. 훈련없이 세상의 전쟁터에 나가면 사탄이나 적군이 우리를 농락하게 됩니다. 사탄을 이기고 세상을 이기기 위해서는 훈련을 받아야 합니다.”

이런 방식으로 삶을 제시하고 그 목표를 이루는 방법을 나눌 때 십중팔구는 응하게 되어 있습니다. 그러나 가장 중요한 것은 교회의 지도자들이 장로님들임을 잊지 말아야 합니다. 역시 장로님들과의 만남, 면담, 당회, 기도회 등을 통해 비전을 제시하는 일이 똑같이 필요합니다. 젊은 목사가 신앙의 선배요 인생의 선배인 장로들을 훈련시킨다는 것이 쉽지 않은 일임에는 틀림없습니다. 이 때문에 성령의 은혜와 지혜가 필요한 것입니다.

결국 제자훈련 사역은 흐르는 물줄기를 틀어 방향을 바꾸는 작업이나 다를 바 없습니다. 산성화되어 있는 교회 체질을 알칼리화하는 객토 작업과도 같은 셈이지요. 더군다나 대단한 개혁이기 때문에 장애 요인이 많을 것은 너무도 자명한 사실입니다.

최근 들어 교회 성장학의 바이블이라고 불리는 「새들백 교회 이야기」라는 책이 꽤나 인기를 끌고 있습니다. 그 책에 매우 주목할 만한 개념 하나

가 소개되어 있습니다. 다름 아닌 '목적에 의해 이끌려 가는 교회'
(Purpose Driven Church)라는 것입니다.

저자 릭 워렌은 이 책에서 교회를 몇 가지 종류로 구분지었습니다. 먼저
전통이 이끄는 교회가 있습니다. 전통이 이끄는 교회가 애용하는 말은 "우
리는 언제나 이런 식으로 해왔다."라는 것입니다. 이어 인물에 의해 움직
이는 교회는 "지도자가 무엇을 원하는가?"입니다. 재정으로 움직이는 교
회도 있습니다. 재정 중심의 교회는 "비용이 얼마나 들까?"가 사역의 핵심
질문입니다. 프로그램에 의해 움직이는 교회는 프로그램을 유지하고 지속
하는 데에 모든 에너지가 모아지며, 건물에 의해 움직이는 교회는 교회 건
물이 너무나 중요합니다. 릭 워렌은 "우리가 건물의 형태를 만들지만 후에
는 건물이 우리의 형태를 만든다."라는 윈스턴 처칠 경의 말을 인용해서
이를 반박하기도 했습니다.

오늘날 제시되어야 하는 교회상은 이와 같은 유형의 교회를 반박하며
목적에 의해 움직이는 교회입니다. 튼튼한 교회는 목적 위에 세워지기 마
련입니다. 릭 워렌은 분명히 말합니다.

"계획과 프로그램과 사람들은 영원히 지속되지 못한다. 그러나 하나님
의 목적은 영원히 지속될 것이다."

야망의 목회냐 비전의 목회냐

제자훈련을 목회에 접목해야 하는 사역은 결코 선택사항이 될 수 없습니다. 목회가 무엇입니까? 성도를 성숙케 하여 세상에 파송하고 그들로 하여금 세상을 변화시켜 하나님나라를 확장하며 이 땅에 하나님의 존귀하신 이름이 높임을 받게 하는 총체적인 작업 아닙니까? 때문에 전도와 양육이라는 두 기둥을 굳게 세워나가는 것이 목회라고 볼 수 있습니다.

이런 양육체계가 제대로 되어 있다면 전도받은 성도들이 정착하는 것은 너무나 자연스런 일이며, 동시에 교회의 양적 부흥도 순조롭게 이루어질 것입니다.

저는 제 자신을 바라볼 때 순간순간 "누구를 위해 목회하는가?"라는 질문을 해봅니다. 주님인가? 나인가? 나 자신의 영광을 위함인가? 주님의 영광을 위함인가? 잘못하면 나 중심의 목회에 빠질 위험이 얼마나 큰지 솔직히 고백하지 않을 수 없습니다. 교회 부흥이나 성장도 모두가 주님을 위한 것에 초점을 맞춰야 하는 일임을 너무나 잘 알면서 망각할 때가 얼마나 많은지 모릅니다. 무슨 일이든 주님을 위해, 맡겨주신 성도들을 위해 죽도록 충성해야 할 사명자가 자칫 야망의 노예로 전락하기가 쉽습니다. 바쁘다는 것을 핑계로 동분서주하며 양떼들을 방치해두는 현장이 있지는 않은지, 그야말로 야망의 목회냐 비전의 목회냐에 대해서는 누구보다 자신이 더 잘 알 것입니다. 그리고 의식있는 성도라면 이런 부분에 대한 그 목사의 진의를 알고도 남을 것입니다.

전도 문제를 한번 생각해봅시다. 그동안 한국교회가 전도를 너무 하지 않아서 '다락방 전도운동'이라는 단체에 한방 맞은 것 같습니다. 마땅히 교회는 전도해야 합니다. 불신자가 예수 믿도록 하는 사명을 교회에 주셨으니 당연히 때를 얻든지 못 얻든지 복음을 전해야 하는 것입니다. "교회는 선교다."라고까지 말한 사람도 있습니다. 그러나 총동원 전도주일, 출애굽작전 등으로 일시에 부흥을 시켜보겠다는 발상은 반성해야 할 대목이 아닌가 생각합니다.

결국 야망의 목회냐 비전의 목회냐는 종이 한 장 차이라고도 할 수 있습니다. 이런 가름은 우리 곁에 상존하고 있음을 잊지 말아야 할 것입니다.

야망의 목회인가 아닌가를 진단하는 방법이 몇 가지 있습니다. 먼저 처음 부임할 때나, 개척했을 때의 멤버들이 얼마나 헌신하고 있는지 목회현장을 스스로 진단평가하는 데 냉철해보십시오.

그리고 한번 성도의 입장에서 그들이 어떤 목회자를 원하는지를 생각해보십시오. 자기 이름을 내기 위해 교회를 부흥시키려는 목회자, 즉 수단과 방법을 가리지 않고 목회에 분명한 철학도 없이 이 프로그램, 저 프로그램 마구 끌어들이며 계속 끌아부치되 오직 숫자를 불리는 일에만 정신이 빼앗겨 있는 목회자를 원하지는 않을 것입니다. 평신도는 항상 '나와 관계된' 목사를 생각한다는 사실을 잊지 말아야 합니다. 즉, 나를 향한 비전이 있는가, 나의 자녀를 향한 비전이 있는가를 살피는 것입니다.

따라서 목회현장을 볼 때, 그와 같이 목회 초창기부터 함께 헌신하는 성도들이 뿌리를 깊이 내리고 함께 울고 웃으며 미운 정, 고운 정이 들어 서로 이해하고 사랑하고 신뢰하며 헌신하는 성도들이 얼마나 많은가를 보면 그 교회의 목회자가 야망의 목회자인가, 비전의 목회자인가를 진단할 수 있습니다.

그 반면, 몇 년이 못 되어 사람들이 자주 바뀌는 교회가 있습니다. 그것도 이사나 직장 전근으로 인한 자연스런 이동이 아니라 목사에게 염증을 느끼고 떠나는 경우가 많아지면 야망의 목회를 한 것이 아닌지 조심스레 진단해봐야 합니다. 이런 야망의 목회에 환멸을 느껴 떠나는 것은 제자훈련 목회 자체를 거부하고 떠나는 것과는 사뭇 다릅니다. 그러나 제자훈련을 몇 년 받았는데도 함께 동역해야 할 사람들이 물갈이하듯 떠나는 것을 본다면 자신을 야망의 목회자라고 스스로 진단하고 치료를 받아야 할 것입니다.

또 하나의 평가 방법이 있습니다. 교회에 모이는 회중의 숫자를 표현할 때 혹 허수를 말하고 있지는 않는지를 살펴보는 것입니다. 제가 한번은 미국에 잠시 머물 때에 어느 신문을 보았는데, 미국 교포 교회는 부흥회를 열게 되면 일간지에 광고를 내는 것이 관례처럼 되어 있는 것을 보고 처음에는 의아해 하기도 했습니다. 한국에서는 일간지에 지역교회 부흥회 광고를 하는 경우가 거의 없기 때문입니다. 유심히 그 광고를 살펴보았습니다. 마침 부흥회 강사를 소개한 걸 보니 제가 잘 아는 사람이었습니다. 그런데 이게 웬일입니까? 강사 소개란에 "개척한 지 10년도 안 되어 3,000명의 성도를 섬기는 능력의 사자."라고 소개되어 있는 게 아니겠습니까? 당시 그 교회는 장년 1,000여 명, 어린아이까지 합하여 1,700명 정도 출석하고 있는 교회였는데 말입니다. '아무리 광고라고는 하지만 본인도 모르는 정보를 누구한테 받았을까? 왜 이래야 하는가?'에 대해 깊은 회의가 들었습니다.

또 한번은 한국에서 어떤 목회자를 소개하는 팜플렛을 보게 되었습니다. 너무 잘 아는 목사요 교회였는데, 그 역시 교인수에 대한 통계가 허수로 나와 있었습니다. 왜 이렇게 속이는 일이 자연스러운 일이 되었는지…. 이런 경우를 두고 야망의 목회라고 해야 할 것입니다.

저는 종종 이런 생각을 합니다. '내가 옥한흠 목사님을 만나지 못했다면 어떤 목사가 되었을까?' 제 목회 생애에서 옥 목사님이 끼치신 결정적인 영향은 바로 비전 목회를 알게 해주셨다는 점입니다. 목사님은 개척교회 시절, 초창기 예배 모임의 숫자를 헤아리는 문제에 무관심하기까지 하셨습니다. 예수님은 무리에 속지 않으시고 오직 그분의 관심은 제자 삼는 일이었기 때문에 마땅히 우리도 그래야 한다는 것이었습니다. 그러나 그때 저는 주보에 성도의 출석 상황을 정확하게 기재해야 한다는 것을 말씀드린 적이 있습니다. 우리에 들어오는 양들의 숫자를 무시한 채 생각하고 싶은 대로 생각하는 목동은 없습니다. 따라서 우리 스탭들은 주일을 지키는 성도, 안 지키는 성도를 분명히 가려 주일이 지나면 함께 출석을 체크하곤 했습니다. 그리고 출석 숫자를 정확히 주보에 기록했던 것이지요.

왜 중직자가 문제인가

우리는 종말론적으로 살아야 한다고들 말합니다. 오늘밤이라도 주님 맞을 준비를 하고 살아야 한다는 뜻입니다. 그런데 실제로 얼마나 많은 사람들이 실제생활에서 그런 종말론적 신앙을 갖고 사는지 의문입니다.

저는 종종 이런 말을 즐겨 사용합니다. "목사는 목을 내어놓고 사는 사람, 죽을 각오를 하고 사는 사람이다."라고 말입니다. 바울은 공중 앞에서나 개인 앞에서 꺼려하지 않고 사역을 했던 사람입니다. 그렇다고 안하무인(眼下無人) 격으로 살라는 뜻은 아닙니다. 겸손과 온유의 본체시지만 비겁하지 않으셨던 예수님, 그분을 닮자는 것입니다.

저는 '97년 9월에 북경에서 북한 사람들과 회담한 일이 있었습니다. 회담 후 만찬 자리에서 저는 그 사람들에게 목사에 대해 이렇게 말했습니다.

"목사란 남한의 안기부도 무서워하지 않고 북한의 보위부도 무서워하지 않는, 목을 내어놓고 사는 사람입니다."

또 '97년 11월에 북한을 방문했을 때도 북한의 형제들과 대화를 나누는 중에 혹 김일성 동상이나 초상에 절을 하도록 강요받을까 싶어 미리 목사가 어떤 사람인가에 대해 장황한 설명을 늘어놓은 적이 있었습니다. 목사는 죽은 사람에게 절대로 절을 하지 않는 사람인데, 만약 그것을 강요하면 목을 내어놓고라도 거부할 것이라고 말입니다.

맞습니다. 목사는 하나님을 경외함으로 하나님께서 맡기신 양떼를 위해 존재한다는 생각을 가져야 할 뿐 아니라 양떼를 위한 용기도 낼 줄 알며 그들을 위해서라면 목숨까지 걸 줄 아는 사람이어야 합니다.

그런 면에서 목사는 특히 교회 중직인 장로를 이해해야 합니다. 사실, 이해가 되는 사람을 누가 이해 못 하겠으며 사랑스러운 사람을 누가 사랑하지 못 하겠습니까? 주님은 원수까지 사랑하라고 하셨습니다.

그렇다면 어떻게 해야 이해가 안 되는 성도를 이해할 수 있을까요? 먼저 그의 입장에 서보아야 합니다. 본래 'understand'라는 단어가 '~ 아래'(under)와 '선다'(stand)의 합성어라는 것을 잘 알고 있듯이, 이해하기 위해서는 그 사람의 수준으로 내려가봐야 합니다. 우리 주님께서도 우리를 위해 성육신(incarnation)하시지 않았습니까? 주님께서는 친히 우리 사람의 모습으로 내려앉으셨습니다. 이 때문에 우리가 그분을 향해 마음을 열 수 있는 것이 아닙니까?

따라서 목사인 저도 장로님들을 바라보며 옛날 세대, 기성세대라고 몰아붙이기보다는 그 시대를 감당하신 어른이시라는 사실을 잊지 않으려고 항상 노력합니다.

만약 장로님의 성격이 너무나 부정적이라면 분명 이유가 있을 것이라고 생각해보면 어떻겠습니까? 예를 들어 너무나 많은 목사들에게서 상처를 받은 경우도 있을 수 있습니다.

또한 목사를 대하는 자세가 기본적으로 불신에 가득 차 있다면 그 또한 이유가 있을 것입니다. 거짓말하는 신실하지 못한 목사에게 실망을 많이 한 경우일 것입니다.

교회 일을 세속적인 일과 같은 안목으로 보는 장로가 있습니까? 그분은 분명 영적인 면에 훈련되어 있지 않기 때문에 그럴 것입니다.

모든 것을 자기 중심으로 생각하고 판단하며 반대만 하는 장로님은 안 계십니까? 교회가 하나님 중심의 훈련을 등한히 했기 때문이라고 생각하며 목사가 반성해야 할 것입니다.

교회에서 드럼 같은 악기를 사용해선 절대 안 된다며 "내 눈에 흙이 들어가기 전에는 절대불가."라고 하는 분도 있다고 들었습니다. 그것은 성경에 무지하기 때문일 것입니다. 시편을 묵상했다면 그렇게 주장할 수 없기 때문입니다. 하기야 미국에 그리스도교라는 교파는 두 개로 갈라졌는데, 무반주 교파와 반주 교파로 나뉘어졌다고 합니다. 심한 경우는 피아노를 치면 안 된다는 분도 계십니다.

제자훈련을 반대하는 장로님이 계실 때도 이해가 안 된다고 불평만 하지 말고 입장을 바꾸어놓고 생각해보십시오. 겉으로는 시간이 없느니 하며 말로는 표현을 안 하지만 속으로는 '흥, 날 보고 훈련 받으라고? 난 당신보다 신앙경륜도 훨씬 많다고. 또 당신보다 더 고명한 목사님 밑에서 신앙생활했어. 그리고 장로고시에도 평균 85점이 넘었어. 왜 이래? 장로 경력이 당신 목사 안수 받은 경력보다 배는 넘을 거야. 그런데 새삼스레 무슨 제자훈련이야?' 라고 생각하지 않는다는 보장을 누가 할 수 있습니까? 그러므로 이러한 생각도 그분 입장에서 보면 틀린 생각이 아니기 때문에 이해해주어야 합니다.

그러므로 목사는 겸손하지 않고서는 목회를 할 수가 없습니다. 다행히 제가 목회하는 현장에서는 위와 같이 말씀하시는 분이 한 분도 안 계셨지만, 저는 노파심에 그렇게 생각하시는 분이 혹 계실까 하여 미리 이런 말씀을 드린 일이 있습니다.

"장로님, 신앙의 경륜이나 세상의 경륜도 장로님과는 비교할 수 없는 부족하고 어린 목사입니다. 목사 안수도 장로님들께서 안수 받으신 연수보다 모자랍니다. 장로님들의 봉사 경력에도 못 미치며 모든 것이 모자라고 부족합니다. 때문에 장로님들과 함께 말씀을 나누고 공부하며 예수 그리스도 앞에서 함께 성장하기 원합니다. 바울이 로마서 1:11-12에서 "내가 너희 보기를 심히 원하는 것은 무슨 신령한 은사를 너희에게 나눠주어 너희를 견고케 하려 함이니 이는 곧 내가 너희 가운데서 너희와 나의 믿음을 인하여 피차 안위함을 얻으려 함이라."고 했는데, 11절에서 바울이 신령한 은혜를 로마에 있는 초신자들에게 나누어주기 위해 만나보기를 원한다고 하는 것은 이해가 어렵지 않습니다. 그러나 12절에서 "이는 곧 내가(바울이) 너희(로마 성도) 가운데서 너희와 나의 믿음을 인하여 피차(서로) 안위함을 얻으려 함이라."고 했습니다. 바울이 로마의 초신자들과 은혜를 나누고 피차 도움을 얻기 원한다면, 장로님들께서도 어린 저와 함께 은혜를 나누시지 않겠습니까? 우리는 주님 오실 때까지 계속 함께 배우고 배우며 주님의 형상을 닮기 위해 좁은 길을 가야 하지 않겠습니까?"

이렇게 말씀드릴 때에 한 분도 반대한 일이 없었습니다. 어찌됐든 장로님들을 이해하려고 목사가 먼저 노력하다보면 목사와 장로 사이에 불신의 골이 생길 수 없다는 사실을 깨닫게 되곤 합니다.

물론 예수님 앞에도 가룟유다가 있었고 바울에게도 후메네오와 알렉산더가 있었다고 말한다면 할 말이 없습니다. 그런데 교회를 부흥케 하고 새로운 시대를 감당하려는 데 계속 방해하는 장로가 있다면 그 장로를 세운 목사도 할 말이 없습니다.

한국교회에 장로문제가 심각하다면 그보다 더 심각한 것이 우리 목사들의 분쟁이라는 사실을 명심해야 합니다. 저는 언젠가 총회에 총대로 참석했다가 정년제 문제로 격론을 벌이는 원로 선배 목사님들에게서 얼마나 충격을 받았는지 모릅니다. 은퇴 후에 살아갈 대책을 세워줘야 은퇴하시겠다는 것이었습니다.

저희 교회 원로목사님이신 노진현 목사님께서는 "나는 법이 시행되기 전인 70세에 은퇴했소. 70이 넘어서 목회한다는 것은 교회를 위하는 일이 아니오." 하시면서 찬성 발언을 하셨는데, 반대하시는 목사님들은 다음과 같이 외쳤습니다.

"그래도 큰 교회는 교회에서 생활비가 나오지 않는가? 하지만 작은 교회는 담임목사 모시기도 어려운데 은퇴목사를 누가 책임지겠는가? 성경 어디에 정년제가 있는가? 모세는 80세 되던 때부터 사역하지 않았는가? 죽도록 충성하려는데 왜 총회가 인간적인 법으로 막으려 하는가? 은급제 보장하라!"

저는 그런 발언이 연속되는 모습을 보면서 무엇보다 장로 총대가 참석하고 있었기에 그분들 얼굴 보기가 얼마나 민망했는지 모릅니다. 결국, 그분들은 교단을 떠나셨고 몇 년이 지나 정년제는 법으로 정해졌습니다.

오늘날, 목사들은 무엇이라고 설교하고 있습니까? "무엇을 먹을까 무엇을 입을까 염려하지 말라."(마 6:25)는 주님의 말씀을 얼마나 많이 외치고 있습니까? 만약 그렇게 외칠 때 "노후 보장, 노후 대책을 위해 목회하고 계십니까?"라고 장로 총대가 묻는다면 무엇이라고 답변할 수 있겠습니까? 적어도 최소한의 목사 자존심은 지켜야 하지 않겠습니까?

임직을 벼슬로 생각하는 사고방식이 문제

그렇다고 하여 교회를 세워나가고 양떼를 돌보는 모든 책임을 목사가 져야 한다거나, 장로에게는 면죄부가 있다고 주장하는 것은 아닙니다.

간혹 장로들 중에는 목사와 장로가 동등하게 목회해야 한다고 주장하는데, 만약 그렇다면 장로들도 그 말에 책임질 수 있을 만큼 열심히 양떼를 돌보아야 합니다. 바울이 에베소 장로들을 밀레도에 불러(행 20:17-31) "너희는 자기를 위하여 또는 온 양떼를 위하여 삼가라 성령이 저들 가운데 너희로 감독자를 삼고 하나님이 자기 피로 사신 교회를 치게 하셨느니라."(28절)고 했습니다.

장로의 관심이 어디에 있어야 합니까? 자기 위상입니까? 양떼입니까? 교인들이 나를 어떻게 생각하는가를 따져보기 전에 하나님께서 나를 어떻게 보시는가를 먼저 묵상해야 합니다. 사실, 장로들은 많은 부담을 갖고 한국교회를 위해 기도해야 합니다. 오늘날 한국교회의 병폐는 바로 '목사와 장로의 문제'가 아니라고 아무도 말할 수 없는 현실 속에 살고 있습니다. 저도 목사 중 한 사람입니다만, 우리 목사와 장로들은 언젠가 하나님 앞에 서서 하나님께서 맡기신 양떼들을 어떻게 돌보았느냐고 하시는 하나님의 질문에 분명히 답해야 할 때가 올 것입니다. 그러나 세상에 완전한 목사와 장로는 한 사람도 없습니다. 그러기에 목사와 장로는 성도가 바라는 모습이 되기 위해 기도하고 노력해야 하며, 주님의 형상을 닮기 위해 성숙의 길로 나아가야 합니다. 항상 배우는 자세로 양떼를 위해 관심과 사랑을 다하려고 애써야 하는 것입니다.

저는 여기에서 저희 교회를 자랑하려는 마음은 조금도 없습니다. 다만, 많은 교회에서 제자훈련을 실시하려 해도 장로들의 거부로 실시하지 못한다는 안타까운 소식을 들으면서 의분이 나서 드리는 말씀입니다. 혹여 양떼들을 돌보려는 진정한 마음이 아니라 다른 동기에서 그런 반대를 했다면 하나님의 진노를 두려워해야 할 것입니다.

현재 저희 교회의 당회원은 한 분도 빠짐없이 새가족반교육과 제자훈련, 사역훈련을 받았습니다. 또한 65세까지 순장으로 봉사하시다가 사역에서 물러나신 분이 다섯 분이며, 특별한 경우를 제외한 대부분의 장로님들은 지금도 다락방 순장으로 섬기는 가운데 저와 함께 양떼를 돌보는 일에 땀 흘리며, 성도를 위해 유익한 것은 무엇이든지 공중 앞에나 각 집에서나 꺼림이 없이 성도에게 전하여 가르치고 있음(행 20:20)에 목사인 저는 얼마나 든든한지 모릅니다.

그리고 장로가 되어서 주일예배 때 잠깐 기도나 헌금으로 섬기는 것이 부족하다고 하면서 1, 2, 3부 예배 30분 전에 장로님들이 두 분씩 조를 짜서 영접위원으로 먼저 교회에 나오셔서 성도들을 맞이하고 있습니다. 성도를 섬기는 구체적인 모습이 나타나는 것입니다.

그러나 과거에는 예배가 끝난 후에 목사와 함께 줄을 지어 예배 마치고 돌아가는 성도들을 전송하는 것이 고작이었습니다. 그런데 이것이 오히려 성도들에게 부담을 주게 된다는 의견 때문에 전송은 기도를 담당하셨던 장로와 목사 두 분만 하도록 했습니다. 장로님들이 스스로 그렇게 결의를 모으게 된 데에는 성도들에게 부담이 된다면 언제든지 그만두겠다는 자세에서 비롯된 것이었습니다. 과거의 전통이 아무리 오래 지속되었다 해도 양떼를 위하는 일이라면 무엇이든지 바꾸고 개혁할 자세가 되어 있다는 의지의 표현인 것입니다.

부흥과 당회, 그 아름다운 역학에 관하여

우리 교회는 하나의 좋은 관습이 있습니다. 3부 예배(12시) 전에 당회원 전원이 당회실에 모여 기도한 후 예배실로 올라가고, 예배 후 당회실에서 점심을 함께 먹는 것입니다. 대개 당회는 이 점심 식사 후에 하게 되는데, 이때 논의는 서로 자유 토론하는 것으로 시작되다가 당회장인 제 쪽에서 "그럼, 그렇게 하시죠." 하면서 안건을 결정합니다. 때로는 장로님 중에 한 분이 "지금 당회를 한 겁니까?" 하고 질문을 합니다. 제가 "당회나 다름없지 않습니까?" 하면 "당회 서기가 기록을 하셔야죠." "아, 그렇군요. 당회 서기는 기록을 하십시오."라는 식으로 넘어가는 경우가 종종 있습니다. '98년 들어 4부 예배가 생기는 바람에 이런 모습이 사라져 아쉽기만 합니다.

앞서 말씀드린 것처럼 교회는 결코 조직체가 아니라 유기체임에 틀림없습니다. 저와 같은 식의 행동도 문제가 없지 않겠으나 지나치게 당회나 제직회를 관료적으로 조직화하여 분위기가 경직되는 것은 더욱 문제가 크다고 생각합니다. 저는 당회에 우리가 꼭 기억하고 붙잡아야 할 말씀을 항상 강조합니다. 그것은 디모데후서 2장 24절 말씀이지요.

"마땅히 주의 종은 다투지 아니하고 모든 사람을 대하여 온유하며 가르치기를 잘하며…." 물론 주의 종에게 중요한 것은 말씀을 잘 가르치는 것입니다. 그러나 사도 바울은 주의 종에게 제일 먼저 "다투지 말라. 온유하라. 참아라. 그 안에서 가르치기를 잘하라."고 강조합니다. 이 말씀을 따랐기에 10년이 넘도록 우리 당회가 다투었다고 생각되는 일은 제 기억에 별로 없습니다. 토론하는 가운데 열기를 띠며 약간 목소리가 높아졌던 일은 한두 번 있었던 것 같으나 결코 다투는 데까지 비화된 일은 없었다고 생각합니다.

목사와 장로는 그 교회의 성도들을 행복한 성도로 만들 책임이 있는 사람들입니다. 만약 집안에서 아빠, 엄마가 싸우면 자녀들은 몹시 불안에 떨고 불행해집니다. 마찬가지로 목사와 장로가 싸우면 성도들이 행복하지 못할 것은 불을 보듯 뻔한 일입니다. 때문에 목사와 장로는 교인들이 만족해 하고 행복해 하는 교회를 만들어 하나님의 뜻을 성취케 하고 언제나 교인들 서로가 사랑하는 분위기가 되도록 만들어야 하는 것입니다. 당회가 화평하면 좋은 교회이고, 불화하면 좋은 교회가 아니라는 도식은 그런 면에서 어느 정도 일리있는 말일 것입니다. 그런 좋은 교회가 되기 위해 당회장은 당회원 가운데 어느 분에게라도 차별을 두어서는 안됩니다. 누구를 더 인정하고 누구에게 더 비중을 두면서 다른 누군가를 무시한다고 할 때 결코 좋은 분위기의 당회를 기대할 수 없기 때문입니다.

한편, 목사는 좋은 장로를 세울 책임이 있는 사람입니다. 그리고 좋은 장로는 그냥 되는 것이 아닙니다. 예수 그리스도의 제자로 만들어져야 합니다. 신앙생활 오래하고 봉사 많이 했다고 해서 성숙하다고 말할 수 있습니까? 그렇지 않습니다. 마땅히 장로는 성숙한 예수 그리스도의 제자가 되어야만 합니다. 때문에 교회는 성도를 성숙시킬 책임이 있고 그 중에 특히 더 성숙한 사람이 장로로 세움받는 것입니다. 그렇다고 장로가 됐다고 해서 다 성숙한 것은 아닙니다. 이것은 마치 목사가 되었다고 해서 다 성숙하다고 볼 수 없는 것과 똑같습니다. 목사로 구성된 신학교의 교수들이 다 성숙합니까? 신학이 사람을 다 성숙시킨다고 할 수 있습니까? 따라서 목사는 마땅히 성숙한 예수 그리스도의 제자가 되기 위해 목회 일생 동안 자신을 쳐서 복종시키며 자라는 모습을 성도들에게 보여주면서 성도를 성장시켜나가야 합니다.

그중에서도 장로를 도와주는 일은 목사의 큰 책임 중 하나입니다. 저도 저희 교회에 처음 부임했을 때 당회원들 중에서 십일조생활을 하지 않는 분들이 계셨습니다. 저는 그분들을 개인적으로 만나 권면했습니다. 교회를 지도해나가는 책임을 가진 담임목사로서 성도들의 입방아에 장로가 오르내리는 것을 그냥 볼 수 없기 때문이었고 장로들이 마땅히 성도의 본이 될 뿐 아니라 존경을 받아야 하기 때문이었습니다. 그리고 존경받는 장로회가 되어야만 그곳에서 결의된 것을 교인들이 신뢰하고 따를 것이기 때문이었습니다.

10여 년이 지난 지금도, 저는 제가 도움이 되어 장로들이 성도들에게 존경받을 수 있다면 언제든지 섬길 것이라고 다짐하고 있습니다.

장로님들을 섬기면서 가장 크게 기쁘고 보람되었던 일은 장로님들과 제자훈련을 했던 일과 그로 말미암아 장로님의 손에서 많은 순원들이 길러져나온 일이었습니다. 장로 순장이 인도하는 다락방에서 순원이었던 분이 순장이 되고 장로가 되어 당회에서 함께 동역하며 봉사하는 모습은 정말 환상적인 모습이 아닐 수 없는 것입니다.

만약 장로로서 교회를 섬기며 성도에게 존경받기를 원하는 분이 계시다면 저는 이렇게 단호하게 말씀드리고 싶습니다.

"당신이 성장하기 위해 노력하는 모습을 성도들에게 보이십시오. 성도들이 모르는 것 같아도 다 알고 있음을 명심해야 합니다. 또한 성도들에게

더더욱 존경받고 싶다면 성도를 영적으로 돌보기 위해 사역에 참여하십시
오. 자기를 키워준 장로, 자기에게 영적으로 도움을 준 장로를 성도들은
평생 잊지 못할 것입니다."

장로님, 저의 진정한 목회 파트너이십니다

우리 교회는 한 해에 한두 번 교역자 수양회를 갖듯이, 한두 번 장로 수양회도 갖습니다. 그 수양회의 내용도 다양하여 장로님들과 함께 교제를 나누게 될 때도 있고, 외부 신학교나 타교회를 방문하여 안목을 넓히는 경우도 있습니다.

어느 해였는지 모르겠지만, 장로 수양회에서 한번은 제가 장로님들께 이렇게 메시지를 전하며 호소한 일이 있습니다.

"제가 사역하는 일 중 가장 곤혹스러운 일 가운데 하나가 중직자들의 장례를 집례하는 일입니다. 소천하신 분의 삶을 소개하며 은혜를 나누어야 할 텐데 할 말이 없을 때만큼 곤혹스러울 때가 없는 것입니다. 그런데 어떤 권사님이 세상을 떠나셨을 때는 할 말이 너무 많아서 모든 성도들이 함께 은혜를 나누었습니다. 한데 어떤 권사님은 할 말이 없었습니다. 은혜를 나눌 것이 없었기 때문입니다. 그렇다고 일부러 만들어낼 수도 없는 일 아닙니까? 기도에 대해서도, 헌신에 대해서도 할 말이 없었습니다. 꼭 할 말이 있었다면, '제발 성도님들은 이 권사님처럼 살지 마세요.' 라는 말이었을 것입니다. 정작 말하지도 못했지만 말입니다. 그러니 제발, 우리 장로 님들도 분명 세상을 떠나실 텐데 집례하는 목사가 곤혹스럽지 않도록 해 주셨으면 합니다. 성도들이 함께 은혜를 받을 수 있는, 간증거리가 풍성한 삶을 사십시오."

거기에 덧붙여서 "저도 언젠가 세상을 떠나게 되면 장례예배를 드릴 텐 데 장례중 조사(弔詞)에서 하실 말씀이 풍성하도록 제 삶을 꾸려가겠습니 다."라는 말씀을 드렸습니다. 저는 이러한 말씀을 드릴 수 있는 당회 분위 기가 된다는 것이 얼마나 감사한지 모릅니다.

장로는 양떼를 위해 세운 명예로운 직분임을 우리는 잘 압니다. 더군다 나 장로라는 직분이 목사보다 더 큰 축복임은, 몸과 물질을 다 헌신할 수 있을 뿐만 아니라 받은 은사를 다 쏟아부을 수도 있기 때문입니다. 이 얼 마나 귀한 직분입니까? 또한 한국교회가 이렇게 부흥한 뒷면에는 너무나 고귀한 헌신을 하신 장로들이 많기 때문이란 것을 어느 누가 부인할 수 있 겠습니까? 그런데 아이러니하게도 교회마다 장로로 인해 목사와 평신도 들의 비명소리가 들려오는 것은 무슨 까닭이겠습니까?

'97년 봄인 것으로 기억합니다. 교회갱신운동본부 주최로 열린 세미나 에서 "장로제도 이대로 좋은가?"라는 내용으로 장로제도의 문제점을 신랄 하게 비판하는 소리를 들은 적이 있습니다. 그러나 이 문제는 제도의 문제 만은 아닐 것입니다. 결국 장로의 자질문제라고 보아야 합니다. 장로직을 수행하는 목적이 무엇인지를 스스로에게 묻는다면 이 자질문제도 제대로 평가될 수 있으리라 봅니다.

우리 교회에서는 몇 년 전부터 장로사역 활동비를 예산에 책정했습니 다. '97년에는 일천오백만 원을 예산에 할애해놓기도 했습니다. 목사가 심 방할 때는 특별한 경우를 제외하고는 말씀만 가지고 가도 성도는 만족해 하지만, 장로님께서 심방하실 때는 어려운 가정일 경우 빈손으로 갈 수는 없기 때문입니다. 그래서 장로님들께서 시간을 내어주시는 것만도 감사한

데 심방비까지 지출하는 것을 보며 담임목사로서 여기에 사역비가 필요함을 알고 예산에 반영한 것입니다. 또한 장로님들 중에서도 생활비 수준이 다를 수 있다는 점을 감안한 예산 반영이었습니다. 이렇듯 장로님들이 열심히 뛸 때 목사나 성도도 가만히 있을 수 없는 법입니다.

'95년에 제가 안식년을 맞았었는데, 담임목사가 없는 기간에도 새신자들이 연 평균 150-200명 가량 꾸준히 늘었음을 봐도 장로님들이 얼마나 열심히 양떼들을 돌보았는지 짐작할 수 있을 것입니다.

이처럼, 장로는 항상 양떼를 돌아보며 그들과 함께 고민하고 함께 울고 웃는 감독자여야 합니다. 믿음이 부족하다고 푸념만 하는 장로가 되어서는 안 됩니다. 주께서 맡기신 사명인데 직무 유기를 해서는 안 되는 일 아니겠습니까? 교회 행정을 돌보고, 헌금만 하는 것이 성경적인 장로가 아닙니다. 우리는 베드로 사도가 당부한 말씀을 잊어서는 안 될 것입니다.

"너희 중 장로들에게 권하노니 나는 함께 장로된 자요 그리스도의 고난의 증인이요 나타날 영광에 참예할 자로라 너희 중에 있는 하나님의 양 무리를 치되 부득이 함으로 하지 말고 오직 하나님의 뜻을 좇아 자원함으로 하며 더러운 이를 위하여 하지 말고 오직 즐거운 뜻으로 하며 맡기운 자들에게 주장하는 자세를 하지 말고 오직 양 무리의 본이 되라 그리하면 목자장이 나타나실 때에 시들지 아니하는 영광의 면류관을 얻으리라"(벧전5:1-4).

이 말씀에 비추어보면 알겠지만, 진정 존경받기를 원한다면 말씀으로 가르치는 장로로서 준비되어야 할 것입니다. 디모데전서 5:17 말씀은 목사에게만 해당되는 말씀이 아닙니다. "잘 다스리는 장로들을 배나 존경할 자로 알되 말씀과 가르침에 수고하는 이들을 더할 것이니라."

장로들이 한번 사역에 참여해보면 알 것입니다. 그 보람과 기쁨이야말로 목사가 느끼는 것 이상이 된다는 사실을 말입니다. 이를 위해 장로들은 제자훈련과 사역훈련을 받아야 합니다. 그렇다고 신학교에 입학할 필요는 없습니다. 신학교는, 입학했다는 것만으로 사람을 성숙시키는 마술사가 아닙니다. 이런 점을 간과한 채 떠도는 신학지상주의만큼 위험한 것은 없습니다. 어떤 신학자가 신학은 신앙의 무덤이라고 했던 말이 기억납니다. 또 교회 안에 가장 큰 쓴뿌리가 있다면 어설프게 신학물을 먹은 평신도라는 사실을 아십니까? 만약 목회의 소명을 받았다면 여러 모양으로 검증을 하고, 검증받은 후 정식으로 신학 공부를 해서 목회자의 길을 가야 하겠지만, 그렇지 않은 경우에는 평신도라면 제자훈련만으로도 충분하다고 봅니다.

또 한 가지, 이 지면을 빌려 외람되지만 장로님들께 부탁드리고 싶은 말씀이 있습니다. 일부 교회 장로님들께서는 교회의 머리요 주인이 예수 그리스도라고 말씀하시면서도, 정작 교회를 기업으로 간주하는 듯 자신이 사주인 양 교회를 뒤흔드는 경우가 있다고 들었습니다. 한 예로 교회 헌금 통장이 장로 명의로 되어 있거나, 장로 가족 명의로 되어 있는 교회가 있다고 합니다. 이것은 분명 잘못된 일입니다. 하루빨리 교회 명의로 바꾸어야만 합니다. 만약 실명제 관계로 사람 이름이 굳이 필요하다면 목사 이름이 들어가야만 합니다. 그렇지 않고 마치 목사 사례비를 장로가 주는 양 고용인과 피고용인 같은 관계로 목사를 본다면 분명 하나님의 심판을 면치 못할 것입니다. 왜냐하면 위임 목사란 교회의 머리되신 예수 그리스도께서 당신의 피로 값 주고 사신 교회를 맡긴 사람이기 때문입니다. 결코 장로가 아니라 목사인 것입니다.

저희 교회는 모든 통장 명의가 '새중앙 최홍준'으로 되어 있습니다. 물론 통장은 재정부가 가지고 있고, 도장도 마찬가지입니다. 그렇다고 담임목사가 금전관계에 개입하라는 뜻은 아닙니다. 다만, 목사와 장로가 고용자와 피고용자 관계가 되었을 때는 결코 건강한 교회가 될 수 없다는 것을 말씀드리고 싶을 따름입니다. 이 시골교회에서 자주 교역자가 바뀌는 경우에라도(목사가 아니라 전도사라 할지라도) 교회 이름과 교역자 이름이 들어가야 합니다. 교역자가 바뀌면 통장 이름을 바꾸어서라도 목회자와 장로는 서로 위로하고 격려하고 사랑하는 관계임을 잊지 말아야 합니다.

목회자와 장로는 싸우는 관계, 세력 다툼의 관계가 아니라 양떼를 돌보는 일에 함께 동역해야 할 사랑의 관계입니다. 그러므로 목회자가 양떼들을 위해 제자훈련을 실시할 때 그것이 양떼를 위해 유익하다면 적극적으로 후원하고 기도하고 격려해주어야 마땅합니다. 아니, 한발 앞서 나가 장로님들이 먼저 제자훈련을 받아야 할 것입니다.

만약 나이 문제로 도저히 훈련을 받을 수 없다면 기도의 사람으로 성도들을 위하여 축복해주시고 위로해주시면서 제자훈련 사역에는 간섭하지 않는 것이 좋습니다. 그래도 역시 목회 전문가는 누구라고 볼 수 있습니까? 목회자 이상은 없습니다. 그러므로 장로님들은 목회자들이 거짓 가르침을 전하거나 양떼를 실족시키지 않는다면 항상 그를 도와 협력하는 장로가 되어야 합니다. 한국교회가 능력을 회복하고 부흥의 불을 다시 지피기 위해서는 목사, 장로가 영적으로 회복되고 서로 사랑하는 관계로 돌아가야 합니다. 그런 점에서 저는 저희 교회를 10여 년 이상 목회하면서 해를 거듭할수록 장로님들과의 사이가 점점 좋아지는 것에 대해 너무나 감사드리고 있습니다.

활주로를 치워라

지역교회 담임목사가 자신의 목회철학과 일치하는 전략이 제자도에 있다는 사실을 확인하면 자연히 제자훈련 방법에 대해 깊은 관심을 가지게 될 것입니다. 왜냐하면 성도를 온전케 하여 궁극적으로 세상을 변화시킬 제자를 만드는 길만이 목사의 사명인 동시에 교회가 해야 할 일이며 오늘의 교회를 갱신할 수 있다는 사실을 부인할 수 없기 때문입니다.

그런데 목회를 한다는 것 자체도 어려운 일이지만 제자훈련을 한다는 것은 정말 어려운 일입니다. 앞서 말씀드렸지만 제자훈련은 지금까지 우리가 고수해오던 목회 방향과 강조점을 상당히 수정하지 않을 수 없도록 압력을 가하는 고약한 특성을 가지고 있기 때문입니다. 그리고 이상하게도 기성교회의 목회 토양에서는 잘 자라지 못한다는 단점을 가지고 있습니다.

우리가 목회철학이나 전략을 이론적으로 배우고 확신하는 것은 그렇게 어려운 일이 아닙니다. 그러나 제자훈련을 직접 실시한다는 것은 무척이나 어려운 일입니다. 어떤 점에서는 개혁자의 양심을 가지고 맞서지 않으면 금방 짓밟혀버릴지도 모르는 일인 것입니다. 따라서 '자기 안일'이나 '자기 방어'에 많은 관심을 가지고 있는 목회자는 감히 시작할 수 없는 일이 제자훈련이기도 합니다. 자기 희생과 자기 노출을 두려워하지 않는 사람, 다시 말해서 목을 내놓고 사는 사람이 아니면 하기 어렵다는 결론이 나옵니다. 그러나 두려워할 필요는 없습니다. 목회라는 일 자체가 우리 인간의 능력과 지혜의 영역에 속하는 것이 아니기 때문입니다. 제자훈련 역시 성령께서 책임지실 때 가능한 일입니다. 문제는 우리 자신이 성령의 손에 얼마나 잘 맞는 도구가 되느냐에 달려 있는 것입니다.

바울이 골로새서 1:28-29에서 "우리가 그를 전파하여 각 사람을 권하고 모든 지혜로 각 사람을 가르침은 각 사람을 그리스도 안에서 완전한 자로 세우려 함이니 이를 위하여 나도 내 속에서 능력으로 역사하시는 이의 역사를 따라 힘을 다하여 수고하노라."고 고백한 것이 우리들의 고백이 되어야 할 것입니다.

1) 훈련의 정의

"예수께서 나아와 일러 가라사대 하늘과 땅의 모든 권세를 내게 주셨으니 그러므로 너희는 가서 모든 족속으로 제자를 삼아 아버지와 아들과 성령의 이름으로 세례를 주고 내가 너희에게 분부한 모든 것을 가르쳐 지키게 하라 볼지어다 내가 세상 끝날까지 너희와 항상 함께 있으리라 하시니라"(마 28:18-20).

이희승 씨의 국어사전에 보면 훈련이라는 단어를 다음과 같이 정의했습니다. "일정한 목표나 기준에 도달케 하기 위해 실천시키는 실제적인 활동이다. 이것이 학습활동의 한 부분으로 고찰된다."

이 정의에 따르면 제자훈련은 다음과 같이 설명될 수 있을 것 같습니다.

첫째, 긍정적인 목표가 있어야 합니다. 예수 그리스도의 제자로(섬기는 종으로, 증인의 사람으로, 전적으로 자신의 삶을 그분 예수 그리스도께 위탁하는) 만들기 위한 궁극적인 목표가 있어야 합니다. 훈련자나 훈련생들의 공동목표가 있어야 훈련을 훈련답게 만듭니다.

둘째, 구체적인 훈련 방법을 설정해야 합니다. 7-10명의 소수인원으로 구성된 소그룹으로, 1년에서 2년까지의 기간을 두고 한 주에 2-3시간씩을 할애하여 가정이나 교회, 그 외 좋은 공간에서 교역자의 손에 의해 일정한 교재를 중심으로 훈련을 하는 것입니다.

셋째, 훈련에 합당한 대상을 선택해야 합니다. 물론 평신도를 대상으로 하되 여기에도 규정을 만들어 너무 어려도 안 되고 너무 나이가 많아도 어렵다는 공고를 해야 합니다.

넷째, 훈련을 통해 나타날 수 있는 실제적인 효과가 있어야 합니다. 제자훈련은 성경공부와 구별되어야 하며 이론이 아니라는 사실을 상기시켜야 합니다. 이것은 일종의 임상이라고 표현해도 무리가 아닌 것입니다. 적용이 필수가 되는 말씀공부이며 변화와 성장을 요구하는 실제적인 결과와 효과를 바라보는 것이어야 합니다.

2) 교역자가 먼저 준비해야 할 일들

담임목회자 자신이 제자훈련 목회철학을 재정립해야 합니다. 자신의 목회철학을 수정하여 평신도를 동역자로 만들어 함께 일하게 하는 구체적인 결의와 확신이 절대적으로 필요합니다. 확신이 결여된 모방은 생명없는 조각일 수 있기 때문입니다. 따라서 모방 목회는 생명이 깊지 못하고 도중에 하차하는 불행을 낳을 수 있습니다. 목회자가 먼저 준비해야 할 것을 약술해보면 다음과 같습니다.

첫째, 교회관을 재정립해야 할 것입니다. 다시 말해 교회를 어떻게 볼 것인가의 문제입니다. 앞서도 설명드렸지만, 교회란 세상으로부터 부름받은 하나님 백성의 공동체인 동시에 세상으로 보냄받은, 예수 그리스도의 제자의 공동체라는 정의를 내릴 수 있을 것입니다. 그런데 교역자 가운데서 교회를 건물로 보는 사람은 없겠지만 교회를 조직체로 보는 사람은 있을지 모릅니다. 그러나 교회는 유기체라는 사실을 우리는 알아야 합니다. 성경은 교회를 성도라 했고, 성도의 공동체(고전1:2, 롬16:16)라 했습니다. 이것은 택자의 공동체라는 말입니다. 그리고 교회가 유기체인 까닭은 교회가 곧 가족이며 권속이기 때문입니다(엡 2:10). 가족 안에는 별다른 조직이 있을 수 없습니다. 다만, 사랑의 공동체로서의 기본 질서와 가장의 권위와 자녀들의 아름다운 교제가 있기 마련입니다. 이처럼, 교회도 기본적인 조직 이외에는 양육·성장체제가 교회의 공간을 이루면 되는 것입니다. 당회, 제직회, 공동의회, 전도회의 행정조직과 제자반, 사역반, 순장반 등의 양육·훈련조직이 필요할 뿐입니다.

둘째, 목사 자신부터 교회가 왜 지상에 존재하는지를 알아야 합니다. 교회는 하나님의 영광을 위해 존재한다는 것은 이미 알고 계실 것입니다. 그러나 하나님의 영광이라 할 때 추상적인 의미가 될 수도 있습니다. 무엇보다 하나님은 예배를 원하십니다. 하나님은 그의 백성들로부터 신령과 진정의 참예배를 받으시기 위해 교회를 세우셨습니다. 하나님은 이사야 선지자를 통하여 "무릇 내 이름으로 일컫는 자 곧 내가 내 영광을 위하여 창조한 자를 오게 하라 그들을 내가 지었고 만들었느니라 … 이 백성은 내가 나를 위하여 지었나니 나의 찬송을 부르게 하려 함이니라"(사43:7, 21)고 하셨습니다.

그러므로 "예배가 어떻게 드려지는가? 살아있는 예배인가? 생명력 있는 예배인가?"의 문제는 너무도 중요합니다. 요한복음 4:23-24에서 하나님께서는 참으로 예배하는 자를 찾으신다고 하셨으며 하나님께서는 신령과 진정으로 예배할 것을 명하셨습니다. 그러므로 예배는 그 교회의 심장이라고 볼 수 있습니다. 예배 가운데서 하나님의 임재를 경험하며 진심으로 기도하고 찬양하며 하나님의 말씀 앞에 엎드리며, 성령의 교통 가운데서 진정한 교제가 있고 위로가 있으며, 격려가 있고 사랑이 넘치는가를 봐야 합니다. 그런데 이런 감동적인 예배는 그냥 만들어지는 게 아닙니다. 참된 예배자가 만들어져야만 참된 예배를 드릴 수 있는 것입니다.

또한 생동감 있는 예배를 드리는 교회로 만들지 않고서는 교회 성장은 바랄 수 없습니다. 그러므로 참된 예배자를 만들어내려는 목적의식이야말로 제자훈련 철학이 될 수 있고, 참된 예배를 드리는 것이 교회가 존재하는 첫번째 이유라 할 것입니다. 그리고 두 번째 이유는 세상을 위해, 세 번째는 교회 자체를 위해 교회가 존재한다고 볼 수 있습니다.

그런데 이러한 교회관 외에도 목회자가 평신도를 어떻게 보는지도 상당히 중요한 문제입니다. 평신도들을 진정 왕 같은 제사장으로 인정하는가 하는 것입니다. '왕 같은 제사장'이란 신분은 이미 하나님께서 말씀해오신 것이지만 500년 전에 루터에 의해 되찾아진 신분입니다. 따라서 그것을 아무도 다시 박탈해서는 안 됩니다. 주께서 세워주신 신분이기 때문입니다. "오직 너희는 택하신 족속이요 왕 같은 제사장들이요 거룩한 나라요 그의 소유된 백성이니 이는 너희를 어두운 데서 불러내어 그의 기이한 빛에 들어가게 하신 자의 아름다운 덕을 선전하게 하려 하심이라"(벧전 2:9).

제자훈련, 운영의 묘에 관하여

"내 아들아 그러므로 네가 그리스도 예수 안에 있는 은혜 속에서 강하고 또 네가 많은 증인 앞에서 내게 들은 바를 충성된 사람들에게 부탁하라 저희가 또 다른 사람들을 가르칠 수 있으리라"(딤후 2:1-2).

이 말씀을 통해, 바울은 디모데를 선택했고 그에게 또 다른 충성된 사람들을 선택해서 가르칠 수 있도록 부탁했음을 볼 수 있습니다.

이제 막 개척한 교회인 경우에는 선택의 여지가 없을 것입니다. 남자반, 여자반 두 반을 만든다는 것도 쉬운 일이 아니기 때문입니다. 그러나 기성교회, 전통교회에서는 먼저 핵심 멤버를 선별해야 하는데, 그전에 우선 공개 모집을 해야 합니다. 주보에 공개 모집을 기재하고 다음의 예처럼 모집 요강을 반드시 제시하는 원칙을 보여줄 필요가 있습니다.

■ 제자훈련 제 1기 모집요강

1. 본교회 35-50세 남녀 성도
2. 새가족반을 이수하고, 다락방을 인도하는 순장의 추천을 받은 자

3. 중학교 졸업 이상의 학력을 가진 자
4. 성경공부반(다락방)을 인도하는 순장의 소명을 가지고 있다고 생각
   하는 자

여기에서 두 가지 문제가 나올 수 있습니다. 하나는 학력입니다. 세상에서도 배우지 못해 설움을 받아왔는데 교회까지도 학력을 운운할 수 있느냐고 매우 불쾌하게 생각하며 교회를 떠나는 사람도 있을 수 있습니다. 그러나 이것은 극복해야 할 과제라고 생각합니다. 예수님께서도 당신 나름대로 기준을 정해 12명을 선택하지 않으셨습니까? 이 제자훈련은 지도자 훈련이라는 것을 강조해야만 합니다. 앞으로 훈련받은 평신도를 통해 다락방이라는 구역에서 학력을 초월해 훈련받을 수 있는 기회가 있기 때문에 결코 교회의 어떤 틀을 바꾸려는 것은 아님을 알려야만 합니다.

또 하나는 '순장의 소명의식'이라는 네번째 항입니다. 이것은 꼭 필요한 사항입니다. 제자훈련을 마친 사람들은 나중에 가르치는 사역에 참여해야 하기 때문에 그렇습니다. 이 조항 때문에 제자반 신청을 주춤거리는 사람도 있습니다. 이때, 교역자는 한 사람씩 권면하여 끌어들여야 할 것입니다.

대개 교회에 열심이 있는 성도를 두 종류로 분류해볼 수 있습니다. 은혜받은 후, 많은 부분을 희생하면서 사회생활에서도 모범과 존경과 신뢰를 받으며 헌신하는 성도가 있는가 하면, 세상에서 할 일 없는 백수건달형이 교회에서는 득세할 수 있습니다. 교회는 어떤 사람을 지도자로 세워야 하겠습니까? 사회를 변화시키는 역할을 담당하는 데 어느 쪽이 더 영향을 줄 수 있겠습니까?

저희 교회 안에서는 그동안 사업가, 공직자, 교수그룹 등의 엘리트들을 결코 그냥 두지 않았습니다. 그들은 몹시 바쁜 분들임에는 틀림없습니다. 그러나 그 바쁜 중에도 시간을 내어 하나님 앞에 헌신토록 요구했습니다.

그 결과로 그러한 분들이 제자훈련, 사역훈련을 받아 순장으로 쓰임받고 있으며 지금도 많은 분들이 하나님 앞에 쓰임받기 위해 훈련받고 있음에 감사드릴 뿐입니다. 이와 같은 분위기의 배경에는 장로그룹의 모범이 절대적인 뒷받침이 되었다고 봅니다. 본교회 당회원 장로님들께서는 주님 오실 때까지 배우며 훈련받을 자세가 되어 있습니다. 전도폭발 훈련이나 심지어 여전도사가 가르치는 크로스웨이를 '97년부터 계속 수강하는 장로님들을 보는 성도들이 그렇게 존경의 눈빛을 보낼 수가 없습니다. 때문에 당회의 권위는 절대적으로 막강합니다. 왜냐하면 존중과 신뢰의 바탕 위에 서 있는 권위이기 때문입니다.

■ 전통 기성 교회에 제자훈련을 든든히 뿌리내리게 하는 10가지 원리

경험담을 자연스럽게 말하라면 부담이 없겠으나 어떤 원리를 말한다는 것은 무척이나 조심스러운 일이 아닐 수 없지만, 지난 10여 년 동안 하나님께서 전통 기성교회인 새중앙교회에 부어주신 은혜를 생각하며 몇 가지 원리만 짚어나가도록 하겠습니다. 성경에 나타나는 교회상을 그려보거나 이 시대에 꼭 있어야 할 교회를 만들어보고자 하는 거룩한 욕망은 목회자라면 누구에게나 다 있을 줄 압니다. 그런데 이 거룩한 욕망(?)을 충족시키기를 원한다면 제자훈련 목회를 선택하지 않을 수 없습니다. 성도들이 제자화되어야만 이상적인 교회가 될 수 있는 까닭입니다.

1. 목회철학을 정립하라

한 마디로 보호목회를 할 것인가 훈련목회를 할 것인가를 선택해야 하는 문제입니다. 철학이 결여된 행동은 언제 중단될지 모릅니다. 특히 제자훈련 사역은 지금까지 우리가 해오던 일반목회의 방향에서 그 강조점이 상당히 수정되어야만 하는 여러 가지 요소가 있습니다. 그리고 제자훈련은 전통 기성교회의 목회 토양에서는 잘 자라지 못하는 약점을 가지고 있습니다. 이것에 대해 미리 겁을 먹을 것은 없으나 각오는 단단히 해야 할 것입니다.

2. 목회 토양을 올바로 진단, 평가하여 처방하라

성도들의 영적 상태는 어떠한지, 성도들의 지적 수준은 어느 정도인지, 성도들의 경제적 형편은 어떠한지를 파악해야만 합니다. 목회자는 그들을 누구보다도 잘 이해하고 위로해주며 격려를 아끼지 말아야 하며 그들에게 용기를 주어야 합니다. 권면이나 책망은 언제나 뒤로 미루며, 예수 그리스도께서 우리를 이해하시고 기다리시며 인내하심같이 그들 수준으로 내려가서 가족도, 자식도, 부모도 이해해주지 않는 일을 목사님은 이해해주시리라는 확신을 성도들에게 심어줄 수 있어야 마음을 열 것입니다. 목회자가 신뢰를 회복해야 하는 것입니다.

3. 목회철학에 입각한 교회론을 증거하라

위로와 격려가 선행되었다면 도전이 있어야 할 것입니다. 때로는 위로를 위한 위로도 필요하겠지만, 바울 사도는 그의 서신에서 격려를 했을 때 반드시 도전도 함께 주었습니다. "성도는 어떤 존재인가?" 하는 성도 자신의 자아 정립이 필요합니다. 그리고 교회를 천국 가는 대기소 정도로 이해하고 있지는 않은지, 교회가 왜 존재하는지에 대해 교회의 존재 이유를 성도들이 알아들을 수 있는 수준에서 가르쳐야 할 것입니다.

"교회가 하나님의 영광을 위해서 존재하고 세상을 위해 존재하려 한다면 교회는 건강해야 하는데, 우리 교회가 건강하다고 생각하는가?", "교회의 사명을 다하고 있다고 보는가?", "건강한 교회에 얼마나 가까운가?" "그런 교회를 위해서 당신은 얼마나 준비되었는가?" 하는 것을 계속적으로 가르쳐야 합니다.

4. 훈련의 필요성을 역설하라

오늘날 왜 교회가 힘을 상실하고 있습니까? 성도들이 세상에서 왜 능력

을 잃어버렸습니까? 훈련되지 않았기 때문은 아닙니까? 우리나라 청소년
들은 대부분 논술에 취약점을 가지고 있고 자신의 의사를 표현하고 나타
내는 것을 제대로 하지 못합니다. 이것은 훈련 부족에서 오는 결과입니다.
우리나라 청소년들과 운동선수들의 인터뷰하는 모습을 보면서 미국의
NBA농구, US OPEN 테니스나 미식축구 선수들이 우승하고 방송 인터
뷰 할 때와 비교해본 일이 있습니까? 그들은 자신의 소감과 감정을 얼마
나 잘 표현하는지 모릅니다. 아나운서가 질문하기 바쁘게 답변을 유창하
게 합니다. 그들은 자신의 의견을 표현할 줄 아는 훈련을 생활화하면서 자
랐기 때문인 것 같습니다. 마찬가지로 우리 성도들에게도 이와 같은 훈련
의 필요성을 놓고 도전하십시오. 뿐만 아니라 세상에서 성도의 삶이 어떠
해야 하는가를 놓고도 도전하십시오.

5. 장로 그룹부터 제자훈련시키라

교회생활에 익숙하고 오래된 중직자 그룹부터 제자훈련을 시작해야 한
다는 것은 결코 쉬운 일이 아닐 것입니다. 그러나 해야 합니다. 그렇지 않
으면 제자훈련은 뿌리내릴 수 없을 것입니다. 때문에 그분들을 설득하는
데 지혜를 모아야 합니다. 저 같은 경우, 연세나 신앙경륜이 훨씬 많은 장
로님들께 "함께 성장하기 위해 말씀을 중심으로 공부하자."고 한 것이 공
감대를 형성한 줄 압니다. 그러나 목사가 그분들을 훈련시키겠다는 의도
가 비쳐진다면 어느 누가 동참하겠습니까? 사실인즉 목사도 제자훈련을
통해 함께 성장해갑니다. 주님을 모시고 말씀을 공부하며 지켜 행하는 적
용을 함께 할 때에 목사와 성도가 같이 성장되는 것입니다.

6. 시작했다면 첫 그룹에 사활을 걸어라

첫 단추를 바로 끼워야 한다고 했습니다. 시작이 실패하면 다시 회복
하기란 너무나 힘들 것입니다. 그러므로 귀납적인 방법을 적극 활용해서
해야지, 설교식의 소그룹을 운영해서는 실패할 수밖에 없습니다. 정석을

도입하십시오. 무엇이든지 끄는 힘이 있어야 합니다. 사람들이 모이는 데 힘쓰도록 재미가 있어야 하고 영적으로 충족되어야 할 것입니다.

7. 목회 철학에 입각한 비전을 제시하라

성도를 훈련시켜 교회를 든든히 세워가려 한다면 분명한 목적이 나타나야 합니다. 교회의 기본 사명인 예배를 갱신하고 세상을 향하여 선교의 일꾼을 키우는 일, 그들(성도)의 자녀들에게 꿈을 제시하는 일들을 구체적으로 해야 합니다. 무작정 선교 일변도가 되어서도 안 될 것입니다. 교육과 훈련을 병행하여 성경적인 교회의 모습이 보여져야 합니다. 목적이 이끌어가는 교회가 되어갈 때 제자훈련은 뿌리를 내려갈 것입니다.

8. 제자훈련 제도권 밖의 성도들을 포용하라

학력이나 연령 때문에 제자훈련을 받지 못한 성도들을 포용하는 것은 제자훈련을 뿌리내리게 하는 데 큰 비중을 갖는다고 봅니다. 60세 이상된 남녀 성도들을 위해서 마리아, 갈렙반을 운영하는 것, 예수 사랑 실천부의 활용 등이 필요할 것입니다.

9. 훈련받지 않은 사람을 등용하지 말라

교회 안에 지도자들이 훈련되지 않았을 때 일어나는 문제는 한 두 가지가 아닙니다. 먼저 말을 알아듣지 못합니다. 즉, 목사와의 목회철학 면에서 이질감을 나타냅니다. 교회를 운영하는 데는 재능이 있다 없다를 떠나서 하나님 중심, 교회 중심 그리고 교역자 중심의 교회운영을 해야 하는데, 훈련되지 않은 지도자와의 마찰이 생기면 어떻게 그 많은 문제를 해결해나가겠습니까? 이 문제를 해결하기 위한 방편으로는 제자훈련을 받아야 주일학교 부감 부장, 성가대 총무, 각 분과 총무가 될 수 있도록 하는 안을 마련하는 것도 좋습니다.

이미 제자훈련, 사역훈련, 순장을 하지 않으면 안수집사 공천도 받을 수 없는 분위기가 우리 부산 새중앙교회의 정서로 자리잡았습니다. 그러다보

니 자연히 제자훈련을 선택할 수밖에 없어집니다. 그래서 5년만 지나면
이 교회에서 제자훈련을 받으면서 신앙생활을 계속할 것인가, 떠날 것인
가를 선택하게 됩니다. 아니면 교회 중직자에 대한 미련을 버리고 조용히
신앙생활을 해야 합니다.

10. 감동을 주어라

연말만 되면 목사가 사례비에 신경을 쓰는 정도가 아니라 너무나 과민
하게 반응하여 속 보이는 추태를 부린다는 소리를 많이 듣습니다. 그러나
이것만큼은 자존심을 지켜야 합니다. 만약 목사 대우를 인색하게 하는 교
회라면 하나님께서 그렇게 하셨다고 믿는 것도 나쁘지 않습니다. 우리 성
도들이 세상 사람과 다르다면 목사는 성도와도 구별이 되어야 하지 않을
까요? 세상 사람은 임금 투쟁을 하기 위해 노동쟁의를 벌인다지만 목사가
그렇게 할 수는 없는 일입니다.

그러므로 먼저 교회를 성숙시키시고 그들을 감동시키십시오. 교회 평신
도 지도자들이 성숙한데 목사를 초라하게 대접할 리가 없기 때문입니다.
저는 우리 교회를 탐방오시는 장로님들에게 꼭 당부하는 말이 있습니다.
목사 사례비 많이 주는 일보다 목회자를 키우는 일에 더욱 투자하라고 권
면합니다. 예를 들어 목회자가 공부를 하고 싶다면 시켜주고, 가고 싶다는
곳이 있다면 보내주도록 말입니다. 보고 듣고 배우는 견문을 넓혀주라는
얘기입니다. 목회자도 똑같이 해를 거듭할수록 늙어가는데, 그렇다고 배
우고 성장하는 것까지 후퇴해서는 안 됩니다. 목회자가 크는 만큼, 아는
것만큼 결국 교인들에게 다 돌아온다고 보기 때문입니다. 저 같은 경우는
매년 여름에는 계획을 세워 외국엘 나갑니다. 지적인 충족도 있지만 앞서
가는 교회를 탐방하는 것이 목회하는 데 매우 중요한 영향을 미치기 때문
입니다. 저의 이런 생각을 교회에서도 밀어주고 있습니다. 간혹 우리 교회
가 개혁적이고 앞서가는 교회라며 전국 교회에서 탐방을 오거나 연구대상
이 되기도 하는데, 그것은 순전히 새중앙교회 당회가 저를 뒷받침해주셨

기 때문입니다. 또한 새중앙교회 당회가 그렇게 뒷받침해줄 수 있는 것은 그분들이 성숙하기 때문이고, 제자훈련을 통한 감동 감화가 서로에게 충분히 오갔기 때문이라 생각합니다.

그러므로 제자훈련을 통해 목회자가 목회철학을 강조하고 목적이 이끌어가는 교회를 강조하기 위해서 먼저 목회자 자신이 희생하는 모습을 보여줘야 하는 것입니다. 그럴 때 성도들은 감동을 받게 되고, 신선한 충격으로 목회자를 더욱 섬기게 되며 제자훈련의 효과도 높아질 것입니다.

Tips for Leaders6
제자훈련을 성공적으로 정착시키는 10가지 핵심 노하우

1. Philosophy - 목회철학을 정립한다. 목회철학에서 목회전략이 나오고 구체적인 방법론이 나온다. 이 순서를 뒤집어선 안 된다.
2. Soil Check Up - "맥도 모르면서 침통부터 흔든다."는 말이 있다. 먼저 교회의 맥, 토양과 문화, 영성과 영적 흐름을 진단하라.
3. Ecclesiology - 교회론을 전파해야 한다. 제자훈련은 목회 방법이 아니라 교회의 본질, 사명, 증거의 핵심부분이다. 교인들을 좀더 깊은 데로 데리고 들어가야 한다.
4. Discipline - 교회는 응석이나 받아주는 탁아소가 아니다. 한탄이나 삭혀주는 정신과 병원이 아니다. 교회는 병영이다. 그러므로 훈련이 없는 교회는 교회가 아니다.
5. Elder Discipline - 장로는 목사의 가장 가까운 목회 동역자이다. 제자훈련 목회의 진정한 공력(功力)은 장로 그룹의 제자훈련에서 나타난다
6. First Group - 시작했으면 뒤를 돌아보지 말라. 뒤를 돌아보지 않으려면 첫 그룹에 목숨을 걸어라.
7. Vision - 성도들은 목사의 개인적 야망과 제자훈련 철학에 입각한 비전을 구분할 줄 안다. 비전제시 없는 훈련은 반드시 실패한다.
8. Generosity - 제자훈련을 쉽게 이해 못하는 사람들을 따돌리지 말고 품어라. 언젠가는 그들도 제자훈련에 동참한다.
9. Man Power - 훈련받지 않은 사람을 학연, 지연, 혈연 어떤 인연으로든 교회 일꾼으로 등용하지 말아라. 사람에 관한 원칙이 무너지면 모든 게 무너진다.
10. Touching - 제자훈련은 무미건조한 성경공부나 교리교육이 아니다. 섬김과 나눔으로 마음을 열어라.

제자훈련은 결국 인재 목회다

수년 전 일입니다. 저희 교회에 한 형제님이 있었습니다. 직업은 의사인데 아주 성실하고 인격이 훌륭하신 분이셨습니다. 그런데 이분이 개인병원을 개업하다보니 자꾸 바빠지고 한두 번씩 교회를 결석하더니 날이 갈수록 교회 출입이 뜸해졌습니다. 교회를 일 년이면 한두 번 정도 나오는 형편이었으니, 그래도 명색이 개혁교회인 우리 교회로서, 교회 출석 잘 안 하는 분을 해마다 집사로 임명한다는 것이 제 목회 양심에 걸렸습니다. 그래서 한번은 제가 전화를 드렸습니다.

"집사님, 아무래도 집사직을 제명해야겠습니다."

"아, 네…. 그러십시오. 떼십시오. 저도 목사님 뵐 면목이 없었고 집사 자격도 없지요. 몹시 부담이 되었습니다."

"그럼, 앞으로 어떻게 하시겠습니까?"

"어떻게 하다니요? 교회는 계속 나가야지요."

"교회에 계속 나오시면 왜 집사직을 제명하겠습니까? 정말 나오실 겁니까?"

"예. 나가겠습니다."

"그래요? 그럼 한번 나와서 만나십시다."

그리고는 전화를 끊었습니다. 교회 내에는 여러 오해와 갈등들이 있지만, 이런 경우도 얼마든지 오해받을 소지가 있습니다. 교회를 그렇게 자주 결석하는데도 만약 집사직을 재임명한다면 "의사이기 때문에 봐준 거다."라는 소문이 돌기도 하지요. 어느 교회든 직업의 차이로 인한 오해는 끊이지 않는 까닭입니다. 그 집사님은 다음 주일 교회에 나오셨습니다. 그래서 말씀드렸습니다.

"집사님이 그동안에 하나님의 은혜를 받은 것을 어떻게 생각하십니까?"

"하나님의 은혜요? 많이 받았죠."

"네, 정말 많이 받았습니다. 의과대학을 무사히 마쳤다는 것도 그렇고, 또 그만한 생활을 누리는 것도 하나님의 은혜입니다. 의사라는 직업은 한국 상류층의 5퍼센트 내외에 들어가는 사실상 부유 계층이 아닙니까? 그만하면 크게 복 받았죠. 이게 다 누구 은혜겠습니까?"

"하나님 은혜죠."

"하나님 은혜인 줄 알면 그렇게 살 수 있습니까? 은혜를 받았으면 보답을 하는 것이 정상 아닙니까? 짐승도 은혜를 안다고 했는데 우리가 은혜를 받고도 모른 체한다면 짐승보다 못한 삶을 사는 것 아니겠습니까? 그렇게 하면 계속 복 받을 수 없습니다."

찬찬히 말씀을 드린다는 게 호통을 친 셈이 되고 말았습니다. 그러자 그 형제는 "목사님, 제가 믿음이 약해서 그렇습니다."라고 말하는 것이었습니다.

"만약 우리가 건강상에 문제가 있으면 어떻게 합니까? 의사의 진단을 받아야죠? 그리고요. 치료를 받든지 해야지요. 좋습니다. 그러면 영적으로 문제가 있으면 어떻게 해야 할 것 같습니까? 진단을 받아야죠? 그렇습니다. 제가 영적 의사가 아닙니까? 의사로서 환자가 처방을 거절한다면 문제가 있겠지요? 제가 오늘 처방하겠습니다. 우선 제자훈련을 받으십시오. 그냥 봉사하라는 게 아닙니다. 훈련을 받고 봉사할 준비를 해야지, 훈련도 안 받은 사람이 봉사하면 오히려 골칫거리가 되기도 합니다."

이때의 만남을 계기로 그분은 제자훈련반에 전격적으로 들어가게 되었는데, 그후 그분의 변화되고 성숙한 교회생활과 사회생활은 목회자인 제게 얼마나 큰 보람과 기쁨을 안겨주었는지 모릅니다. 제자훈련을 통해 사람 자체가 달라진 그분은 현재 종합병원에서 교수로 계신데, 환자가 오면 언제나 친절하게 대해주고 가족처럼 보살펴주니까 그 소문이 돌고 돌아 제 귀에까지 들려오는 것입니다. 환자들은 너무나 불친절한 의사들만 만나다가 모처럼 친절하고 진정으로 섬겨주는 의사를 만나니 입에 침이 마르도록 칭찬할 수밖에 없습니다.

한번은 병원의 의사 때문에 상처를 받은 한 자매가 울먹이며 저의 아내에게 상담을 요청해와서 이 자매를 그분께 소개한 일이 있습니다. 그러자 그 자매님은 그 병원에 다녀와서 얼마나 감동을 받았던지 저한테 찾아와서 감사하다고 거듭거듭 말했습니다.

"우리 같은 서민이 병원에 간다는 게 쉬운가요? 맘 먹고 병원에 한번 가면 일찍 오지 않았다느니 하며 차트를 던지면서 성질을 마구 부리는데…. 그런데 이 집사님은 얼마나 친절한지 물어도 잘 대답해주지 않는 다른 의사들만 만나다가 이분처럼 자상하고 친절하게 해주시는 의사를 만나니까 오히려 이상했어요."

그런 아름다운 이야기들이 들려올 때 목사는 가장 큰 기쁨과 보람을 얻기 마련입니다. 제자훈련을 통해 성장하는 성도의 모습을 볼 때 그간의 모든 피로가 한꺼번에 녹는 듯합니다. 사실, 의사가 친절하기는 상당히 어렵습니다. 왜냐하면 쳇바퀴 돌 듯 돌아가는 일도 그렇거니와 밤낮 여기저기 아프다는 사람의 투정을 받아주는 일이 보통 피곤한 일이 아닌 까닭입니다. 그러나 제자훈련을 통해 섬김에 대한 동기부여를 자꾸 해줌으로써 친절한 의사라는 말을 들을 수 있었던 것 같습니다.

지금까지 한국교회에서는 지성인들이 오히려 교회를 겉도는 실정이었습니다. 그리고 세상에서 직업도 없고, 가진 것도 없어서 설 자리 없는 사람들이 교회 내에서 지도자 역할을 하는 경우가 많았습니다. 이것 자체가 문제시되는 것은 아닙니다. 교회는 소외받은 사람들을 수용할 수 있어야 하는 곳이니까요. 그러나 교회에 워낙 사람이 없다보니 누구 한 사람 교회로 발을 들여놓기만 하면 그 사람의 인격이나 신앙의 성숙도를 진단하기도 전에 직분부터 주고, 일을 시키는 것은 큰 문제가 아닐 수 없습니다. 그러면 그 사람도 처음부터 믿음이 좋았던 것처럼 위선적으로 행동할 수밖에 없게 되기 때문입니다.

시간이 흐를수록 그 사람은 교회의 지도자로 서게 되는데, 이렇게 해서 능력 없는 지도자, 인격이 부족한 지도자, 비전 없는 지도자, 무지한 지도자가 탄생하게 됩니다. 그렇게 될 때 교회는 더 이상 발전이 없고, 소망이 없어집니다. 이때 가서 문제를 수습하려면 이미 때는 늦습니다. 그러므로 교회가 무엇보다 먼저 해야 될 일은 교회 지도자 양성을 위해 훈련시키는 것입니다. 훈련받은 지도자만이 모든 이들을 포용하고 목회자와 한마음으로 사역을 감당할 수 있는 것입니다. 간혹 이런 평신도 지도자의식을 갖지 못한 목사들은 소위 '엘리트'인 사람들을 눈엣가시처럼 여기기도 합니다. 또한 훈련받지 못한 '엘리트' 계층의 사람들 역시 눈만 높아서 "저렇게 비전 없는 사람이 이 교회 지도자라니." 하는 마음으로 목사를 무시한 채 교회를 겉돌게 되고 나중에는 교회를 떠나게 되는 경우가 적지 않습니다.

그러므로 교회는 신분이 낮든 높든, 직업이 있든 없든 상관하지 말고 그들 모두를 수용할 수 있어야 하고 그들을 훈련시켜야만 합니다. 그래서 그 훈련받은 지도자가 성도로부터 존경받아야 건강하게 교회가 성장할 수 있는 것입니다.

우리 교회에서는 장로님들의 신분도 매우 다양합니다. 한 분은 사찰 집사 출신으로 문방구점을 운영하시던 분이셨는데, 제자훈련하면서 기도와 말씀 안에 굳건히 서시는 모습이 본이 되셔서 결국에는 최고 득표로 장로님이 되실 정도로 성도들에게 존경받는 지도자로 자리매김하셨습니다.

제자훈련은 어찌 보면 함포 사격을 해서 소총 부대가 나가 각개전투를 하는 것처럼, 한번 시작하면 반드시 고지를 평정시켜야 합니다. 그래야만 교인들의 삶 속에 실제적인 변화가 일어나고, 교회도 건강하게 돌아갈 수 있는 것입니다.

사람을 중히 여기는 목회 1

교회가 대형화될수록 한 영혼, 한 영혼을 돌아보는 일, 교회를 가족화시키는 일이 무척 어려워집니다. 그러나 제자훈련은 교회의 가족화를 가능하게 해줍니다. 한 예로 제자훈련 1기 수료생들은 지금도 한두 달에 한번씩 모여 교제를 나누고 있습니다. 10년이 넘는 교제이지요. 이러다보니 교회 안에는 아름다운 코이노니아가 형성되고 교회가 대형화되면서도 한 가족처럼 지낼 수 있었습니다.

그러나 이런 가족화 현상이 참으로 좋은 것이지만 때론 문제점을 낳을 때도 있습니다. 제가 부임해서 교회 직분자를 살펴보니 피택(彼擇) 안수집사라는 사람이 두 집 살림을 하고 있었습니다. 알고 보니 그분의 사생활에 대해 알 만한 사람은 다 알고 있었는데도, 저만 모르고 있었던 것입니다. 완전히 공개된 비밀이었지요. 그런데도 피택 안수 집사 명단에 올라와 있는 것이었습니다.

그분의 삶이 어떻다는 것을 알면서도 당회원들은 한 분도 그분을 명단에서 빼자는 사람이 없었습니다. 서로의 인간관계와 정 때문에 모질게 하지 못했던 것입니다. 그동안 교회의 치리가 인간관계에 의해 간과되고 있었다는 걸 반영해주는 실례였습니다. 그러나 그건 최선이 아닙니다. 차선일 뿐입니다. 그리고 그게 바로 우리 교회, 아니 전통교회의 문제점이었습니다.

그때 저는 과감히 메스를 들었습니다. 처음부터 들진 못했고 한 2년 지나서도 변화가 없자 제가 메스를 들어야 했습니다. '이건 하나님 앞에 합당한 일이 아니다.'라는 생각이 제 머릿속을 떠나지 않았기 때문입니다. 그리고 장로님들께 말씀드렸습니다.

"삭제하십시다. 제명하십시다."

저는 그 당시 상당히 마음을 졸였습니다. 그분은 한 당회원과 친인척이 되는데, 혹여 이 일로 당회와 문제가 생길 수도 있었기 때문입니다. 또한 그분이 이 일로 인해 하나님 앞에 자신을 돌아보면 더없이 좋겠지만 실족할 수 있는 가능성도 있기 때문에 저는 몇날 몇일을 고민하지 않을 수 없었습니다. 결국 아무 반대없이 그분을 제명했지만 무척이나 긴장감이 돌았던 사건이었습니다. 그렇게 할 수밖에 없었던 것은 교회의 순결 문제 때문이었습니다. 이를 지키기 위해 때론 지도자는 아픔을 감수해야만 할 때도 있는 것입니다. 교회의 어린 양들을 보살피기 위한 특단의 조치였지요.

이와 같은 경우는 집단을 위한 개인의 처벌이었고, 다음의 경우는 한 개인을 살피기 위해 집단의 마음을 움직이게 했던 예입니다.

우리 교회에도 타교회처럼 사찰 집사님이 계십니다. 지금은 한국교회가 사찰을 예우하는 데 있어 많이 나아졌다고 생각합니다만, 사실상 사찰 집사를 종 부리듯 해왔던 게 지금까지의 실상이었습니다. 어떤 분은 사찰 집사를 마치 머슴 부리듯 하는 분도 있습니다.

그러나 그건 무척이나 잘못된 관행입니다. 사찰 집사는 교회를 관리하는 분으로서 목회자에게는 없어서는 안 될 동역자인 것입니다. 그런 의미에서 저는 사찰 집사님들을 볼 때마다 감사한 마음이 앞서고 저분들을 좀

더 예우할 수 있는 방법이 없는지를 찾곤 했습니다.

　그런 마음으로 저는 우리 교회 사찰 집사님 댁을 가끔씩 방문하곤 했습니다. 그 방은 연탄불을 때는 방으로 공간이 매우 적었습니다. 그것도 처음엔 어른만 한 분이라 문제가 안 되었는데, 나중에 자식 둘 있는 사찰 집사님이 오시면서부터는 그 집을 시급히 개선해드려야 될 실정이었습니다. 장로님들과 상의해서 우선 연탄부터 바꿔서 기름보일러로 교체해드렸습니다.

　그런데 시간이 흐르면서 자녀들이 자꾸 자라게 되자 방 하나로는 도저히 가정생활이 안 될 것 같았습니다. 어떻게 할까를 고민하다가 장로님들을 설득해서 방 2개를 만들어드리기로 했습니다. 당시 교육관을 지을 때였는데 본당에는 교역자실이 작은 게 하나 있었습니다. 그런데 교역자실이 사찰 집사님 방하고 바로 붙어 있었습니다. 잘됐다 싶어 그 두 방을 하나로 합치라고 했습니다. 아예 이참에 아파트처럼 설계해서 화장실, 거실, 부엌까지 만들도록 한 것입니다. 교회 건축비도 모자라는 판에 지금 아파트 설계를 해서 되겠느냐는 반발도 있었지만, 저는 만사를 제쳐놓고 그 문제부터 해결하도록 했습니다. 그러자 감사하게도 장로님들이 그 안을 받아들여 더 허리띠를 졸라매고 건축비를 모아서 집을 완성하게 되었습니다. 그렇게 사찰의 입지를 세워주고 인격적인 대우를 해드리자 지금의 우리 사찰 집사님은 얼마나 교회에 충성하는지 모릅니다. 또한 하나님 앞에 감사와 기쁨이 넘치는 삶을 사는 그 모습이 교회에 참 덕이 되기도 합니다.

사람을 중히 여기는 목회2

목회는 무엇보다 사람을 중요시해야 한다고 봅니다. 때론 단호하고 무서운 결정을 내려야 사람이 살 때도 있고, 때로는 아버지처럼 보살펴주는 자애로움이 있어야 사람이 살 때도 있습니다.

부교역자들과 동역하는 데도 담임목사는 엄격하게 리더십을 발휘하다가도 따뜻한 보살핌을 줘야 합니다. 이건 옥한흠 목사님을 통해 배운 지도 원리이기도 합니다. 특히나 어느 교회든 여 전도사를 대우하는 데 있어 남 전도사와 구별하는 경향이 매우 뚜렷합니다.

여 교역자 사택 문제에서도 방 한 칸에 연탄 부엌이 있는 곳을 얻어드리던 종례의 관례는 교회가 크게 어렵지 않은 이상, 문제가 아닐 수 없습니다. 대학교 졸업해서 신학원에서 목사 코스를 다 받았으니 남자 같았으면 목사 안수를 받았을 텐데, 여자이기 때문에 늘 전도사 자리만 지키는 것입니다. 그런데도 남 교역자는 독립 사택을 주고 여 교역자는 연탄 때는 방 한 칸을 주는 식의 관례가 당연하게 받아들여지고 있는 건 부당한 대우라고밖에 볼 수 없습니다.

10년 전에 있었던 일입니다. 하루는 제가 장로님들을 만나서 이런 말씀을 드렸습니다.

"장로님, 우리 마음을 탁 터놓고 솔직하게 생각해보십시다. 장로님 자녀 중에 교역자의 길을 걷는 따님이 있다고 생각해보세요. 그런데 그 교회에서는 남 교역자와 차별을 두고 사례비도 적게 줄 뿐 아니라 이 추운 겨울에 연탄 때는 조그만 방 한 칸에서 외롭게 생활한다면 마음이 어떠시겠습니까?"

그러자 장로님 한 분이 이런 말씀을 하셨습니다.

"목사님, 여 교역자는 가족이 없으니까 방이 한 칸이어도 되지 않겠습니까?"

"장로님, 그게 아닙니다. 여 전도사가 가족이 없다는 것이 교회 사역에는 오히려 득이 되는 점이 많습니다. 남 교역자는 급한 일 있어도 밤중에 전화하기 어렵지만, 여 전도사는 혼자이기 때문에 전화만 하면 언제든지 달려나와 그저 교회 일을 위해 몸바쳐 일하지 않습니까? 가족의 생계에 대한 부담감이 없는 대신 교회의 양들을 위한 부담감을 갖고 불철주야 뛰는 것입니다. 교회 성장 면에서는 더 큰 유익을 주는 분들인데, 교회에서는 오히려 일은 많이 시키면서 사례비도 적고 사택 문제도 차별을 두니 이만큼 부당한 일이 어디 있겠어요?"

제 말씀을 들으신 장로님들은 고개를 끄덕였습니다. 그 뒤 2, 3개월 동안 계속해서 의논하고 설득한 끝에 당회에서는 여 전도사에게도 똑같이 독립 아파트를 내어드리기로 결의를 모아 지금은 여 전도사나 남자 목사님이나 사택, 승용차 등에서 별 차별 없이 예우를 하고 있습니다.

그러는 가운데 우리는 선교사님들을 돕기 위해 선교헌금에 대한 동기부여를 계속했습니다. 교회의 중요한 역할 가운데 하나가 선교인데 보내는 선교사로서의 사명을 감당하지 않는다는 것도 문제 중의 문제였으니까요.

저는 아예 '88년부터 예산을 책정할 때 이렇게 말했습니다.

"장로님, 올해의 제 사례비를 동결해주십시오. 그대신 사례비 인상분만큼 선교사님에게 보내는 헌금을 더 올려주시기 바랍니다."

이것이 당회에 신선한 충격이 되었나 봅니다. 당회에서는 사례비를 동결할 수 없다고 우겨댔지만, 제가 계속 고집을 부려 실제로 제 고집대로 밀어부쳤던 기억이 있습니다. 저는 항상 안건이 있을 때마다 무기로 삼는 것이 사례비 동결입니다. 그만큼 제가 먼저 희생하는 모범을 보이겠다는 뜻이기도 하지요. 10년 동안 3번을 동결시킨 적이 있었는데, 한번은 제 사례비를 동결시키면서 부교역자들의 사례비는 인상시켰습니다. 부교역자들의 경제 사정이 매우 어렵다는 것을 알면서도 모른 척하고 있는 게 한국 교회의 실정입니다. 그래서 섬길 수 있는 한 최선의 예우를 해드리고 싶은 마음으로 그런 시행을 한 적이 있었지요.

그런데 '96년엔 이런 일도 있었습니다. 당시 교회 건축이다 뭐다 해서 경제 사정이 어려웠습니다. 그러자 부교역자들이 자원해서 자신들의 사례비를 동결해달라고 요청하는 것이었습니다. 부교역자들이 그러는데 전들 어떻게 하겠습니까? 저만 또 올릴 수가 있겠습니까? 부교역자들에게 가서 그랬지요.

"자네들 때문에 나도 동결시키게 됐네. 나만 올릴 수는 없잖은가? 책임 지게나."

그러면서 우리는 허허 웃었던 일이 있었습니다.

장로님들은 그때 항의를 하기도 했습니다.

"목사님 봉급이 이 정도밖에 안 되면 우리 체면이 뭐가 되겠습니까?"

그러면서 무조건 목사님 사례비를 올려야 한다고 했습니다. 저는 제직회 예산위원회에 올라가서 말씀드렸습니다.

"여러분, 목사가 논 사고 밭 삽니까? 목사는 먹고 살 수 있으면 됩니다. 교회에서 자식 교육 시켜주잖아요. 사회 평균치보다 높은 사례금 때문에 성도들 시험에 들게 하고 싶지 않습니다. 저는요, 사례비를 먹고 사는 것이 아니라 존경과 신뢰를 먹고 살고 싶습니다. 그러니 사례비를 내려주십시오. 장로님들은 장로님 체면 봐달라고 하는데, 장로님 체면 때문에 목회에 은혜가 안 된다면 장로님 체면도 말이 아니고 목사 체면도 말이 안 됩니다. 목회가 은혜가 되어야지요. 그러니 집사님들 가결하지 마십시오. 집사님들, 이대로 하기로 동의하십시오. 재청하십시오. 됐습니다. 그러면 가하면 '예.' 하십시오. 아니면 '아니오.' 라고 하십시오."

그렇게 해서 무사히 통과되었던 일이 있습니다. 사례비 동결 문제. 이건 지금까지도 제겐 비장의 카드인 셈입니다.

목사의 성장 vs 교회의 성장

질적인 부분에서 초연할 줄 아는 자세는 교인들에게 많은 반향을 불러일으키기 마련입니다. 사례비 동결 사건이 있고 난 후 교인들이 더욱 목사를 신뢰하는 눈치를 보여주었습니다.

그러나 담임목사는 자신을 위해 투자하는 데는 물질과 시간을 아끼지 말아야 합니다. 교회가 대형화되면서 제가 어디로 출장을 가거나 후배들이 찾아오면 섬겨줘야 될 처지에 놓이게 되는데, 그때는 되도록 넉넉해지고자 노력합니다. 우리 교회 장로님들이 그런 면에서는 저를 무척 밀어줍니다. 부산에 내려온 이후 서울과의 교류가 약하다보니 목회적인 재충전을 받을 수 있는 기회가 줄어들었습니다. 세미나도 참석하고 싶고, 교육도 받고 싶은 욕심이 생겨나지요. 그럴 때 목사는 과감하게 투자를 해야 합니다.

"장로님, 제가 공부하고 연구하는 일에는 적극 밀어주시기 바랍니다. 이런 부분에는 물심양면으로 도와주셔야 합니다. 교회는 담임목사가 성장해야 성장할 수 있습니다. 담임목사가 자라는 만큼 교회도 자라는 것입니다."

"맞습니다. 목사님. 걱정마십시오. 저희가 힘껏 돕겠습니다."

우리 교회 목회뿐 아니라 어떤 목회이든 담임목회자의 중요성은 재론의 여지가 없을 것입니다. 이것은 일반목회나 제자훈련목회 어느 쪽이든지 예외가 있을 수 없는데, 그 교회의 성도들이 담임목사로 인하여 행복해지거나 불행해질 수도 있기 때문입니다. 한국교회의 평신도들 사이에 유행하는 체념적인 말이 있습니다.

"목사도 사람이잖아. 목사 쳐다보지 말고 주님 바라보자구."

이 말이 결코 틀렸다고만은 할 수 없지만, 목사의 입장에서 들으면 참으로 씁쓸하지 않을 수 없는 말입니다. 담임목사라면 한 교회를 위임받아 책임지고 목양하며 성도들에게 신뢰와 존경을 받으며 목회를 해야 하는 것은 너무나 당연한 일이라 할 것입니다. 그러나 "우리 목사님을 만난 것이 하나님의 축복."이라고 감사하는 교회가 과연 얼마나 될 것인가는 목사의 입장에서 두려움이 아닐 수 없습니다. 그도 그럴 것이 일반목회의 경우 한 교회에서 10~30년 독회를 할 때에 끊임없이 자신의 자질 향상을 위해 투자하고 또한 성도들로부터 존경받고 있는 목사들이 있는가 하면, 목사와 성도가 서로 갈등하고 고통스러워하는 교회도 많이 있기 때문입니다. 두 경우 중 어느 쪽이 더 많은지에 대한 통계는 아직 나와 있지 않지만 결코 후자가 적지 않을 것이라는 데 모두가 수긍하리라 봅니다.

이런 상황에서 목사는 자신을 위해 과감하게 투자하고 자신이 살아야 교회가 산다는 인식을 교인들에게 심어줘야 합니다. 목사들 역시 계발하고 재교육받지 못하면 지치고 낙오될 수밖에 없는 존재란 사실을 겸손히 인정해야만 하는 것입니다.

교회 성장의 일등 공신, 원로목사님

전통교회라면 원로목사님과의 관계 형성이 교회 분위기에 중요한 역할을 합니다. 우리 교회는 노진현 원로목사님께서 교회를 개척하신 것이나 다름 없기 때문에 노 목사님과의 협력은 무척 중요한 과제였습니다.

그런데 부임하고보니 그건 걱정할 문제가 아니었습니다. 노 목사님께서는 인격적으로나 신앙적으로 항상 어른다우셨고 존경받으실 만한 분이셨기 때문입니다. 오랜 세월 동안 목회를 해오시면서도 사람들 입방아에 오르시는 일 한번 없으셨을 뿐더러 전혀 사리사욕이 없으신 깨끗한 분이셨지요. 그러다보니 저와의 갈등이나 아픔은 전혀 없었습니다. 노 목사님께서는 항상 저를 기도로 밀어주셨고 후원해주셨기 때문에 제가 일방적으로 큰 도움을 입은 셈입니다.

제가 부임한 초창기에는 교인들의 분위기가 노진현 목사님에 대해 두 가지 서로 다른 견해로 갈라져 있는 모습을 감지할 수 있었습니다. 중앙교회에서 옮겨오신 멤버들이야 당연히 노 목사님을 존경하고 섬기는 분위기였는데, 새중앙교회에서 신앙생활을 시작하신 분들은 "왜 원로목사냐? 교회가 설립된 지 10년밖에 되지 않았는데, 그분은 중앙교회 원로목사지 새중앙교회하고는 무슨 관계냐?" 하며 원로목사 신분까지 운운하는 사람도 있었습니다. 또한 교회 사정도 어려운데 원로목사님 사례비까지 충당하며 섬겨야 하는지에 대해서도 회의적인 분위기였지요.

그래서 저는 "지금 무슨 말씀을 하고 계십니까? 노 목사님은 한국교회 장로교의 합동측·통합측이 갈라지기 전에 총회장을 하신 분이고, 총신에서 이사장을 수년간 하셨을 뿐더러 교장도 10년 이상 하신 분이십니다. 게다가 인격적으로도 얼마나 훌륭하신 분입니까? 지금 우리가 경제적으로 어렵지만 우리 교회 원로목사님으로 모시고 있다는 것을 자랑스럽게 여겨야 합니다."라고 강하게 말씀드렸습니다. 담임목사가 강력하게 나가기 시작하자 교회 분위기는 당연히 노 목사님을 섬겨야 한다는 쪽으로 기울었습니다. 사실 원로목사님을 섬겨야 한다는 건 지극히 당연한 일이었습니다. 일평생 양들을 돌보며 살아오신 분을 늙었다고 나 몰라라 하는 건 양들의 도리가 아닌 것입니다.

우리는 물심양면으로 최선을 다해 목사님을 섬겼습니다. 일년에 몇 차례씩 노 목사님을 비롯한 은퇴하신 목사님을 초청해서 대접하고 금일봉을 드리기도 했습니다. 저는 목사님을 아버님처럼 섬겼고, 노 목사님 역시 저를 자식처럼 여겨주셨습니다. 가끔씩 장로님들께서 제동을 거실 정도로 노 목사님을 섬기는 데 앞장섰습니다. 그러니 당연히 원로목사님과의 관계는 갈등 관계가 아닌 사랑의 관계가 형성되었고, 교회에 말거리도 없어지고 교회 분위기는 한층 더 따뜻해졌습니다.

그러던 어느 날 목사님께서 이사를 하신다고 하셨습니다. 물론 우리는 만류를 했습니다. 그런데 당신께서 하시는 말씀이 "최 목사, 예로부터 화장실과 원로목사는 멀리 있어야 한다고 했습니다. 교회하고 멀리 있는 게 여러 모로 좋지 않겠습니까? 이젠 자식들도 자꾸 오라고 하고 해서 자식들 가까이 가야겠어요."

그러나 제가 말리며 한 말씀 올렸습니다.

"목사님, 요즈음은 화장실이 안방에 있습니다."

제가 그렇게 응수하는 바람에 한바탕 웃기도 했지만, 결국 서울로 이사하시게 되었습니다. 그러다가 자녀분들이 이민을 가고 이사를 가는 바람에 지금은 분당에서 사시지요. 노인분들이지만 얼마나 정정하신지 모릅니다. 누구에게나 되도록 폐가 안 되게 하려고 애쓰시는 분이기도 합니다. 또 저의 목회방침이나 방향에 대해 일체 함구하시더니 딱 한 번 목사님께서 지적해주신 일도 있었습니다.

제가 성도들에게 세례를 주는데 성수를 세 번 찍어서 "성부와 성자와 성령의 이름으로 세례를 주노라."고 말한 적이 있었습니다. 그런데 목사님께서 그 모습을 보시고는 여러 군데 자문을 구하고 고민하다가 제게 말씀하시는 것이었어요.

"최 목사님, 세례주면서 물을 세 번 찍는 거는 무슨 의미가 있는 겁니까?"

그날도 여느 때처럼 존댓말을 쓰시며 제게 물어오셨습니다.

"아닙니다. 목사님. 저는 그 의미를 모릅니다. 어느 목사님이 그렇게 하시는 것 같아서 그렇게 하는 것뿐입니다."

"아, 그래요? 물은 한 번만 찍으셔도 됩니다. 다른 교회 목사님들께도 여쭤봤더니 다들 한 번 찍는다고 해요. 세 번 찍는 게 별 의미가 없다는 것입니다."

"예. 알겠습니다. 목사님. 그렇게 하겠습니다."

이처럼, 작은 일 하나를 지적할 때도 무척 조심스러우셨고, 언제나 저를 위해 기도 후원자가 되어주셨던 노 목사님이야말로 우리 교회가 성장 부흥하는 데 일등의 공을 세우신 분이십니다.

우째 이런 일이

교회는 하나님의 이름으로 모여 서로 기도하고 말씀을 나누는 곳이기 때문에 참으로 거룩한 곳이어야 합니다. 그러나 인간은 죄된 속성을 완전히 버리지 못하기 때문에 불미스러운 일들이 얼마든지 일어날 수 있는 곳이 교회입니다. 세상 단체에서 일어나는 일들이라면 교회에서도 똑같이 일어나기 마련인 것입니다. 다만 다른 점이 있다면, 문제를 풀어가는 방법이 다르고 용서가 있다는 점이 다르며, 성경에 기초해서 문제를 해석하는 시각이 다를 것입니다. 또 하나 다른 점이 있다면, 하나님의 교회에 일어나는 불미스러운 일들은 다른 곳에서보다 더 큰 상처를 남긴다는 점도 다르다고 볼 수 있습니다. 믿음이 연약한 자들까지 모여 있기 때문에 "어떻게 교회에서 이런 일이…"라는 반응이 튀어나오기 마련입니다. 그래서 문제가 불거져나왔을 때 담임목회자를 포함해서 교회의 지도자들은 신속히 그 문제를 해결해서 최대한 문제가 공론화되지 않도록 노력해야 합니다.

7년 전에 있었던 일입니다. 우리 교회에서 큰 재정사고가 났습니다. 한 교회 직원이 약 1년이 넘도록 십일조와 감사헌금 봉투에 들어 있는 헌금을 빼내고는 주보에만 이름을 올려놓고 실제 회계장부에는 빼먹는 수법을 사용하여 상당한 양의 헌금을 빼돌린 일이 있었습니다. 그 일이 드러나자 긴급감사를 요청해서 장로님 한 분이 철저하게 감사를 한 결과 십일조와 감사헌금으로 빼돌린 금액을 추정할 수 있었습니다. 엄밀히 감사한 덕으로 회계장부상의 손실액은 보상받았지만, 그 외 주일 헌금 등 나타나지 않은 금액에 대해서는 사고 금액의 60퍼센트 정도 될 것으로 추정해서 교회 경영을 책임져야 하는 당회가 다함께 책임을 지는 것이 옳지 않겠느냐는 의견을 내면서 문제를 일단락 맺기로 했습니다.

저는 그 문제를 놓고 당회장이 당회원에게 추궁하는 형식이 아니라 다함께 짐을 나누어지는 것을 원칙으로 하여 해결하도록 했습니다. 그 60퍼센트에 해당하는 금액의 1/10을 제가 담당하고 나머지 금액은 장로님 모두에게 직책에 따라 책임액을 분배해서 교회에 손실이 없도록 처리한 것입니다. 성도들이 마음놓고 하나님 앞에 헌금할 수 있도록 경영에 책임을 지는 사람이 있어야 하는데, 그분들이 바로 교회 당회원들이라고 하는 메시지를 남기게 되었고, 교회에는 이 사건이 은혜스럽게 해결된 적이 있습니다.

구약성경을 보면 이스라엘의 전쟁시 왕이나 대장이 후방에 있는 것이 아니라 전장에서 앞장서나가는 모습을 보게 됩니다. 다윗이나 여호수아는 "가서 싸우라."가 아니라 "나를 따르라."고 외치며 전장에 임했습니다. 이것이 바로 목회자의 모범이지요. 목사는 때론 밀고 가기도 하지만 앞장서서 모범을 보이며 성도들을 이끌고 나가야 하는 것입니다.

당회 분과 활성화

육관 건축이 본격적으로 시작되면서 저는 무엇보다 당회 분과를 활성화할 필요성을 느끼기 시작했습니다. 개척교회는 담임목사가 결정하면 모든 행정이 척척 돌아가지만, 전통교회는 한 가지 안건을 처리하려면 적어도 일주일은 기다려야 하는 결점이 있습니다. 이런 면에서 전통교회는 개척교회의 순발력을 배울 필요성이 있습니다. 개척해서 빠른 시간 안에 성장한 교회는 교회 행정 면에서는 매우 앞서가기 마련이지요. 전통교회는 사소한 문제조차 늘상 당회만 소집하다보면 정작 일은 이미 끝나버리는 경우도 생길 수 있는 것입니다.

저는 그런 면에서 '담임목사 지출 결의서' 도장까지 없애버렸습니다. 지출계획서를 따로 만들어서 장로님 선에서 최종결재가 나도록 하는 방안을 만들었지요. 담임목사는 전체를 보고 살필 수 있도록 하고 나머지는 분과별로 사무 행정을 보도록 당회에서 결정한 것입니다.

대신 십일조와 감사헌금 및 각종 헌금 명단과 목록은 당회에서 함께 보도록 했습니다. 양떼들의 헌신을 담임목사뿐만 아니라 장로님들께서도 함

께 파악할 수 있어야 하고, 교회 재정이 어떻게 돌아가고 있는지 알아야
하는 까닭이었습니다. 전통교회에서는 간혹 담임목사에게 이 헌금 명단을
안 보여주는 곳도 있습니다. 목사는 말씀만 전하고 기도나 힘쓸 일이지 헌
금 명단까지 봐서 뭐하느냐는 식의 발상이지요. 그러나 그런 태도도 문제
가 많다고 보입니다. 목회는 행정이 뒷받침되지 않으면 균형잡힌 목회를
할 수 없기 때문입니다. 성도의 신앙고백과 헌신의 정도를 정확하게 파악
해야 할 필요성이 담임목사에게는 있는 것입니다. 그 성도의 생활 수준은
어떤지, 감사의 내역은 무엇인지를 알 때 양들을 돌보는 목자로서의 책임
을 더 잘 감당할 수 있습니다.

어떤 분은 목사가 그런 것을 살피면 그에 따라 교인을 차별하게 된다고
생각하는 분들도 있습니다. 그러나 그건 오해에 불과합니다. 만약 헌금의
양으로 교인을 차별할 정도라면 이미 목사의 자격이 없는 겁니다. 그런 목
자에게 하나님께서 기름부으시겠습니까? 그러니 신실하신 하나님을 믿는
다면 목사를 믿어줘야 합니다. 그래야 협력하고 합심해서 교회가 행정적
으로나 신앙적으로나 성장하고 발전할 수 있기 때문입니다.

우리 교회는 그런 면에서 열려 있고 서로 믿어주는 체계입니다. 그렇다
고 담임목사 혼자서 독단으로 행하는 체제도 아니지요. 모든 건 당회 분과
에서 결정하도록 되어 있으니까요. 분과 활성화가 그만큼 정착되어 있다
는 뜻이기도 합니다.

미래목회는 가정사역이 필수

우리 교회가 성장하면서 계속적으로 불신자들에게 거부감 없이 다가갈 수 있었던 배경에는 송길원 목사님께서 맡아 하신 가정사역도 한몫하고 있었습니다.

송 목사는 고려대학교에서 상담학을 전공했고 리폼드신학교에서 학위 과정을 할 때도 주로 가정사역 쪽에 관심을 갖고 준비하여 논문을 썼습니다. 그때부터 가정사역 쪽에 상당한 은사가 있어 보였습니다. 그때 우리 교회에서 송길원 목사를 협동목사로 모시게 되었습니다. 그러나 그 과정은 만만치 않았습니다. 무엇보다 교단이 다른 것이 문제였는데, 결국 당회에서 그것을 용납해줌으로 우리 교회가 가정사역의 한 실험장이 될 수 있었습니다.

그런데 송길원 목사의 가정사역은 기대 이상의 반응과 열매를 보여주었습니다. 부부성장학교, 부부 세미나, 결혼예비학교 등에서도 성과가 많았지만, 그분의 가정설교도 폭발적인 관심을 끌었습니다. 붕괴될 가정이 다시 세워지고, 새로워지는 간증들이 속출했을 뿐만 아니라 예수 잘 안 믿는 남편들이 송 목사의 특이한 설교 앞에 거꾸러지는 역사가 일어났습니다. 송 목사는 그야말로 아주 실생활적인 가정설교를 했습니다. 때로는 설교를 듣다가 배꼽을 잡고 웃느라고 정신이 없을 때도 있었습니다. 그러다보니 송 목사가 저녁 설교를 한다고 하면 모이는 회중이 100명에서 150명 가량 차이가 나기도 했습니다.

이처럼, 가정사역을 교회 내에 도입하는 일은 교인들에게 좋은 반향을 불러일으켰을 뿐만 아니라 풍성한 꼴을 먹임으로 영양이 고루고루 섭취된 건강한 교인들로 성장시킬 수 있게 했습니다. 당시만 해도 교회 내에 가정사역을 도입하는 일에 대해서는 전통교회의 관심이 쏠리지 못할 때였습니다. 그러나 저는 미국에 가서 찰스 스윈돌 목사님이 목회하시는 교회를 둘러보며 가장 큰 도전을 받았던 부분이 바로 이 가정사역이었습니다. '이혼 나라' 라는 말이 돌 정도로 미국에서는 가정들이 심각하게 파괴되다보니 교회가 그 방면에 눈뜰 수밖에 없었습니다. 마치 전염병이 심하게 돌면 그 전염병을 퇴치하기 위한 백신이 발달되는 이치와 같았습니다. 미국에 있는 대형교회란 대형교회가 모두 가정사역을 도입하여 상당한 열매를 거두는 것은 그런 이유 때문이었습니다.

저는 그 모습들을 보며 한국교회에도 이제 이런 사역이 필수적으로 나타나야 됨을 예감하고 있었습니다. 그때 마침 송길원 목사를 만났고, 서로 비전을 나누는 중에 '바로 이거다.' 라는 느낌에 사로잡혔습니다. 다가오는 21세기에는 더더욱 가정사역의 필요성이 절실해질 것입니다. 파괴되는 가정의 일원들을 치료하고 복음으로 그 대안을 제시하지 못하는 한, 교회가 제 역할을 감당하기란 상당히 벅찰 것이란 예감이 듭니다.

그리고 그 열매가 기독교 가정사역연구소의 태동으로 나타나 저희 교회뿐만 아니라 한국교회 전체에 좋은 영향을 끼치고 있음을 무엇보다 감사하고 있습니다. 신학이 있는 가정사역, 교회를 돕는 가정사역을 지향하는 이 연구소는 가정사역 분야에서는 국내 최초의 법인이며 가장 많은 프로

그램을 개발해왔습니다. 저는 교계에 연구소란 용어가 생소하던 때에 연구소 탄생을 돕고 지원했던 일이야말로 가장 잘한 결정 가운데 하나라고 믿고 있습니다. 그 결과 연구소 시대를 개막하게 된 그 일은 어떤 선교사역 못지 않게 값진 일이었다고 여깁니다.

교회는 건물이 아니라 사람이다
- 교육관 건축, 그 낙수(落穗)

교육관을 지으려고 부지 확보를 모색할 때의 일입니다. 교회 건물에 바로 인접한 주택은 어렵지 않게 구입했는데, 중앙에 있는 주택을 구입하기란 그리 쉽지 않았습니다. 중간에 부동산업을 하는 교인을 넣어 흥정을 하게 됐는데, 시세보다 턱없이 비싸게 달라고 하자 당연히 밀고 당기는 줄다리기가 있은 후 겨우 합의가 되는 시점에 이르게 되었습니다. 물론 시세보다 비싼 값에 이루어진 흥정이었지요.

그런데 바로 그 시점에서 당회원 가운데 두 분이 반대를 했습니다. '90년 말이라고 기억되는데 그 정도의 값에라도 사지 않으면 몇 년 후 전철 개통을 앞두고 갈수록 땅값이 오를 것은 누구나 예측할 수 있는 일이었는데도 두 분은 반대의 뜻을 굽히지 않는 것이었습니다. 당회원 모두가 토의에 토의를 거듭했지만 어떠한 설득에도 합의점에 이르지 못하자, 위원들 중에는 다수결로 하자는 의견도 나왔습니다. 이때 저는 교육관 건축과 당회 분위기, 즉 일이 우선이냐 사람이 우선이냐를 선택해야만 했습니다.

저는 깊이 생각한 끝에 당회 분위기, 즉 사람을 선택하기로 결정했습니다.

그리고 교육관 건축을 위한 대지 구입 건은 모든 당회원의 합의가 있을 때까지 보류하기로 했던 것입니다. 그후 1년 정도 지나 반대하던 당회원의 합의로 당시 구입하려고 했던 가격보다 1억 원 가까운 돈을 더 주고 구입하게 되었습니다. 결국 그 일은 손해본 셈이 되었지만 사람을 잃지는 않았기 때문에 저는 그때의 일로 인해 하나님 앞에 감사드리고 있습니다.

그동안 한국교회가 많은 발전을 한 것만큼 세계교회가 찬사를 아끼지 않았다고 봅니다. 그러나 웅장한 교회당이나 수양관 건축의 뒤안길에는 많은 사람들을 실족케 한 과오도 적지 않았다고 봅니다. 그래서 교회당을 헌당한 후 수고한 목사님은 그곳을 떠나야만 하는 경우가 허다했음을 부인할 수 없을 것입니다. 왜 그렇다고 생각하십니까? 그것은 건물 짓는 일을 제자 만드는 일보다 우선시했기 때문일 것입니다. 저는 먼저 사람을 키워야 한다고 주장하고 싶습니다. 성숙한 당회는 당회원들이 그리스도의 제자로 구성되어 있을 때 가능하며, 이때 그 분위기도 좋아집니다.

물론 목회의 장래를 볼 때 일도 무시할 수 없습니다. 그러나 어찌 사람을 무시하면서 일을 먼저 할 수 있겠습니까? 진정한 목회의 리더십은 화평 가운데 역사하시는 성령님의 인도를 다같이 받는 것이라고 믿습니다.

우리 교회가 땅 구입을 끝내고 지금의 지하 1층 지상 7층의 약 800평 규모의 교육관을 세울 때의 일이었습니다. 건물 높이를 3층, 5층, 7층, 10층으로 하자는 다양한 주장이 나왔습니다. 참 묘한 것은 자녀를 다 키운 분들은 낮은 층을 주장하고 교육관을 이용할 나이의 자녀를 둔 성도들은 높은 층을 주장한다는 점이었습니다. 물론 담임목사인 저는 10층을 주장했었지요. 그러나 3층을 주장하는 분이 있는 상황에서 끝까지 10층을 주장하고 나갈 수는 없었습니다.

이 부분은 지금도 우리 모두에게 아쉬움으로 남아 있는 일입니다. 조금 더 기다렸다가 신중을 기해서 10층으로 올렸어야 했는데, 완공된 지 1년도 못 되어 벌써 공간이 부족하게 되자 모두들 10층을 올리지 못한 것을 아쉬워하고 있습니다. 당회 분위기와 화평을 우선으로 하다보니 이런 아쉬움도 남기게 되지 않았나 생각합니다.

이처럼 목회자가 목회에서 우선순위를 가린다는 것은 결코 쉬운 일이 아닙니다. 그러나 제자훈련으로 교회를 새롭게 하겠다는 비전을 이루기 위해서는 우선순위를 무엇보다도 강조해야 할 것으로 봅니다.

당회원들이 화목하고 담임목사를 신뢰하고 사랑하며 서로가 존중하는 풍토를 유지한다는 것 역시 쉬운 일이 아니지만, 천국에서 영원히 함께 살아갈 동지들이기에 열심히 연습을 해야 할 것입니다. 만약 이 연습에 실패한다면 과연 천국이 천국이겠는가 하는 질문을 던져봅니다.

제 설교 제가 압니다

우리 교회는 '94년에 많은 일들을 겪으면서 하나님의 큰 축복들을 받았습니다. 그러는 가운데 저는 몸이 극도로 안 좋아진데다가 앞으로의 목회를 위해서도 공부해야 할 필요성을 갈급하게 느끼기 시작했습니다. 그래서 기도 끝에 당회에 제 의중을 말씀드렸습니다.

"우선 제가 일구이언을 하게 된 점 용서를 구합니다. 부임 초기 어느 때인가 안식년이 뭐가 필요하냐며 일년에 4-5주 휴가를 주시면 외국에 나가 세미나에도 참석하고 공부도 하며 여가를 보내기로 했고 또 그렇게 해왔습니다. 그런데 이제 와서 그 말씀을 뒤집어야 될 것 같습니다. 이유는 제가 영적으로 몹시 지쳐 있기 때문입니다. 저는 요즘 설교하기가 겁이 납니다. 성도들을 볼 때에 과거에 그렇게 반짝거리던 눈빛을 잘 볼 수가 없고, 어떻게 보면 제 자신이 매너리즘에 빠져 있는 듯한 생각도 듭니다. 성도들도 별로 큰 기대를 가지지 않고 교회에 나오는 것 같습니다."

그러자 장로님 한 분이 말씀하시기를 "아, 목사님. 아닙니다. 지금 무슨 말씀입니까? 목사님이 전하시는 말씀은 해를 거듭할수록 힘이 있고, 은혜가 됩니다. 얼마나 힘이 넘치는 말씀을 전하시는데 그러십니까?"라고 위로해주셨습니다. 그래서 제가 다시 이렇게 말했습니다.

"장로님, 영력이 떨어지면 고함을 치게 되어 있습니다. 장로님은 눈치를 못 채서 그러시는데, 저와 하나님은 압니다. 사람은 속일 수 있지만 하나님과 자기 자신은 못 속입니다. 그래서 드리는 말씀인데, 장로님. 제가 재충전할 시간이 필요합니다. 쉬고 싶습니다. 일단 교육관을 다 완성해서 입당예배도 드리고 빚에 쪼들리지 않아도 될 만큼 재정형편도 되었으니, 이제 저도 좀 조용히 생각하는 기회를 가져보고 싶습니다. 목회학 박사 과정도 이제 마무리해야 될 듯 싶습니다. 목회하면서 공부한다는 게 제 자신에겐 너무 무리가 가는 것 같아서요. 또, 그동안 아이들에게 너무 소홀히했는데 이제 다 대학생이 되었으니까 올 한 해만이라도 아이들에게 좋은 아버지가 되고 싶은 바람도 있습니다."

그러자 장로님 한 분이 반대를 하셨습니다. 저 한 사람이 안식년을 맞게 되면 교회 입장으로 볼 때 비용이 너무 많이 든다는 것입니다. 일단 제게 비용이 들고, 담임목사의 빈 자리가 커보이지 않게 하기 위해서는 서울에서 외부 강사들을 모셔와야 하는데, 그러다보면 담임목사가 있을 때보다 두세 배의 지출이 나간다는 이유에서였습니다.

그러나 당시로서 저는 꼭 쉬어야만 했습니다. 그러지 않고서는 이 목회를 얼마나 계속할 수 있을지 의심쩍었기 때문입니다. 저는 영육간에 완전히 탈진해 있었기 때문에 당회를 적극적으로 설득했습니다. 다행히 그 안이 통과되어 안식년을 맞게 되었습니다. 대신 담임목사가 안식년을 맞는 동안 혹 교회에서 교인이 줄어들거나 문제가 생기지 않도록 여러 준비들을 해놓은 다음, '95년 2월 미국으로 떠났습니다.

저는 떠나기 전, 부목사님을 중심으로 해서 주일예배를 드리게 하고, 외부 강사 명단은 제가 직접 작성해서 섭외하고 부탁을 드렸습니다. 담임목사가 자리를 비울 때 성도들에게 더욱더 좋은 꼴을 먹이고 싶은 욕심 때문이었지요.

무엇보다 우리 교회에는 그동안 제자훈련으로 헌신된 순장들이 있었기 때문에 저는 안심하고 안식년을 맞을 수 있었습니다. 그들이 담임목사의 사정을 충분히 이해하고 있었을 뿐 아니라 담임목사의 심정으로 교회 사역을 돌아볼 만큼 우리 사이에는 충분한 공감대가 형성되고 있었습니다. 떠나기 전, 저는 그분들에게 저의 사정을 솔직하게 털어놓으면서 교회가 든든히 서가는 데 헌신해줄 것을 부탁하고 갔습니다.

저는 안식년을 떠나면서 교인들에게 "공부하러 간다."고 말하지 않고 "쉬러 간다."고 솔직하게 말씀을 드려 양해를 구했습니다. 목회는 정직하게 해야 된다는 걸 옥한흠 목사님을 통해 이미 배운 저로선 거짓말을 할 수가 없었던 것입니다.

말이 나왔으니 말입니다만, 옥한흠 목사님께서 어느 정도 정직한 분인지 다음의 예를 통해 알 수 있으리라 생각됩니다. 제가 사랑의교회에 부임한 지 얼마 되지 않았을 때의 일이었습니다. 어느 주일 낮예배를 드릴 때 옥 목사님의 설교를 들으며 무척이나 많은 은혜를 받았습니다. 얼마나 은혜를 받았던지 눈물을 펑펑 쏟으며 울 정도였습니다. 그리고 그날 저녁 저는 '목회자 바나바'라는 제목으로 설교를 하면서 저도 바나바 같은 삶을 살며 목회를 하겠다는 말씀을 전했습니다.

그리고 그 다음 주가 되었습니다. 어느 날 옥 목사님께서 전화를 주셨는데 저 보고 주일 낮예배 설교를 준비해달라고 부탁하시는 것이었습니다. 그래서 제가 여쭈었지요.

"목사님, 어디 가시는데요?"

"으응, 좀 쉬어야겠어."

"예? 그럼 주보에는 뭐라고 게재할까요?"

"쉰다고 그래."

"예? 기도원 가신다고…."

"아니야. 나 기도원 안 가."

"그래도 주보에는 그냥 기도원에 간다고 하겠습니다."

"아니라니까. 기도원도 안 가는데 기도원에 간다고 하면 어떻게 하나? 나 너무 지쳐서 그래."

그때 제가 참 감동을 받았습니다. 분명 교인들이 들으면 좋아할 일이 아닌 줄 알면서도 목사님은 솔직하게 말씀하셨던 것입니다. 그래서 할 수 없이 정직하게 광고를 하고 제가 설교를 했는데, 당시 어떤 안수 집사님은 "어떻게 전도사가 대예배 설교를 할 수 있느냐?"며 핏대를 세우기도 했습니다. 옥 목사님은 그 일도 지도력을 갖고 잘 수습하셨는데, 저는 그 일을 통해 무엇보다 목회자의 정직성이 교회의 순결을 만든다는 사실을 배웠습니다. 그래서 안식년을 맞을 때도 전적으로 공부 핑계를 댄 것이 아니라 전후의 제 모든 사정들을 솔직하게 털어놓을 수 있었던 것이지요. 감사하게도 교회에서 안식년을 주셔서 재충전할 수 있는 시간들이 주어졌습니다. 한국교회에서는 목회자가 가장 성경을 적게 본다는 말이 나올 정도로 저 역시 말씀 묵상할 시간들이 부족했는데, 안식년 기간 동안 충분히 말씀을 묵상하며 보낼 수 있었던 게 가장 감사했고, 무엇보다 아내와 아이들에게 무언가 해줄 수 있었다는 사실이 감사했습니다. 한편, 안식년을 보내는 기간에도 내내 교회에서는 저를 위해 많은 배려를 해주셨습니다. 그런 모습들을 보면서 아무리 전통교회라 해도 훈련만 되어 있으면 오히려 더 강력한 힘들이 솟아날 수 있다는 걸 다시 한번 확인하게 되었습니다.

안식년을 마치고

저는 혹시 이 글을 교회 장로님들이나 집사님들이 읽고 계시다면 이렇게 부탁하고 싶습니다. 교회 사정이 아무리 어렵더라도 목사님들에게 꼭 안식년을 드리도록 형편을 맞추라고 말입니다. 쉬지 않고 계속해서 무리만 하다가 4,50대 젊은 목사들이 픽픽 쓰러지는 게 오늘 한국교회의 현실입니다. 그렇게 되면 목사의 가정도 쓰러지고 교회도 쓰러집니다. 그러므로 목사가 영적으로나 육적으로 재충전받을 수 있는 기간은 절대적으로 필요한 것입니다.

뿐만 아니라 안식년을 마치고 돌아오면 교회 사역의 내용이 훨씬 달라지게 됨을 경험할 수 있습니다. 설교의 폭도 넓어지고 교인들을 지도하는 지도력의 폭도 넓어집니다. 목사의 안목이 그만큼 넓어지면서 예배갱신을 이루게 되고 살아있는 예배, 역동적이고 능동적인 예배를 드릴 수 있게 됩니다. 지쳐 있는 목회자는 영감있는 예배를 드리기가 참 어렵습니다. 목사 역시 육신을 가진 존재이기 때문이지요.

저 같은 경우는 안식년을 맞아 미국에 머무는 동안 새들백교회에서 참으로 많은 도전을 받았습니다. 특히 그 교회의 예배는 잊을 수가 없는데, 가만히 보니까 예배에 생동감이 넘쳐나게 하는 요인은 뭐니뭐니 해도 찬양과 메시지였습니다. 메시지의 커뮤니케이션이 활발하다는 것과 예배 순서 하나하나가 작품이 되고 있다는 점들이 강력한 도전이 되었습니다. 문화적인 면에서도 도전을 받았습니다. 강대상 하나에서부터 영상 시스템, 꽃꽂이에 이르기까지 청중을 압도할 수 있는 분위기가 무엇인지를 배울 수 있었지요.

그래서 안식년을 마치고 오자마자 저는 서서히 교회 분위기를 쇄신해나갔습니다. 물론 그 과정에는 조금씩의 아픔이 서려 있었지만, 강대상을 치우고, 액정 시스템을 도입하고, 성가대 좌석을 새로 배치하는 일부터 시작해서 예배 갱신이 하나둘씩 이루어지고 있었던 것입니다.

사실 모든 목회자들의 소망이 어떻게 하면 예배를 좀더 열정적이고 생동감 있게 드릴 수 있느냐 하는 것 아니겠습니까? 그런데 예배 갱신을 위해서는 목사가 짐을 질 수밖에 없다고 봅니다. 목사가 새롭게 연출을 해야만 하는 것입니다. 기존의 모든 예배는 묵도로 시작해서 축도로 끝날 뿐만 아니라 모든 순서 순서들이 딱딱 끊어져 있습니다. 그런 예배 순서의 정형성을 뒤바꾸어 성령께서 간섭하실 때처럼 자연스럽고 충만한 예배가 되도록 하기 위해선 목회자가 그만큼 고민하고 기도해야 한다는 것입니다. 앞서 말씀드린 것처럼, 목회자가 성장하는 만큼 교회가 성장하고, 목회자가 고민하고 기도하는 만큼 교회 갱신은 이루어지는 것입니다.

처음 들어보는 간증

몇년 전, 제자훈련 세미나 때 우리 교회 장로님들은 목사님들 앞에서 간증을 하며 질의 응답하는 시간을 가진 적이 있었습니다. 제자훈련을 왜 받아야 했었는지, 제자훈련하며 겪은 여러 고생과 제자훈련의 열매 등에 대해 진솔한 고백을 나누었습니다. 어떤 장로님은 정말 눈물나는 고생 끝에 제자훈련을 마치기도 하셨는데, 그러한 고백이 녹아든 간증이라 이 지면을 빌려 소개하면 제자훈련을 하고자 하시는 목사님들과 장로님들에게 참고가 되지 않을까 싶습니다. 읽어보시고 격려와 도전이 되셨으면 하는 마음입니다.

■ 제자훈련간증

백광열 장로

저는 어린 시절부터 장로님이셨던 선친과 믿음의 아버지이신 노진현 목사님의 경건하고 보수적인 신앙을 배우며 자라왔습니다. 지금까지 그야말로 하나님의 은혜 가운데서 25년째 장로로 몸된 교회를 섬기며 신앙생활을 해오고 있습니다. 그런데 저의 6,70년 신앙생활 가운데 하나의 큰 전환점이 된 사건은 역시 최홍준 목사님을 만나게 된 것과 또 목사님의 부임과 함께 교회 안에서 시작된 제자훈련에 참여하게 된 것이라고 생각합니다.

처음부터 제자훈련을 흔쾌한 마음으로 시작할 수는 없었습니다. '예수 믿고 구원받았으면 된 것이지 이 나이에 돋보기를 치켜 올려가면서 무슨 제자훈련 공부냐?' 하는 불평스런 마음도 있었습니다. 또 장로가 되어서 복음의 기초가 되는 새가족반부터 시작한다는 것도 좀 자존심이 상하는 일이기도 했습니다.

그런데 당시, 어렵던 저희 교회에 오셔서 의욕적으로 목회를 시작하신 최 목사님을 결코 실망시켜드릴 수는 없었습니다. 또 장로로서 성도들의 모범이 되어야 한다는 말에 순종하여 제자훈련에 참여하게 되었습니다. 또 최 목사님이 우리 장로들의 이런 마음을 아시고 아주 자연스럽게 훈련에 임할 수 있도록 이끌어주신 것도 사실입니다. 저는 제자반, 사역반 훈련을 받으면서 단편적이요 피상적이던 제 성경지식에 체계적으로 뼈대가 세워지는 것을 스스로 느낄 수 있었고, 또 그동안 목사님들의 설교 말씀에만 의존해왔던 제가 큐티훈련을 통하여 스스로 성경을 읽고 생활 속에 구체적으로 적용하는 능력을 갖추어 나가게 되었습니다. 이렇게 훈련을 통해서 매일 개인 경건의 시간이 늘어나게 되자 하나님의 말씀과 성령님의 가르치심에 더욱 민감하게 반응할 수 있게 되었고, 사역반을 마치고 순장으로 봉사하면서 목자의 심정으로 영혼을 섬기는 즐거움도 경험하게 되었습니다. 이렇게 제자훈련 사역을 이해하게 되니까 제가 장로로서 교회와 목회자를 바라보는 차원과 시각에도 많은 변화가 있었습니다.

그동안 목사와 장로 사이를 어떤 긴장과 대립 관계로 보아왔던 제가 제자훈련 목회를 이해하면서부터 장로는 단순한 행정적인 관리자가 아니라 목사님과 사역의 파트너가 되어야 함을 느끼게 되었습니다. 목사님과 사역을 함께 나누고 성도를 돌아보고 교회를 섬기는 데 있어서 진정한 동역자가 되어야 한다는 책임감도 절감하게 되어 기름부어 세우신 하나님의 교회에서의 소명감을 더욱 새롭게 하게 되었습니다. 그리고 목사님과 부교역자님들을 바라볼 때도 그리스도 안에서 함께 형제된 자로, 그리고 한 교회의 주의 일을 함께 맡은 동역자로 하나님께서 부르신 것을 먼저 인정하게 되니까 피차에 서로 따스한 눈으로 바라볼 수 있게 되었고, 작은 실수들이나 지엽적인 문제들은 또한 너그러운 자세로 피차에 이해할 수 있는 관계가 되었다고 생각합니다. 당회에서도 개인의 자존심과 체면을 세우려는 성숙하지 못한 제 자신을 발견하게 될 때도 있었고, 또한 다른 사람을 향한 비난과 질책에 익숙한 저의 본성을 발견하고 '아직도 한참 멀었구나.' 하며 자책하던 적도 한두 번이 아니었습니다.

그런데 제자훈련을 하는 동안에 상처와 아픔이 없었던 것은 아닙니다. 제자훈련 목회에 대한 이해의 차이 때문에 수십 년 친구였던 한 장로와 결국 갈라서는 아픔도 맛보았습니다. 그리고 수십 년 동안 제 나름대로 신념처럼 굳혀온 목회상이나 교회관, 예배의식에 대한 소견들이 여지없이 무너져내리는 아픔도 또한 큰 것이었습니다. 최 목사님께서 부임하고 나서 무언가 급격히 변해가는 현실에 직면하여 말씀보다 전통에 집착하지 않기 위해서, 그리고 성경의 원리보다 자기의 신념을 더 고집하지 않기 위해서 생각하고 또 생각하면서 보낸 불면의 밤도 많았음을 고백합니다.

그리고 그때마다 목사였던 아들이 조심스럽게 제게 던져주었던 조언 아닌 충고의 말들이 어떤 때는 견디기 힘들 때도 있었으나 더 유연한 자세와 넓은 안목과 시각을 가지게 해 준 것 같아서 고마운 마음을 가지고 있습니다.

저는 이제 전통적인 교회의 장로로서 누릴 수 있는 특권과 기득권을 이미 포기하고 함께 세워주신 너무나도 귀한 장로님들과 더불어 그저 담임목사님 돕고 성도들을 위하여 기도하고 또 항상 섬기는 자세로 남은 생애를 살아가기로 다짐하며, 이 제자훈련에 최 목사님과 더불어 동역할 수 있게 하신 하나님의 크신 은혜에 감사하면서 더 큰 힘이 되어주지 못해 늘 죄송한 마음을 이 시간을 빌어 전하는 바입니다. 감사합니다.

— 1997년 제자훈련 세미나

6 대각성전도집회 – 푸른 바다를 닮은 사람들의 증언

제11회 대각성전도집회를 준비하며. '98. 5.

"전도 못 하는 게 죄스러워예."
이슬비편지가 만들어준 접촉점
전도설교가 관건이다 – 왜 인간이 죄인입니까?
기신자에게 더 유익한 대각성집회
"네가 낳고 네가 길러라"
(전도 보고서 및 대각성전도집회 일정표)
해산의 수고를 격려하며

성장하는 교회들을 살펴보면 한 가지 특징이 드러납니다. 그건 전도를 강조한다는 것입니다. 왜 전도를 강조하는데 사람들이 몰릴까요? 흔히 생각하는 것처럼 전도가 부담스러운 것이라면 전도하라고 강권할 이유가 없습니다. 전도는 내가 완벽하게 살아야 할 수 있는, 또는 내가 온전히 선 후에야 돌아볼 수 있는 여유사가 아닙니다. 전도는 신진대사처럼 숨쉬기처럼, 힘든 운동 후 맛보는 달콤한 휴식처럼 너무나 자연스럽고 우리에게 유익한 활동입니다. 더욱이 전도는 주님의 마지막 명령입니다.

"전도 못 하는 게 죄스러워예"

우리 교회 부흥 성장의 기폭제가 되었던 대각성전도집회는 새중앙교회에서 처음 시작한 것은 아닙니다. 사랑의교회에서 처음 이 집회가 열리는 것을 보고, 부흥회가 아니면서도 신자들과 불신자들에게 다같이 큰 도전을 주는 이런 형태의 집회가 교회에 꼭 필요하다는 생각이 들어 우리 교회도 시작했습니다.

'87년 제가 사랑의교회를 떠나 처음 부산으로 내려와서 목회할 때, 매달 첫주는 꼭 복음설교를 했습니다. 그리고 그날만큼은 주위의 불신자들을 데려오게 했습니다. 이런 식으로 진행하다보니 어느 순간, 한 달에 한 번만 복음설교를 하는 방식이 감질나게 느껴졌습니다. 평소의 메시지에서도 복음설교를 하지만, 순수하게 복음을 함축성있게 전하기에는 전도집회 이상 좋은 기회가 없는 것 같았습니다.

그래서 전도집회를 갖자고 제안했습니다. 당시 우리 교인들이게는 전도집회라는 것이 생소하기만 했습니다. 그래서 어떻게 준비해야 하는지조차 전혀 모르고 있었습니다. 그때 제가 교인들에게 이런 부탁을 했습니다.

“제가 복음을 증거할 테니 여러분들이 외부인들을 모셔오면 됩니다. 그러나 절대로 다른 교회 잘 다니고 있는 외부 교인들을 불러와선 안 됩니다.”

제자훈련을 제대로 받은 사람이라면, 그리스도의 제자는 마땅히 복음의 증인이 되어야 한다는 사실을 잘 압니다. 세상 속의 교회가 존재하는 의미 가운데 첫번째가 복음전파인 까닭입니다. 그 다음이 사랑의 봉사이며, 거룩한 생활의 모범입니다. 그러므로 제자가 되었다고 한다면 복음증거는 당연한 일입니다.

그러나 제자훈련이 단순히 기능공을 양성하는 과정만은 아니라는 사실 또한 잊어서는 안 됩니다. 전도 잘하는 사람, 말씀을 잘 가르치는 교사를 만드는 과정만은 아닌 것입니다.

한 번은 어떤 성도가 제게 와서 “목사님요, 지는요. 예수를 10년 이상 믿었는데요, 그동안 한 사람도 전도를 못했으예. 제자훈련 받으면 전도 잘할 수 있십니꺼? 전도 못하는 것이 항상 죄스러워예.” 하고 말했습니다.

참으로 가상한 성도임이 틀림없습니다. 그러나 제가 “물론입니다.”라고 하면서 설명을 덧붙였습니다. “집사님은 참 훌륭하십니다. 한 사람도 전도 못하고도 아무렇지 않게 신앙생활하는 사람이 많은데, 안타깝게 생각하시니 참으로 귀합니다. 집사님, 예수님의 제자들은 복음증거하는 일을 하는 게 필수입니다. 그러나 전도하기 위해 제자훈련 받는 것은 아닙니다. 만일 전도하기 위해서라면 전도훈련을 받는 것이 더 효과적일 것입니다.”라고 권면한 적이 있습니다.

제자훈련을 마친 사람들은 성장하면서 자기정체성을 뚜렷이 정립하게 됩니다. 자기정체성이란 바로 자신의 존재 이유입니다. 그러나 “내가 누구인가? 나는 하나님의 자녀다.” 하는 긍지나 특권의식만 가지고 있을 것이 아니라 주어진 사명과 책임을 감당해야 합니다.

따라서 제자훈련이 전도를 위한 것은 아니지만 제자훈련이 무르익다보면 자연히 전도에 대한 동기를 부여받기 마련입니다. 전도는 하나님께서 명하신 지상명령이기 때문에 신앙이 성숙해갈수록 전도에 대한 부담감은 안 가질래야 안 가질 수가 없습니다. 그 책임을 감당하기 위해서는 전도를 해야 하는데, 교인들 모두가 다 전도훈련을 받는 것은 아닙니다. 그리고 훈련을 받고 복음을 전한다고 해도 교회로까지 인도하는 것은 아닙니다.

그러므로 우선 교회로까지 인도된 사람들에게 전도집회 형식을 통해 목사가 복음을 전하고, 그들이 교회에 대해 긍정적인 마음을 갖게 될 때 전도폭발이나 다른 방법을 통해 올바로 믿음을 안내해주는 과정이 필요합니다. 따라서 전도와 양육은 뗄레야 뗄 수 없는 관계에 있습니다. 제자훈련을 한다면 반드시 전도집회를 갖고, 전도집회를 했다면 반드시 양육을 하라고 권하고 싶습니다.

우리 교회의 대각성전도집회는 행사가 열리기 넉 달 전부터 전교회적으로 미리 준비를 합니다. 각 다락방의 리더가 되는 200명이 넘는 순장들이 꾸준히 전도하기 때문에 다락방마다 전도의 움직임이 있는데, 집회를 한 달 정도 앞두고는 전도에 대한 특별 교재를 가지고 제가 직접 다락방공부를 시킵니다. 그리고 한 달에 한 주 정도 전도를 촉구하는 내용의 설교를 주일예배 강단에서 전합니다. 이때 전도설교의 초점은 '교회론'을 가르치며 "그리스도인로서의 존재 이유가 무엇인가?"를 강조하는 것입니다. 다음은 어느 해 대각성집회를 앞두고 외쳤던 전도촉구설교의 내용입니다.

■ 꿈이 있는 자는 전도한다 (막 4:26-29)

"또 가라사대 하나님의 나라는 사람이 씨를 땅에 뿌림과 같으니 저가 밤낮 자고 깨고 하는 중에 씨가 나서 자라되 그 어떻게 된 것을 알지 못하느니라 땅이 스스로 열매를 맺되 처음에는 싹이요 다음에는 이삭이요 그 다음에는 이삭에 충실한 곡식이라 열매가 익으면 곧 낫을 대나니 이는 추수 때가 이르렀음이니라."

오늘 본문 말씀은 참 단순합니다. 농촌에서 농사를 지어보신 분은 얼른 뜻을 파악할 수 있는 아주 간단한 내용으로 얼마나 많은 사람에게 복음을 전할 것인가 하는 것이 주제입니다. "하나님의 나라는 사람이 씨를 땅에 뿌림과 같으니"(26절). 하나님의 나라는 천사가 씨를 뿌림과 같다고 말하지 않고 사람이 씨를 뿌림과 같다고 했습니다. 이것은 복음 전하는 자를 말하는 것으로 하나님께서 천사를 사용하시지 않고 부족하고 나약한 나와 여러분을 사용한다는 뜻입니다.

농부가 씨를 뿌린 뒤에는 별로 할 일이 없습니다. 하나님께서 생명을 주셨고 그 생명을 자라나게 하는 것이므로 농부가 하는 일은 물을 주고 김을 매어주고 기다리는 것입니다. 싹이 늦게 난다고 뽑아버리지 않습니다. 복음전도도 마찬가지입니다. "예수 믿으세요!" 하고 전도하는 사람이나, 강단에서 말씀을 선포하는 목사가 바로 농부입니다. 그리고 복음을 전한 후에는 가르치고 돌보는 일을 합니다. 씨가 열매를 맺게 하는 일은 전적으로 하나님의 영역에 속해 있듯이, 그가 생명을 받아 예수를 주로 고백하는 단계까지는 하나님의 영역입니다. 즉, 복음 전하는 자는 농부요, 씨는 복음이요, 말씀입니다.

복음을 전하는 자가 가져야 할 기본적인 자세가 있습니다. "저가 밤낮 자고 깨고 하는 중에 씨가 나서 자라되 그 어떻게 된 것을 알지 못하느니라 땅이 스스로 열매를 맺되 처음에는 싹이요 다음에는 이삭이요 그 다음에는 이삭에 충실한 곡식이라"(27-28절). 농부는 씨를 뿌려놓고 그 씨가 방해를 받지 않도록 수고와 땀을 흘리며 김을 매어주고 돌을 치워주고 때로는 흙을 돋우어주고 물을 줍니다. 우리 또한 복음의 씨앗을 뿌립니다.

그래서 사도 바울은 "나는 심었고 아볼로는 물을 주었으되 오직 하나님은 자라나게 하셨나니 그런즉 심는 이나 물 주는 이는 아무것도 아니로되 오직 자라나게 하시는 하나님뿐이니라.”(고전 3:6-7)고 했습니다. 우리에게는 복음을 전할 책임이 있습니다. 농사를 지어보신 분은 아시겠지만 참으로 힘든 일입니다. 우리 주님께서는 농부의 감정을 아시고 전도자를 농부에 비유했습니다.

전도하다보면 때로는 민망할 때도 있고 욕을 듣기도 하고 간혹 폭행을 당하기도 합니다. 그러나 농부가 힘들어도 농사를 짓는 것처럼, 우리 또한 어려움이 많고 힘이 들어도 최선을 다해서 전도하는 것입니다. 사람들이 멸망당하지 않도록 하기 위해서 최선을 다해 복음을 전해야 합니다. 믿고 안 믿고는 하나님께 맡겨드려야 합니다. 그러므로 우리는 여유를 가질 수 있습니다.

전도자는 꿈을 가지고 있어야 합니다. 때를 따라 비를 주시고 햇빛을 주셔서 그 곡식을 자라게 하시는 것을 농부는 기다립니다. 전도자 또한 복음을 전하고 복음을 듣게 한 후에는 하나님께서 분명히 열매를 맺게 하실 것을 믿고 기대하며 꿈을 가져야 합니다. 우리는 믿음으로 구원받고 믿음으로 사는 것이기 때문에 그가 믿고 변화받을 것을 신뢰해야 합니다.

영국은 전 세계적으로 번영할 때 상당히 타락했습니다. 이때 하나님께서는 요한 웨슬레를 등장시켜서 50년 동안 복음을 증거하게 하셨는데 얼마나 능력이 컸던지 수많은 사람들이 주 앞으로 돌아왔습니다. 그 많은 사람들이 복음을 듣고 신앙의 제 모습을 찾기까지는 평균적으로 2년 6개월이 걸렸습니다. 때로는 5년, 10년 걸린 사람들도 있습니다. 영국의 어떤 사람이 “나는 30년 동안 3,000번의 설교를 들었는데 하나도 기억되는 것이 없다. 내가 그런 설교를 듣기보다는 다른 일을 했다면 아주 보람된 생애를 보냈을 것이다.”라는 내용의 글을 신문에 투고했습니다. 독자들에게서 아무런 반응이 없자 또 다시 투고를 했는데, 그러고 나자 어떤 형제가 그에게 이런 내용의 편지를 했습니다. “나는 내 아내가 지어준 밥을 3만 8

천 번 먹었습니다. 그러나 기억할 수 있는 메뉴는 하나도 없습니다. 그러나 확실한 것은 내가 지금까지 내 건강을 유지하고 있다는 것입니다.” 이 편지를 받은 그는 더 이상 그런 글을 신문에 내지 않았다고 합니다.

콩나물에 물을 주면 밑으로 다 빠지는 것 같지만 콩나물은 자랍니다. 우리가 복음을 전하고 노방전도하는 것이 무슨 효과가 있겠느냐고 합니다. 여러분! 기독교는 노방전도에서부터 시작되었습니다. 멸망으로 가고 있는 사람을 그냥 두고 볼 수 없기에 하나님의 사랑을 가진 자는 외치는 것입니다.

사랑하는 성도 여러분! 우리가 복음을 전하되 꿈을 가지지 아니하면 낙심합니다. 빌리 그래함이 세계 곳곳을 다니며 복음을 전하여 수많은 결신자가 생겼지만, 그중에 60퍼센트는 중도탈락한다고 합니다. 우리는 복음을 전하고 나서 전도대상자가 그 자리에서 결신하지 않으면 낙심하는데, 낙심하지 말고 계속 꿈을 가져야 합니다. 기도하고, 하나님 앞에 가까이 나아가고, 또 믿음의 형제들과 교제하면서 이 복음전도의 대열에 함께 서서 여러분의 신앙을 각성시켜야 합니다. 이것이 바로 대각성전도입니다.

여러분은 씨앗의 놀라운 능력을 아십니까? 4,000년이나 지난 고분 속에서 발견한 씨앗을 ‘혹시나’ 해서 심었는데, 싹이 났습니다. 생명의 능력이 얼마나 대단한지를 보여주는 것입니다. “이 복음은 모든 믿는 자에게 구원을 주시는 하나님의 능력이 됨이라”(롬 1:16). 이 복음의 위력은 씨앗하고는 비교할 수가 없는 굉장한 능력이 있습니다. 그래서 어떻게 하든지 사람들로 하여금 복음을 듣게 해야 합니다.

마지막으로 아주 바쁜 농번기 때 농촌에 가보면, 어린아이, 할머니, 할아버지 할 것 없이 모두 총동원됩니다. 왜냐하면 그저 함께하며 같이 있어 주어서, 일하는 사람을 격려하고 후원하기 위해서입니다. 여러분! 전도집회에는 전도하는 사람만, 그리고 전도받은 사람만 오는 것이 아닙니다. 참여하는 것만으로도 은혜를 받고 후원이 된다는 사실을 아셔서 이번 전도집회에 꼭 참여하시기 바랍니다.

　사랑하는 성도 여러분! 이번 집회가 모든 성도들이 함께 모여 차고 넘치는, 하나님께서 기뻐하시는 천국잔치가 되기를 바랍니다. 꿈을 가진 자가 되셔서 정말 전도에 힘쓰는 여러분들이 되시기를 바랍니다.

이슬비편지가 만들어준 접촉점

전도 축구설교를 하는 즈음이면 교인들 각자가 정해진 태신자를 대상으로 각자의 방법으로 접촉하게 됩니다. 그 하나의 방법으로 이슬비 전도 편지를 보내기도 합니다.

전도축구설교를 시작하는 때쯤 해서 "지금부터 이슬비전도편지를 보내십시오." 하는 광고를 주보에 냅니다. 이미 이런 과정에 익숙해 있는 성도들은 완벽한 준비 자세가 되어 있습니다. 이슬비편지를 통해서 전도집회 준비가 시작됩니다.

처음 이슬비전도편지를 보내기 시작할 당시에는 집회에 대해 아무 말도 안 합니다. 석 달이나 넉 달 후를 내다보고 접근하는 것이기 때문입니다. 계속 편지만 보냅니다. 가까이는 자신의 친척, 이웃, 친구, 직장동료 등을 타깃으로 삼아 명단을 적어내고, 그 다음부터 편지를 보내며 그들을 놓고 기도합니다. 그래서 그 집회에 나오도록 하는데, 억지로 끌려나왔다가 결국 복음의 말씀에 붙잡히게 됩니다. 그들이 집회에 나오는 것은 교인들이 직접 간곡하게 권해왔기 때문인데, 막상 와서 보니까 자신들이 듣기에 아무런 부담없이 복음을 전하고 복음의 능력이 역사하도록 하는 겁니다.

이렇게 뜸을 들여나가는 과정이 있기 때문에 이 방법 역시 모두 관계전도인 셈입니다. 이웃사람일 경우에는 그 집 아이들에게도 친절하게 대해줍니다. 우리 교인들은 이런 일에 아주 익숙해 있습니다. 이런 실제적인 접근방법들과 간증을 나누는 과정이 순장반에 있습니다.

집회를 앞두고 믿지 않는 이웃이나 가족들에게 여러 가지 방법으로 교회에 나올 수 있도록 권유해나가는 과정에서 이슬비전도편지가 좋은 역할을 하고 있습니다. 이슬비전도편지는 전도에 대한 실제적인 동기부여로 교회부흥에 중요한 기초를 놓아주었습니다. '94년에 처음으로 교회 안에서 이슬비전도학교가 실시됐는데, 이 때문에 전도에 박차가 가해지고 대각성전도집회에도 큰 영향을 주었습니다.

교회 안에는 전도훈련을 직접 받지 못한 사람이 많습니다. 이슬비전도편지는 전도하기를 겁내는 교인들에게 전도가 어렵지 않다는 자신감을 심어주었습니다. 그리고 전도라는 것이 열정이나 조급한 논리로만 되는 것이 아니라 정서적으로 차근히 접근해 들어갈 때 더욱 효과가 크다는 것을 알게 해주었습니다.

우리나라는 정(情)의 문화에 익숙해 있습니다. 누군가에게서 무언가를 받았으면 그것을 빚으로 여깁니다. 그런 면에서 부드럽고 정감어린 이미지를 주는 이슬비전도편지는 일반인들이 기독교에 대해 지니고 있는 방어적인 자세나 저항감을 무장해제시켜주는 장점이 있었습니다. 그리고 편지의 기본내용도 좋지만 보내는 사람이 직접 정성들여 몇 자 곁들여 써주는 것도 상당히 효과가 좋았습니다. 처음부터 별 거부감을 갖지 않도록 장애를 제거시켜주며 접근할 수 있게 해주기 때문에 그야말로 서서히 조금씩 젖어들게 하는 '이슬비 전도'라는 말이 맞는 것 같습니다.

이슬비전도편지는 전도훈련을 받지 않은 사람들이 사용하기에도 부담

스럽지 않아 전 교인에게 빠짐없이 다 참여하라고 권유할 수 있다는 것이
큰 장점입니다. 그런 면에서 이슬비전도편지는 우리 교회에서 전도의 불
씨를 한층 뜨겁게 덥혀준 자극제가 되었습니다.

전도설교가 관건이다

대각성전도집회는 매년 5월 경에 열립니다. 기존교회의 '총동
원주일'은 대개 하루 동안만 행사가 진행되지만, 우리는 3일 동안 전도집
회를 가집니다. 주일 저녁부터 그 다음날의 월, 화, 수 낮밤 동안 진행되는
데, '97년 집회에는 약 천 명 정도의 전도 대상자가 참석했습니다.

참석자에게는 가슴에 꽃을 달아줍니다. 그리고 다른 교회에서 온 사람
은 새신자로 보지 않습니다. 다른 교회의 교인들은 절대로 데리고 오지 않
도록 불문율 같은 걸 만들었기 때문입니다. 그런데도 다른 교회의 교인들
이 많이 찾아옵니다. 집회한다는 걸 알리지도 않는데, 그들이 와서 신앙생
활에 새로운 도전을 받고 돌아가기도 합니다.

막상 전도집회가 시작되면, 집회마다 조용하면서도 마음을 편안하게 고
무시켜주는 찬양이 있고, 또 간증이 있습니다. 이때, 주로 간증을 많이 하
고 다니는 강사급의 간증자들은 세우지 않습니다. 두 부류의 신자들을 간
증자로 세우는데, 한 부류는 비교적 최근에 예수님을 믿고 변화된 초신자
들입니다. 이들 대다수가 대각성전도집회에 끌려왔다가 예수 믿게 되었다

는 사람들입니다.

또 다른 한 부류는 모태신앙이거나 어릴 때부터 습관적인 신앙생활을 하다가 뒤늦게 인격적으로 예수를 만난 사람이거나 예수 믿은 뒤 세상에 빠져 타락한 채 방황하다가 다시 전도받아서 교회에 나오게 된 사람들입니다. 이들 가운데는 과거 교회에서 청년회장 하던 사람도 있고, 미션스쿨을 나온 사람도 있습니다. 이 두 그룹은 각기 비슷한 처지에 있는 사람들에게 귀를 바짝 열게 합니다. '나도 저 사람과 똑같구나.' 하는 생각을 갖게 하는 것입니다. 이렇게 해서 마음을 녹여놓은 뒤 이런 간증 내용에 맞는 찬양을 선정합니다. '돌아와 돌아와'나 '탕자처럼' 같은 찬송으로 특송을 하는 것입니다. 다음은 어느 해 대각성전도집회에서 전해진 우리 교회 성도의 간증 내용입니다.

■ 교회 간증1 - 주영봉

교회 가면 그렇게 좋은가?

저는 만덕에 사는 주영봉이라고 합니다. 예수쟁이 이야기만 하면 무조건 싫어했던 제가 간증을 하게 되었습니다. 예수 믿기 전에 같이 어울리던 친구들은 모여서 재미있게 놀기나 하지 왜 나이 들어 교회 나간다고 고생을 하는지 모르겠다며 아우성입니다. 그러면서도 친구들은 저의 변화된 모습과 얼굴을 보고는 예수쟁이 다 됐다며 호기심어린 눈으로 저를 지켜보고 있습니다. 제가 지난 2년 동안 이렇게 변화되어서 여러분 앞에 간증하게 되니 너무 기쁘고 감사합니다.

사실 저는 예전에는 예수 믿는 사람들은 나약하고 어리석고 할 일이 없는 한심한 사람들이라고 큰소리치면서 예수를 절대로 믿지 않겠다고 다짐

했던 사람입니다. 오직 나 자신만을 믿으며 세상에서 돈으로 해결되지 않는 것은 하나도 없다고 생각하고 오로지 돈 버는 것을 인생의 목표로 삼고 열심히 일만 했습니다. 제 어머니는 보살이셨습니다. 저 역시 음력 7월 7일생이라 불교가 저하고 인연이 된다고 생각했습니다. 또 우리 집안이 어업에 종사했기 때문에 어렸을 때부터 굿과 고사지내는 것을 보고 자랐습니다. 그런데 이상한 것은 마음이 외롭고 고통스러울 때면 입으로 부처님이 아닌 하나님을 찾게 되는 것이었습니다.

그러던 어느 날 미국에 사는 동생이 저희 집을 방문해서 함께 식사를 하게 되었는데, 밥 먹기 전에 기도를 하는 것이었습니다. '이상하다. 옛날에는 큰스님이 되겠다며 불교에 심취해 있던 동생인데.' 하며 의아해 하던 중 동생이 눈을 뜨며 하는 말이 "형님, 믿음을 가지십시오. 참 좋습니다." 하는 것이었습니다. 저는 속으로 '웃기네. 그 시간에 골프나 치며 즐길 것이지 교회는 무슨 교회?' 하며 매우 부정적으로 생각했습니다. 또 동생이 "형님, 예전과 달리 제가 많이 변했지요." 하면서 전도를 했습니다. 그래서 제가 "너나 잘 믿어라. 나는 돈이면 전부이니 쓸데없는 소리 하지 말고 열심히 일이나 해라."고 반박했습니다.

그후 어느 날이었습니다. 제가 사는 만덕동에는 오리고기 파는 음식점이 많이 있습니다. 어느 음식점 앞에 봉고 버스가 서더니 몇 사람이 내리는데 그 사람들의 표정이 어찌 그리 맑고 밝은지요. 저는 그 순간 그 이유가 무척 궁금했습니다. 마침 술 먹고 잔치하는 사람들이 그 봉고버스 옆에 같이 내려서 그 사람들과 비교하게 되었습니다. 자세히 보니 밝은 표정을 하고 내리는 사람들은 봉고 버스 옆에 있는 교회에 들어가는 사람들이고, 어두운 표정의 사람들은 술잔치하러 음식점에 들어가는 사람들이었습니다. 참 이상했습니다. 한 잔 먹으러 간다면 기분이 아주 좋을 텐데 이상하게도 음식점에 들어가는 사람들은 표정 자체가 없었습니다. 저는 의심이 생겼습니다. '교회 가면 그렇게 좋은가?' 그후 동생의 전도와 아파트 윗층에 사는 기독교인 한 분을 통해 저의 마음에 교회에 대한 관심이 생기기 시작했습니다. 아파트 윗층에 사는 기독교인은 저를 위하여 4년 동안 기도하면서 교회에 나가자고 권면해온 분입니다. 그러던 중 제 아내가 새중앙교회에서 부흥회를 하니 한 번 가보자고 하는 것이 아니겠습니까? 옛날 같으면 거절했겠지만 이상하게 교회로 발길이 옮겨졌습니다.

처음 교회에 나왔을 때는 어색해서 어쩔 줄 몰랐습니다. 그러나 교회의 분위기가 밝고 생동감이 넘쳤습니다. 또 교인들도 친절하게 저희를 대해주며 항상 웃고 있는 모습이 인상적이었습니다. 게다가 목사님의 설교 말씀이 저에게 큰 충격을 주었습니다. 지금까지 저는 제 마음대로 생활하면서 살아왔는데, 목사님께서는 자기 중심이 아니라 남을 위해 봉사하는 삶을 살아야 한다고 강하게 말씀하시는 것이었습니다.

설교를 들으며 이기적으로 살면서 돈으로 모든 것을 해결하려 했던 지난날의 제 삶이 잘못된 것임을 깨닫게 되었으며 처음 불러보는 찬송가에 저도 모르게 심취되었습니다. 찬송을 부르다가 저도 모르게 눈물을 흘렸습니다. 강하다고 생각한 제게서 걷잡을 수 없이 눈물이 나오는 것이었습니다. 남 보기 부끄러워 밖으로 나와 차 안에서 실컷 울었습니다. 한참을 울고 나니 제 마음이 이상하리만큼 평안해졌습니다. 예수님께서 제 마음에 찾아오신 것을 느꼈습니다. 그리고 알에서 깨어난 새처럼 날아갈 듯한 상쾌함과 기쁨이 솟아났습니다. 50여 년을 살아오면서 한 번도 느껴보지 못한 평안을 그 순간 맛보았습니다.

그후로 저는 열심히 교회에 나갔습니다. 생활이 변하기 시작했습니다. 모든 것이 기쁘고 감사했습니다. 새가족반 교육을 받기 시작했습니다. 맨 처음에는 뭐가뭔지 잘 몰랐지만 조금씩 제 마음에 작은 변화가 일어났습니다. 교회 다니는 분들에게서 진정으로 봉사하고 사랑하는 모습이 눈에 보이기 시작했습니다. 주중에 모여 성경을 공부하는 다락방 순원들에게서 성경 말씀을 사모하고 감사하는 모습을 접하게 되면서 내친 김에 확실하게 믿어보자는 마음으로 제자반 훈련을 받으며 더욱더 깊은 성도의 교제와 사랑을 나누고 있습니다.

제자반에서 서로 마음문을 활짝 열고 모든 것을 나누기 시작하니 친형제 이상으로 친밀하고 편안한 사이가 되었습니다. 또 목사님의 설교 테이프와 찬송가 테이프를 항상 차에 틀어놓고 다니게 되었으며 매일매일 하나님께 감사하다고 고백하며 살려고 노력하고 있습니다.

삶의 방법도 조금씩 바뀌게 되었습니다. 육신의 형제와 친척들을 이해하고 감사하는 마음을 갖게 되었습니다. 여태까지 제멋대로 생각하고 행동한 것을 뒤돌아볼 수 있는 기회도 갖게 되었습니다. 죄를 죄라고 생각하지 못하고 저질러온 죄들을 뉘우치고 새로운 삶을 살려고 노력하며 모든 것을 기쁨으로 바라보게 되었습니다. 저도 누군가를 전도하기 위하여 4년, 아니 그 이상이라도 진정으로 기도할 수 있는 마음이 생기는 것을 느꼈습니다.

이제는 들판의 아주 작은 꽃들과 공기마저도 나를 위하여 하나님께서 주신 것으로 알고 진정으로 감사하고 있습니다. 예수 믿고 나니 아내와 아들과의 대화가 늘어나고 예수님 안에서 더욱더 사랑하게 되었습니다. 또 저에게 주어진 모든 환경에 너무 감사하게 되었습니다. 이 모든 것이 다 하나님의 은혜인 줄 알고 진심으로 감사합니다. 오늘 이렇게 간증하기까지 기도해주신 제자반 형제들과 존경하는 목사님께 큰 감사를 드립니다. 모든 영광을 하나님께 돌립니다. 감사합니다.

■ 교회 간증2 – 서윤원

평안히 길을 갈 땐 보이지 않아도

저는 기독교 신앙과 전혀 상관없는 집안에서 태어나 세 살 때 아버지를 여의고 홀어머니 슬하에서 2남 2녀의 막내로 자랐습니다.

그런데 큰누님이 장로님 집안으로 시집을 갔기 때문에 자연적으로 교인이 되었고 그 영향으로 형님과 작은누님도 모두 교회에 다니게 되었습니다. 그러자 우리 가족 중에서 어머니와 저만이 유일하게 종교란에 '무교' 즉, "나는 내만 믿는다."라고 자신하는 무신론자로 남았습니다. 막내로서 어머니의 영향을 가장 많이 받은 저는 남에게 나쁜 짓하지 않고 스스로 올바르게만 생활하면 복 받고 천당 간다고 생각하면서 성장했습니다. 대학을 졸업하고 취직하고 결혼을 하고 아이들도 생기고 아무 어려움이 없이 중년까지의 생활을 해왔습니다.

그러던 중에 '94년 대각성 전도집회 때에 동서가 교회에 한번만 나오면 술 사준다고 하는 바람에 새중앙교회에 첫발을 내딛게 되었습니다. 교회 들어가는 입구에서 활짝 웃으며 반갑게 맞이하는 교역자들의 인사에 왠지 어색했고, 박수치며 부르는 생소한 찬송가와, 약간은 마음에 스트레스를 주는 목사님의 "마음 문을 열어라."고 외치시는 설교 등에 이래저래 정신 못 차리며 반은 졸고 반은 멍하니 깨어 있다가 술 대신 커피 한 잔 얻어먹고 첫번째 새중앙교회와의 만남을 마감했습니다.

그후로 아이들이 커가니까 막연히 '이제 나도 종교를 하나 가져야 안 되겠나.' 하는 생각이 들기도 했습니다. 결혼 전 아내는 성당엘 다녔고 저는 사회적으로 구제활동을 더욱 활발히 하는 성당 쪽에 더욱 마음이 끌렸습니다. 그러나 동서가 성당에 가도록 놔둘 것 같지는 않고 해서 어디로 갈까 고민하다가 "에라, 날씨도 좋은데 놀러나 가자." 하면서 차일피일 미뤄뒀습니다.

그로부터 1년 쯤 뒤인 '95년 4월, 저는 직장동료들과 함께 회식을 하고 음주운전으로 귀가하던 중에 길에서 청소하시던 할머니를 치었습니다. 많이 다친 것 같지는 않아서 잘못을 빌었는데, 할머니는 제가 술 먹은 것을 알고 경찰서로 가자고 다그치는 바람에 저는 순간적으로 '이제 내 인생은 끝장 났구나.' 하는 생각이 들면서 너무나 당황하여 집으로 도망쳐버렸습니다. 그러나 차번호가 추적되어 저는 결국 경찰서로 불려가 구속 직전까지 이르렀습니다. "니는 하늘이 두쪽이 나도 구속이다."라고 다그치는 경찰관의 말을 들으면서 직장, 가족, 나를 알고 있는 주위 사람들이 떠오르고, 순간 제 머릿속은 복잡하게 혼란스러워져 눈앞이 캄캄해졌습니다.

그때의 엄청난 고통과 절망과 죄책감으로 저는 더 이상 이 세상에서 살아갈 수 없을 것 같았습니다. '구속이 되어 직장을 잃으면 가족의 생계는 어떻게 되나? 남에게 절대로 나쁜 짓 한 일이 없는데 왜 나한테 이런 시련이 오는 걸까?' 하는 등의 의문들이 꼬리를 이었고, 지금까지 나를 알아왔던 주위 사람들에게 신문에서나 다뤄지던 뺑소니 운전자로 비춰질 내 모습이 정말 견디기 힘들 정도로 싫었습니다. 그러나 막다른 절망의 낭떠러지에서 뜻하지 않게 피해자 할머니 가족의 도움으로 해결될 것 같지 않던 문제들이 극적으로 해결되었습니다. 모든 것이 해결되고 경찰서를 나서던 그때의 하늘이 어찌나 파랗고 환하던지요? 그러나 그때까지도 그 파랗고 환한 하늘에 나를 이다지도 사랑하시는 하나님이 계신다는 것을 몰랐습니다.

그후 문제가 해결되었다는 안도감 이면에는 인간적인 죄책감과 견딜 수 없는 자책감이 저를 사로잡았습니다. 남에게 나쁜 짓하여 피해를 주지 않고 올바로 살아야 한다는 제 좌우명을 스스로 파괴했기 때문이었습니다.

그러나 저는 그후에도 그 생각을 잊으려고 술을 계속 먹었고, 주위 사람들로부터 "그래도 니가 평소에 남한테 나쁜 짓 안 해서 다 잘 되었다."라는 말을 듣는 데서 위안을 받았습니다. 그러나 이제는 하늘을 우러러 한 점 부끄럼 없는 인생을 살아왔다고 떳떳하게 남한테 말할 수는 없게 되었습니다.

이렇게 정신적으로 갈등과 방황을 하고 있을 때 동서가 "형님, 이제 교회 나갈 때가 되었습니다."라고 하면서 저를 교회로 다시 인도하여 '95년

5월 제8회 대각성 전도집회 때 새중앙교회로 나오게 되었습니다. 그토록 믿었던 자신조차 이제는 온전히 믿지 못하게 된 저를 성령님이 인도하셔서 아무런 거부감 없이 난생 처음 교회에 등록을 하였고 새가족반을 수료하였습니다. 다락방에 참석하여서 말씀을 배우고 교제를 나누면서 순장님으로부터 진정한 섬김이 어떤 것인지 배웠고, 또 사탄이 우리 그리스도인들을 어떻게 괴롭히는가 하는 것도 배웠습니다. 교회 나오기 전에는 부부 싸움을 하면 아주 사소한 말다툼이 불씨가 되어 10년 전에 마음 상한 것까지 다 끄집어내어 3차대전을 벌이곤 했는데, 이제는 사탄의 장난임을 깨달은 우리 부부는 "야, 우리한테 싸움 시킬라는 사탄 한 마리가 붙었는갑다." 이렇게 말하고는 웃어버릴 수 있게 되었습니다.

그러던 중 다락방 순장님의 배려로 제자반훈련을 집사람과 동시에 받게 되면서 저는 새로운 눈이 뜨이게 되었습니다. '95년 4월 경찰서 문을 나서면서는 보지 못했던 그 파랗고 환한 하늘에 하나님께서 계신 것을 보았고 또 확실히 깨닫게 되었던 것입니다. '나는 내만 믿는다.' 라는 교만한 생각을 갖고 이 세상을 살았던 저에게 '니가 할 수 있는 것은 하나도 없다.' 라는 깨달음을 갖게 해주신 하나님께서 살아 역사하셨음을 알았습니다. 그러자 저는 비로소 하나님이 정말로 살아계시다는 것을 믿었고 한낱 보잘 것 없는 이 죄인을 위하여 하나밖에 없는 당신의 외아들을 이 세상에 보내셔서 십자가에 죽게까지 하셨다는 사실이 감격스럽게 믿어졌습니다. 하나님께 너무나 감사를 드렸습니다. 그러나 교회를 다니면서도 계속되는 경제적인 어려움은 처음에는 참 견디기 어려웠습니다. 마음속으로 '야! 종교는 종교, 생활은 생활인갑다.' 하고 생각하면서도 한편으로는 '그래도 하나님이 좀 안 도와주십니까?' 하고 기도했습니다.

그런데 어느 날, 목사님의 설교 속에서 "모든 것이 니끼 아닌데 와 니낀 줄 알고 그래 고민하노?"라는 말씀을 듣고 만물의 주인은 하나님이시라는 것과, 우리는 그 모든 것을 잠깐 동안 관리하는 청지기로서의 삶을 살아야 한다는 것을 깨닫고 경제적인 문제에서도 자유로워질 수 있었습니다. 이제는 생활비가 모자라도 기쁜 마음으로 먼저 십일조를 하면서 살고 있습니다.

이렇게 목사님의 설교와 성경 말씀과 기도를 통해서 하나님의 크신 뜻을 아주 조금씩 깨달아갈 때마다 하나님의 은혜에 더욱더 감사드리게 됩니다. 천길 낭떠러지 끝에 달려 있는 육신의 연약한 생명줄을 잡고 혼자 힘으로 살려고 바둥거리지 않고 하나님께 순종하고 모든 것을 맡기고 사는 삶이 저에게 허락되도록 항상 기도하고 있습니다. 삶이 어려운 가운데 있을지라도, 원하는 대로 다 되지 아니할지라도 감사하고 기뻐하며 든든하신 하나님이 저를 지켜주신다는 확실한 믿음을 갖고 순종하는 삶을 살려고 노력하고 있습니다. 이렇게 변화되어가는 저를 보고 옛날부터 저를 알던 친구들은 처음에는 "글마 거기 교회에 나간단다. 죽을 때가 됐는갑다."라고 이야기들을 하더니 요즘은 만나면 "니 아직도 교회 댕기나? 와, 증세가 오래 가네."라고 놀리고들 합니다.

인생을 살아가면서 우리는 많은 목표들을 가지고 삽니다. 그러나 진정한 인생의 목적을 갖고 사는 사람들은 적은 것 같습니다. 우리 인생의 진정한 목적은 무엇이겠습니까? 그것은 바로 천지를 창조하시고 만물의 주인이신 하나님의 영광을 나타내는 일이라고 확신합니다. "평안히 길을 갈 땐 보이지 않아도 지치고 곤하여 넘어질 때면 다가와 손 내미시네." 항상 하나님을 찬양하며 하나님의 은혜를 감사하며 살기를 간절히 소원합니다.

저를 교회로 인도해준 동서와 말씀과 사랑으로 가르쳐주신 최 목사님과 교역자님들, 제자반과 다락방의 믿음의 형제들에게 감사드리고 하나님께 모든 영광을 드립니다. 감사합니다.

간증이 끝나면 그들에게 공감대가 형성되는 메시지를 이야기하듯이 무겁지 않게 전합니다. 본래 새신자가 교회를 나오면 우리가 교회 안에서 보통 쓰는 용어를 잘 못 알아듣기 마련입니다. '예수 그리스도'라는 말도 그들에게는 생소할 수 있습니다. "예수는 누구며 그리스도는 누구인가? 주는 또 무엇인가? 영생은 무엇이고 성령이나 아멘은 또 무슨 뜻인가?" 하는 의문들을 가질 수 있는 것입니다.

그러므로 전도설교는 이들이 알아들을 수 있도록 너무 종교적인 냄새를 풍기지 않으면서도 핵심을 놓치지 않도록 전해야 합니다. 처음부터 십자가나 부활을 말하면 안 됩니다. 그러니까 양념을 치는 겁니다. 양념을 어떤 것으로 택하는가가 문제입니다. 그러나 새신자가 듣기에 부담없는 말을 전하면서도 핵심을 잡아주는 것이 중요합니다. 한 번 듣고도 복음이 역사하도록 하는 것입니다.

지금까지 전한 전도 메시지가 적어도 70-80편은 되는데, 시기에 따라 어떤 양념을 쳤는가가 다를 뿐 핵심은 똑같습니다. 메시지는 각 집회 때마다 독립된 내용으로 약 40분 동안 전합니다. 어떤 시간에는 믿음에 초점을 두고 또 어떤 시간에는 사랑이나 십자가, 부활, 재림 등에 초점을 맞춥니다. 가장 중요하게 강조되는 주제는 결국 심판입니다. 다만 거기까지 가는 방법을 다양하게 하는 것일 뿐입니다.

전도집회에서는 무엇보다 전도설교가 중요합니다. 그래서 메시지를 전하는 목사인 저는 고민이 많습니다. 전도집회 날짜가 정해지고 나면 '마지못해 억지로 교회 나온 사람들에게 어떤 말을 전할까?'를 놓고 고민하기 시작합니다.

사실 IMF 시대가 되기 전까지만 해도 설교의 초점을 허무감이나 공허감 같은 데 맞췄습니다. 그때는 생활에서 그리 크게 답답한 게 없었기 때문입니다. 그런데 IMF 시대가 된 지금은 절망과 좌절 같은 주제에 초점을 맞춥니다. '98년 대각성전도집회 표어는 "예수! 인생의 소망"으로 정했습니다. 그래서 저는 여러 방면으로 독서를 하면서 지금 사회 속의 일반인들이 어디에 관심을 두고 있는가를 탐색해 그쪽으로 자연스럽게 접근해들어가려고 하지만, 아무튼 설교만큼은 참으로 어려운 작업임에는 틀림없습니다.

다음은 '97년 5월에 전했던 전도설교입니다. 죄의 문제에 대해 쉽게 접근하려고 노력했는데, 부족한 부분이 많겠지만 참고가 되실 분이 있을까 해서 실어보았습니다.

■ 왜 인간이 죄인입니까? (롬 3:10-18)

"기록한 바 의인은 없나니 하나도 없으며 깨닫는 자도 없고 하나님을 찾는 자도 없고 다 치우쳐 한 가지로 무익하게 되고 선을 행하는 자는 없나니 하나도 없도다 저희 목구멍은 열린 무덤이요 그 혀로는 속임을 베풀며 그 입술에는 독사의 독이 있고 그 입에는 저주와 악독이 가득하고 그 발은 피 흘리는 데 빠른지라 파멸과 고생이 그 길에 있어 평강의 길을 알지 못하였고 저희 눈 앞에 하나님을 두려워함이 없느니라 함과 같으니라."

일반적으로 세상의 많은 사람들은 죄라는 소리, 죄인이라는 소리를 듣기 싫어합니다. 그렇다면 죄가 뭐길래 그렇게 듣기 싫어할까요? 우선 죄가 무엇인지에 대해서부터 살펴보도록 합시다. 우리가 '죄' 라고 할 때는 여러 가지를 말할 수 있습니다. 행동으로 남을 해롭게 하거나 피해를 주는 것을 죄라고 볼 수 있습니다. 그런데 그와 같은 죄 말고 또 다른 죄가 있습니다. 어떤 사람이 말한 것처럼 죄를 죄라고 인정하지 않는 것이 가장 큰 죄인 것입니다. 죄를 죄라고 인정하면 그것은 작은 죄이고, 죄를 죄로 인정하지 않는 것이 더 큰 죄라고 하였습니다.

그런데 세상에 많은 사람들은 죄에 대해서 두 가지 척도를 가지고 있습니다. 하나는 자기 중심의 척도요, 또 다른 하나는 남을 평가하고 판단하는 척도입니다. 사람들은 이 두 가지 저울을 갖고 저울질하면서 죄에 대해 논하곤 합니다. 여러분, 문제는 여기에 있습니다.

어떤 여자가 운전을 하다가 골목길에서 막 튀어나오는 아이를 치었습니다. 그때 운전하던 여자의 반응이 어떤 줄 아십니까? "세상에 이럴 수가!" 깜짝 놀래가지고는 다음처럼 말합니다. "부모가 아이들 교육을 어떻게 시켰길래 자동차가 지나가는데 튀어나와서 나를 난처하게 만드냐?" 그런데 몇 년 후 이 여자의 아이가 사고를 만났습니다. 그러자 그녀는 노발대발하면서 "도대체 어떻게 운전을 했길래 우리 아이를 이렇게 만들어놓았냐? 보상도 싫다."며 막무가내로 제정신을 잃는 상황에 들어갔습니다.

여러분, 이것이 단순히 남의 이야기입니까? 공감이 가는 부분이 있을 것입니다. 우리는 얼마든지 이 부인처럼 행동할 수 있습니다. 그러므로 아무도 이 부인을 향해 정죄할 수 없습니다. 아무도 이 부인을 향해 지나치다고 말할 수 없는 것입니다. 사람은 누구나 자기 입장에서 모든 것을 생각하고 보기 때문입니다.

성경에는 죄에 대해 여러 곳에서 지적하고 있습니다. 로마서 1장 28절 이하에 보면 이렇게 말합니다. "또한 저희가 마음에 하나님 두기를 싫어하매 하나님께서 저희를 그 상실한 마음대로 내어버려두사 합당치 못한 일을 하게 하셨으니 곧 모든 불의, 추악, 탐욕, 악의가 가득한 자요 시기, 살인, 분쟁, 사기, 악독이 가득한 자요." 하고는 마지막에 무슨 말이 나온 줄 아십니까? "수군수군하는 자요."라고 나와 있습니다. 그런데 사실상 이 수군수군하는 것이 죄라는 것을 여기에 처음 오시는 분들은 잘 모르시고, 또 그런 죄를 안 짓고 계실지 모르겠습니다. 그런데 예수 믿는 사람들은 이 부분을 가장 비중 있게 다룬다는 사실을 아셔야 합니다. 왜냐하면 이것은 말로써 상대방에게 깊은 상처를 주는 것이기 때문입니다. 행동으로 죄를 범하는 그 이상으로 이 수군수군하는 것에 대해서 대단한 비중을 두고 경계하고 있습니다.

어떤 일본 작가가 그렇게 말했습니다. 일본 여인네들은 모이기만 하면 수군거리는 것이 주특기라고 말입니다. "그 아무개 아빠는 말이야, 바람둥이야, 바람둥이. 그 회사 여직원하고 섬씽이 있데. 그리고 그 사람 말이지, 대학 나왔다고 했는데, 아니야. 대학 중퇴한 사람이야. 그리고 그 옆집 여자 말이야. 너무 화장이 짙어. 그 사람하고 만나서 같이 걸어간다는 것이 창피할 지경이라니까. 아, 그 건넛집 아이는 문제아래. 학교에서 선생님도 감당못하는 문제아라는 거야. 아마 부모를 닮았나봐. 우리끼리 하는 말이지만 아줌마네 뒷집 부인 말이야, 남편을 턱으로 가리키며 말한데. 글쎄, 그 아줌마 아침마다 남편 배웅 나오는 것 봤어? 못 봤지…." 여러분, 이 수군거리는 것이야말로 인간의 본성을 드러내는 한 측면이 아닌가 생각합니다.

그런데 우리는 이것을 생각해야 합니다. 내가 어떤 사람에 대해서 수군수군하고 그 사람에 대해 험담하는 입장을 바꾸어놓고 생각해보면 내가 얼마나 불쾌할 것인가 말입니다. 그러나 우리는 전혀 이를 고려하지 않고 함부로 말을 합니다. 이것이 인간의 본성입니다. 왜 그렇겠습니까? 인간에게는 죄성이 있기 때문입니다. 인간은 그것을 스스로 즐기며 재미로 여기고 있습니다. 어떤 이는 남하고 험담하지 않으면 살맛이 나지 않는다고 말하기도 합니다. 그러나 남이 내 험담하는 얘기를 들었을 때는 불쾌해서 잠을 못 잡니다. 어떤 면에서는 밥맛도 잃어버릴 정도로 흥분합니다. 그렇다고 한다면 상대방에게도 수군거리지 말아야 하는데, 내가 하는 수군거림은 큰 문제로 삼지도 않으면서 나를 수군거린 사람에 대해서는 마음속에 분노와 증오심을 품습니다. 만나면 아예 외면하기도 합니다. 여러분, 이것이 죄라고 하는 것입니다.

그러나 아무도 자기 자신을 죄인이라고 생각하는 사람은 없습니다. 나는 다른 사람에게 손가락질 받을 그런 짓을 하지 않았다고 다들 생각합니다. 흔히들 내가 하면 '로맨스'고 남이 하면 '스캔들'이라는 말을 합니다. 남이 바람 피우는 걸 보면 "그 여자 암코양이 아니냐? 불여우 아니냐?"며 비방을 합니다. 그런데 정작 자신이 불륜을 저지르고 나면 "야, 정말 난 일생에 이와 같이 아름다운 사랑을 해본 적이 없어. 너무나 환상적이야, 환상적."이라고 말합니다. 남이 하는 것은 추하고 내가 하는 것은 환상적이요 아름다운 것입니다. 이것이 바로 두 가지 척도를 가진 인간의 본성인 것입니다. 이것이 죄성입니다.

성경에 이런 이야기가 있습니다. 한 동네에 부자와 가난뱅이가 있습니다. 부자는 소와 양을 많이 가지고 있고, 가난한 사람은 양 새끼 한 마리를 가지고 있습니다. 가난한 사람은 그 양 새끼 한 마리를 자녀처럼 애지중지 여겼습니다. 그러던 어느 날, 부잣집에 손님이 찾아왔습니다. 그러자 이 부자는 가난한 집에 있는 그 양을 뺏어다가 그 손님을 대접했습니다.

나단이란 사람은 이 이야기를 다윗 왕에게 고했습니다. 그러자 다윗 왕은 얼마나 진노를 했는지 그 사람은 죽어 마땅하다고 했습니다. 양을 4배나 물어줄 뿐 아니라 죽어 마땅하다고 말입니다. 그때 나단 선지자는 "당신이 바로 그 부자요!"라고 말합니다. 이는 성경에 있는 이야기입니다. 사무엘하 12장에 있습니다. 그 다윗 왕에게는 왕비가 있었고 후궁도 많습니다. 그는 그 당시 대국의 왕이었으니까요. 그런데 한 날 저녁 때에 옥상에서 바람을 쐬다가 그 궁 너머에 있는 어떤 집에서 한 여인이 목욕하고 있는 것을 보았습니다. 그는 그 여인을 보고는 탐이 나서 그 여인을 불러오게 했고, 그녀가 유부녀인 줄 알고도 동침을 했습니다. 그리고 그 여자가 임신하자 어떤 조치를 취했는지 아십니까? 그 유대나라의 법에는 남편 있는 여인을 취해서 문제가 있을 때는 누구나 정죄받아야 했기에 덕망스럽고 백성들에게 존경받던 다윗 왕조차 그 여자의 남편을 여러 방법을 동원해서 죽도록 만듭니다. 나단 선지자가 "당신이 바로 그 부자요!"라고 말한

데는 이런 이유가 들어 있습니다. 그 여자 밧세바를 취한 것은 가난한 사람에게 있는 양 한 마리를 뺏은 것이나 다름없다는 말입니다.

여러분은 어떠세요? 한번 자신의 죄성에 대해 냉철하게 평가해보십시오. 혹 남에 대해서는 냉철한데 자신에 대해서는 관대하지 않으셨는지요? 그 척도의 기준이 어떠한지, 나와 남에 대해서 다르게 적용되고 있지는 않은지 살펴보십시오. 나단의 말을 들은 다윗은 그 자리에서 굴복했습니다. 비록 죄를 짓긴 했지만 하나님 앞에서 베개에 눈물이 흥건하도록 울며 회개하고 돌아왔습니다. 그러자 하나님께서 용서하셨습니다. 그래서 다윗을 성경에서는 "이새의 아들 다윗을 보니 내 마음에 합한 자라."고 기록하고 있습니다. 그는 죄를 지어도 하나님께로 돌아오고 회개하는 자에게 주시는 놀라운 축복을 받았습니다.

그러나 다윗 같은 사람을 찾아보기가 쉽지 않습니다. 죄를 지어도 자기의 죄와 남의 죄를 똑같은 저울에 놓고 평가하지 않습니다. 따라서 자기 죄를 재는 척도와 남의 죄를 재는 척도가 다르다고 하는 것만큼 우리 인간이 죄인이라는 사실을 뚜렷하게 드러내는 것은 없는 것입니다. 어떠십니까? 여러분은 전혀 그렇지 않다고 말할 수 있으세요? 전혀 그렇지 않다고 말할 수 있다면 아마 다른 부분을 살펴보셔야 할 것입니다.

성실한 사람들은 불성실한 사람들에게 차별을 받습니다. 정직한 사람은 부정직한 사람들에게 따돌림을 받습니다. 외면을 당합니다. 어떤 면에서는 차별대우를 받습니다. 성실한 사람들이 대우받는 그런 세상보다는 오히려 성실하고 정직한 사람들이 더 멸시와 천대를 당하는 것이 오늘날의 세상입니다. 왜 그런 줄 아세요? 이것도 바로 이 세상이 죄인으로 구성되어 있다고 하는 증거입니다.

어떤 게으른 주부는 도무지 방을 정리 정돈할 줄 몰랐습니다. 그래서 그 집은 항상 엉망진창이었습니다. 그러나 그 주부는 아기 하나를 키운다는 변명으로 자신의 게으름을 합리화시키곤 했습니다. 그런데 이웃에 어떤 부지런한 사람이 이사를 왔는데 아이 셋을 연년생으로 키우는데도 그 집에 가보면 집이 항상 번들번들했습니다. 그러자 게으른 주부는 부지런한 주부를 어떻게 평가했는지 아십니까? 마음 가운데 벌써 거부반응이 일어났습니다. 시샘이 일어납니다. '저 여자만 아니었으면 난 변명이 통했을 텐데 저 여자 때문에 내 변명이 안 통한단 말이야.' 하고 그 여자를 미워합니다. 이것이 바로 자기 중심의 죄성인 것입니다.

여러분, 우리가 가만히 자신을 살펴보면 나는 전혀 법률적인 면에 하자가 없고 파출소에 한 번 간 일이 없다고 하지만, "나는 죄를 지은 일이 없다."고 말할 수 있는 사람이 한 사람도 없을 것입니다. 법에 저촉되는 죄, 즉 도둑질이나 살인이나 사기나 상해나 간통이나 선거법 위반 같은 것은 전혀 하지 않았다 할지라도 도덕적인 죄가 얼마나 많은지 모릅니다. 불친절한 것, 배신하는 것, 심술부리는 것, 신경질 내는 것, 생활 속에 폐를 끼치는 것… 이것이 다 하나님 앞에서는 죄가 되기 때문입니다.

이 '죄'라는 말은 본래 "과녁을 빗나갔다."는 뜻입니다. 하나님 중심의 생각에서 자기 중심으로 빗나간 것이 죄입니다. 그러나 우리는 교도소에 들어가 있는 사람만 죄인이라고 생각합니다. 그러나 여러분, 한번 엄밀히 생각해보십시오. 도둑질하는 사람이 죄인입니까? 악담하는 사람이 죄인입니까? 어느 쪽이 더 큰 죄라고 생각하십니까? 여러분, 어떻게 생각하세요? 도둑질은 당장 걸려 들어가서 형(刑)을 살 수가 있습니다. 그러나 악담 한 번 했다고 해서 그와 같은 법의 저촉을 받지는 않습니다. 그러나 거기에서 파장되는 영향은 도둑질보다도 악담이 훨씬 더 크다는 사실을 여러분 아십니까? 내가 한 험담으로 인해 억울한 소리를 들은 사람은 그 억울한 소리를 감당하지 못해 생을 포기하는 경우도 주위에 상당히 많다는 사실을 아십니까?

어떤 할머니가 계셨습니다. 이 할머니는 며느리가 하는 어떤 이야기를 들었습니다. 바로 "우리 집의 시어머니는 얼마나 식탐이 많은지 하루에 세

공기씩 밥을 퍼댄다.”는 소리를 듣고는 너무 충격을 받아 그 다음부터는 밥을 거절했습니다. 그래서 한 끼 두 끼 계속 오기로 거절했는데 그 원인을 모르는 며느리가 빌지를 않으니까, 계속해서 거절했습니다. 그러다가 돌아가셨어요. 며느리의 한 마디가 그 사람에게 치명적인 영향을 준 것입니다. 또 어떤 이들은 “누구누구는 스캔들이 있다.”며 허무맹랑한 소문을 퍼뜨리는 바람에 가정을 완전히 파괴시키기도 합니다.

여러분, 보십시오. 이런 경우에도 행동을 잘못하는 것만을 죄라고 말할 수 있습니까? 엄밀한 의미에서 보면 그보다 더 큰 죄가 이 입술로 짓는 죄인 것입니다. 그래서 성경은 이렇게 말합니다. 로마서 3:13에 “저희 목구멍은 열린 무덤이요 그 혀로는 속임을 베풀며 그 입술에는 독사의 독이 있고 그 입에는 저주와 악독이 가득하고…” 본래부터 범죄하고 하나님 앞에 불순종했던 아담의 후손인 우리는 원죄를 유산으로 받았기 때문에 어쩔 수 없이 이와 같은 존재에서 벗어날 방법이 없습니다. 어떤 통계에서는 정신박약아의 30퍼센트가 임신 3개월 미만에 정신적 충격을 받은 엄마의 아이라는 사실이 밝혀졌습니다. 어떤 시누이가 올케와 심한 갈등이 일어났습니다. 그래서 그 시누는 올케가 미워 자기 오빠의 총각 시절의 스캔들을 전부 다 이야기해버렸습니다. 그러면서 덧붙여 하는 말이 “불확실하지만 지금도 여전히 그 자매하고의 관계가 있다.”고 이야기해버렸습니다. 그때는 올케가 임신 3개월이 안 된 상태였는데, 그 말에 너무나 큰 충격을 받았습니다. 결국, 아이를 낳았는데 정신박약아를 낳게 되었습니다.

여기 계신 우리 형제들에게 부탁합니다. 또 가족들에게도 부탁합니다. 신부가 아이를 가졌을 때에 절대로 충격을 주지 말기를 바랍니다. 그리고 신부 역시 아기를 가졌을 때에 정말 은혜충만하시고, 방해 세력을 방어할 수 있는 능력을 키워야 합니다. 또한 본인 역시도 그런 죄성에 빠지지 않아야 됩니다.

우리는 얼마나 연약한 인간인지 모릅니다. 그래서 우리가 큰 비중을 두지 않고 있는, 말로 하는 죄의 파장은 어떤 면에서 행동으로 짓는 폭행보다도 훨씬 크다는 사실을 망각하기 쉽습니다.

뿐만이 아닙니다. 우리가 짓는 죄는 말에서만 그치는 것이 아닙니다. 성경은 행동이나 말로 짓는 죄보다 더 큰 죄가 있다고 말씀합니다. 그것이 무엇이겠습니까? 바로 생각으로 짓는 죄입니다. 하나님께서는 내가 누군가를 미워하고 증오한다면 그것이 곧 살인이라고 하셨습니다.

그런데 여러분, 누군가를 미워하게 되면 미움을 받는 사람이 손해보겠습니까? 미워하는 사람이 피해를 보겠습니까? 두말할 것도 없이 미워하는 사람이 손해를 봅니다. 그래서 예수 믿고 신앙생활 잘하는 사람은 미움과 증오를 해결할 수 있는 능력을 가지기 때문에 손해를 덜 봅니다. 원수까지 사랑할 수 있는 능력을 하나님께로부터 받는 것입니다. 하나님이신 예수님께서 친히 원수를 사랑하신 경험이 있으시기 때문에 그 능력을 우리에게 나누어주셨습니다. 그래서 우리는 그 능력을 받을 수 있습니다. 이 얼마나 큰 축복입니까? 생각으로 짓는 죄에 대해 성경에서는 또 이렇게 말씀합니다. "이성을 보고 음욕을 품는 자는 간음한 자다."라고 말입니다. 여러분, 여기에 해당되지 않는 분이 혹 계신가요? '나는 아무 문제가 없어. 나는 한 번도 수군수군한 일도 없고 악담한 일도 없어. 나는 마음으로 누구를 미워한 일도 없고, 음욕을 품은 일도 없어.' 혹 이런 분 계신가요? 아마 아무도 없으리라고 생각합니다. 만약에 있다고 한다면 그것은 거짓말입니다. 성경이 그렇게 말합니다. "의인은 없나니 하나도 없으며"(롬 3:10).

여러분, 좀 기분 나쁘시겠지만 이 자리에 계신 여러분과 저는 모두가 하나님 앞에서 죄인이라고 성경은 말합니다. 왜 죄인이겠습니까? 우선은 아담의 원죄가 우리에게 유전되었습니다. 그것을 자세히 설명하려면 길어지기 때문에 다 말할 수는 없지만 그로 말미암아 인간에게서 나타나는 증거가 있습니다. 신학적인 문제는 제외해놓고라도 나타나는 증거가 뚜렷합니다. 행동으로도 우리는 완벽하지 못합니다. 우리의 말도 완벽하지 못합니다. 우리의 생각은 더더욱 마음대로 조절하지 못합니다. 이것이 바로 인간의 한계이며, 이것이 바로 인간이 죄인이라는 사실을 보여줍니다.

그런데 여러분, 그러면 이 죄를 통해서 어떤 일이 일어나는 줄 아십니까? 이 죄라는 것을 품고 있으면 절대로 문제없이 지나가지 않습니다. 우선, 죄라는 사다리를 타고 올라가 세상에서 성공할 수 있습니다. 어떤 면에서는 명예가 있습니다. 권세도 잡습니다. 자기가 젊었을 때에 청운의 꿈을 꾸었던 그 비전이 이루어지는 성취가 있습니다. 하지만 이 죄를 해결하지 않고는 절대로 그는 성공자라 말할 수 없습니다.

반대로, 어떤 면에서는 인생에서 실패했다고 볼지 모르지만 이 죄 문제를 해결한 사람은 성공자라 말할 수 있습니다. 왜냐하면 이 죄라는 통로를 통해서 제일 먼저 오는 것이 하나님의 진노이기 때문입니다. 그래서 죄를 짓고 나면 양심의 가책과 불안이 오며 공포가 밀려옵니다. 이 불안과 공포야말로 죄로부터 오는 것입니다. 그런데 놀라운 것은 이 죄 문제를 해결하고 나면 세상에 두려움이 없어진다는 것입니다. 얼마나 신기한지 모릅니다. 우리는 모두 너무나 연약하고 연약한 존재이지만 이상하게도 죄 문제만 해결했다 하면 세상이 두렵지가 않은 것입니다. 거기서부터 기쁨과 평안이 넘치고 감격이 있습니다. 이것이 바로 예수 믿는 사람들의 축복입니다. 만사형통해서 부자가 되는 일은 나중의 문제입니다. 죽어서 천국 가는 것, 이것도 죽은 이후의 나중 문제입니다. 당장 오는 것이 있다면 그것은 세상에 대한 불안과 공포가 사라진다는 사실입니다. 할렐루야! 이것이 예수 믿는 사람의 가장 큰 축복입니다. 세상이 알지 못하는 평안이 있습니다. 기쁨이 있어요. 그래서 뭔지 모르지만 뭔가가 좋아집니다. 그리고 인생에 대한 목표가 생깁니다. 자신감도 생깁니다. 내가 하는 일에 대해서 하나님께서 나와 함께 하신다는 믿음이 있습니다.

그러나 여러분, 그렇게 죄 용서받은 사람들은 다시는 죄를 짓지 않을까요? 그렇지는 않습니다. 우리가 걸어다니면 먼지가 묻고 때가 묻듯이 우리는 연약한 인생이기 때문에 넘어지고 쓰러질 수 있는 가능성이 있습니다. 때문에 하나님을 믿는 사람들은 하나님을 의지할 수밖에 없습니다. 조금 전에 한 형제가 간증할 때, 제가 "형제님은 다시는 술독에 빠지지 않겠습니까?"라고 물었더니 "그러지 않도록 깨어 기도하고 있습니다."라고 대답하지 않았습니까? 바로 그런 겁니다. 깨어서 늘 하나님 앞에 의지하면서 사는 것, 이것이 믿음생활이에요. 그런 면에서 신앙생활은 불안하게 하는 것이 아닙니다. 기쁨과 감사 가운데 하는 것입니다.

그러기 위해 이 죄 문제는 해결해야 합니다. 죄 문제를 해결하지 않으면 그는 인생의 실패자입니다. 아무리 그가 이 세상에서 어떤 업적을 남겼다 할지라도 죄 문제를 해결하지 않으면 그는 인생의 가장 불쌍한 실패자의 자리에 서고 말 것입니다. 병을 고치려면 원인을 알아야 합니다. 많이 아픈 사람은 병명을 알아내기 위해 막대한 돈을 씁니다. 원인을 알아야 치료할 수 있기 때문입니다.

죄 문제 역시 마찬가지입니다. 이 죄 문제를 해결하기 위해서는 역시 원인을 알아야 하는 것입니다. 죄는 사실 너무나 많아 '오만 가지 죄'라는 말을 쓰기도 합니다. 오만 가지 죄…. 그렇습니다. 죄는 너무나 많습니다. 그런데 이 오만 가지 죄를 해결하는 것은 참 단순합니다. 왜냐하면 원인이 하나이기 때문입니다. 만약 문제는 하나인데 원인이 복잡하다면 문제 해결이 어렵겠지만, 문제가 아무리 많아도 원인이 단순하다면 문제를 해결하는 데는 전혀 어려움이 없습니다.

그렇다면 그 원인이 무엇이겠습니까? 그것은 바로 불신앙입니다. 따라 해 봅시다. "불신앙이다. 오만 가지 죄의 원인은 불신앙이다." 하나님을 믿지 아니하고 하나님에 대한 신뢰가 없고 믿음이 없는 것이 온갖 오만 가지 죄의 원인이라고 성경은 말하고 있습니다. 때문에 그 불신앙을 해결하면 오만 가지 죄를 다 해결하는 셈이 됩니다. 참 단순하지 않습니까? 이 성경이 아무리 두꺼워 보여도 성경의 내용에는 복잡한 것이 없습니다. 구약성경은 옛날 약속으로 아시면 되고, 신약성경은 새로운 약속으로 아시면 됩니다. 그래서 이 구약과 신약을 가리켜 황수관 박사는 뭐라고 그랬습니까? 인생을 성공적으로 살기 위해서는 건강의 비법을 배워야 하는데, 건강하게 살기 위한 두 가지 약이 있다면 바로 '구약'과 '신약'이라고 하지 않았습니까? 그런데 단순한 진리 하나가 있습니다. 구약도 신약도 바로 예수 그리스도로 시작해서 예수 그리스도로 끝난다는 사실입니다.

그렇습니다. 우리가 짓는 오만 가지 죄의 원인이 불신앙이라면 그 문제를 해결하기 위한 처방이 한 가지로 집약될 수 있습니다. 그 처방을 하나님께서 우리에게 주신 것 아닙니까? 그게 무엇이겠습니까? 바로 예수 그리스도이십니다.

구약성경에 보면 인간의 죄를 사하기 위한 제사법으로 속죄양의 피 흘리는 모습이 나옵니다. 이렇게 하는 이유는 죄의 삯이 사망이기 때문입니다. 이 죄의 통로를 통해 하나님의 진노, 즉 소위 말하는 세상의 액운들이 들어왔습니다. 그런데 사람들은 그 수많은 액운들, 즉 질병, 사고의 문제들을 부적 하나로 해결하려고 합니다. 또는 무슨 고행이나 참선을 통해 해결하려고도 합니다.

그러나 천만의 말씀입니다. 죄 하나만큼은 피를 흘려야 해결될 수 있습니다. 피 흘림이 없이는 죄 사함이 없다고 성경은 말하고 있습니다. 그 말은 무슨 뜻입니까? 곧, 죽어야 된다는 뜻입니다. 죄인은 죽어야만 그 죄값을 대신할 수 있다는 말입니다. 바다에 모래 한 알을 던져도 물 속에 가라앉고, 바위를 집어던져도 가라앉는 것처럼, 큰 죄고 작은 죄고 할 것 없이 모든 죄는 그 죄로 인해 하나님의 진노를 삽니다. 그리고 그 죄로 인해 죽어야 합니다. 그 죽음은 육신의 죽음뿐만 아니라 영원한 죽음까지로 몰고 갑니다. 이런 죄의 삯이 얼마나 무섭습니까? 그래서 우리를 너무나 사랑하시는 하나님께서 우리가 죄로 인해 멸망당하는 것을 그대로 볼 수 없어

아들 예수 그리스도를 이 땅에 보내신 것입니다. 그것이 바로 구원사역입니다. 우리의 속죄양으로 예수님께서 오신 것입니다. 죽어 마땅할 인간의 죄를 해결하기 위해 구약시대에 많은 소와 양을 잡아 피를 쏟게 하며 제사장이 "이 형제의 죄를 대신해서 양이 죽으니 이 피를 받으시고 이 형제를 용서하옵소서."라고 제사를 지내야 했던 것처럼, 하나님께서는 예수 그리스도를 이 땅에 보내셔서 우리 대신 피 흘리도록 하신 것입니다.

그러므로 예수님께서 이 땅에 오신 것은 무슨 도를 설파하기 위해 오신 게 아닙니다. 십자가에서 죽기 위해 오신 것입니다. 그리고 죽으실 때 무엇이라고 말씀하시며 죽으셨는지 아십니까? "다 이루었다."고 하셨습니다. 무엇을 다 이루었다는 뜻일까요? 세상 죄를 지고 가는 속죄양, 즉 죄를 대신 받는 책임을 다했다는 뜻입니다. 그리고 3일 만에 부활하셨습니다. 그리고 그 죽음과 부활을 받아들이는 자에게 하나님께서 언약하셨습니다. 그것이 약속입니다. 불변하시는 하나님, 우리를 사랑하시는 하나님께서 우리 인간과 언약하신 것입니다. 너무나 많은 죄를 범할 수밖에 없고 연약하디 연약해서 언제나 하나님을 배반하고 남을 괴롭히며, 자기중심의 이중 잣대를 가지고 죄의 척도를 재면서 자기중심적으로 사는 모든 인간을 구원하시기 위해서 약속하셨습니다. 이는 사람에게 무언가 선행이 있고 그에게 무언가 자비를 베풀 만한 근거가 있었기 때문이 아닙니다. 우리가 죄인이었을 때에, 하나님과 원수 되었을 때에 하나님께서는 우리를 사랑하시는 마음 때문에 당신의 아들을 세상에 보내셔서 속죄양으로 십자가에 죽게 하신 것입니다. 이것이 바로 하나님의 사랑입니다. 얼마나 놀라운 사랑입니까? 이 사랑 때문에 우리는 모든 죄를 사함 받을 수 있는 길이 열린 것입니다.

그래서 주님께서 말씀하셨습니다. "내가 곧 길이요 진리요 생명이니 나로 말미암지 않고는 아버지께로 올 자가 없느니라"(요 14:6). 죄 사함 받는 길은 오직 예수 그리스도의 피 흘리심의 공로, 그 하나밖에 없다는 사실입니다! 그것을 믿음으로 받는 것이 중요합니다. 예수님께서는 여러분에게 고행을 하라고 하지 않으십니다. 도 닦으라고 하지 않으셨습니다. 그저 예수님을 믿어 이 불신앙만 해결하면 죄를 용서해주시겠다는 것입니다. 그래서 얼마나 많은 사람들이 역사에서 그 무서운 죄들을 다 해결함 받았는지 모릅니다. 얼마나 많은 사람들이 그 죄를 해결하고 하나님의 자녀로서 평화와 기쁨과 감격을 갖고 세상을 살았는지 모릅니다.

그러므로 회개하고 예수님을 믿은 후 또 다시 죄를 짓게 될 경우 언제든지 하나님께로 나아가 죄를 회개하면 용서받으실 수 있습니다. 왜냐하면 하나님 앞에 돌아와 주님을 믿는 자에게는 하나님의 자녀가 되는 축복을 주셨고, 그 축복을 누리는 우리는 이미 하나님의 아들 딸로 인정받은 자들이 되었기 때문입니다. 따라서 우리가 잘못한 일이 있을 때마다 "하나님, 잘못했습니다. 다시는 그러지 않겠습니다. 용서해주십시오." 하고 용서를 구하면 죄 사함을 받을 수 있습니다. 마치 우리의 자녀들이 진심으로 우리 앞에 와서 "아빠 엄마, 잘못했어요. 다시는 안 그럴 게요."라고 울며 용서를 구하면 기꺼이 용서해주는 이치와 같습니다.

그러나 불신앙을 해결하지 않으면 근본적인 죄를 해결하지 않은 것이기 때문에 아무리 하나님을 불러도 하나님께서는 외면하십니다. 하나님께서 듣지 않으시는 것입니다. 예수 안 믿는 사람도 급한 일이 생기면 "아이고, 하나님." 하며 하나님을 찾습니다만, 하나님께서는 그 기도를 들으시려고 하지 않으십니다. 불신앙의 문제가 해결되지 않았기 때문입니다.

사랑하는 형제 자매 여러분, 여러분의 인생은 한 번밖에 존재하지 않습니다. 연습하고 사는 인생이 아닙니다. 이것은 심각한 문제입니다.

어떻습니까? 여러분, 여러분은 한 번밖에 없는 인생에서 죄의 문제를 해결하고 살아가고 싶습니까? 예수 그리스도 안에는 우리 일생의 죄, 앞으로의 죄까지 다 해결할 수 있는 길이 있습니다. 예수 그리스도 그분을 받아들이십시오. 세상의 어떤 종교도 죄는 해결 못합니다. 왜냐하면 같은 인간이 인간의 죄를 해결할 순 없기 때문입니다. 저 태평양 바다에 빠져 있는 조난자가 "내가 너를 구원하겠다."고 어떻게 말할 수 있겠습니까? 같이 사형선고를 받은 죄수가 "내가 너를 구원하겠다."고 어떻게 말할 수 있습니까? 반드시 밖에서 '구원선'이 와야 살 수가 있는 것입니다. 그 구원선이 바로 하나님께서 보내신 예수 그리스도이십니다. 예수 그리스도가 모든 인류의 죄를 짊어지고 죽으셨습니다. 그것을 믿는 자에게 하나님께서 약속하셨습니다. 모든 죄를 사해주시고 당신의 자녀를 삼아주시겠다고 말입니다.

그 약속이 여러분 모두에게 효력이 있기를 바랍니다. 일단 죄 사함 받은 하나님의 자녀들은 하나님께서 그 삶을 선하게 인도하십니다. 기가 막힌 데로 인도하십니다. 그 인도하심의 결국은 저 최후에는 하나님나라요, 이 땅 위에 사는 동안은 하나님께서 그의 삶을 통해 보람과 가치와 축복을 담아주십니다. 하나님의 뜻을 이루게 하시는 것입니다. 그래서 예수 믿는 사람들은 하나님의 길을 따라서 가는 길이 비록 좁은 길이더라도 기뻐하면서 찬송하면서 갈 수 있는 것입니다. 고난의 길을 가면서도 기뻐하며 찬송하며 갈 수 있는 것입니다. 왜냐하면 너무나 보람되고 가치있는 길이기 때문입니다. 그것이 그에게 참된 행복이기 때문인 것입니다.

여러분, 내가 아무리 죄인이 아니라고 해도 하나님께서는 죄인이라고 말씀하십니다. 때문에 그 죄를 해결하지 않고는 절대로 성공적인 삶을 살 수가 없습니다. 여러분은 자손 대대에 축복을 나누어주기를 원합니까? 그렇다면 죄 문제를 먼저 해결하십시오. 그 죄 문제를 해결하는 것은 너무나 단순합니다. "오, 하나님, 나는 죄인입니다."라고 고백하는 것밖에 없습니다. 그리고 "속죄양으로 보내주신 예수 그리스도. 내가 잘 이해는 안 되지만 나는 그 분을 내 맘에 영접합니다. 모시겠습니다. 그리고 이제는 불신앙에서 벗어나서 하나님을 믿겠습니다."라고 고백하면 됩니다. 이 한 마디의 고백으로 하나님께서는 여러분을 품에 안으시고 여러분의 죄를 용서해주시며 여러분을 하나님 당신의 자녀로 삼아주시는 축복을 주실 것입니다. 여러분에게 그와 같은 축복이 오늘밤에 일어나기를 주의 이름으로 기원합니다.

우리 찬송 하나 하겠습니다. "인생길 험하고 마음 지쳐 살아갈 용기 없어질 때 너 홀로 앉아서 탄식치 말고 예수님 품으로 나오시오." 이 찬송을 부르시고 난 뒤에 결단하는 시간 되기를 바랍니다.

- 제10회 대각성전도집회('97. 5. 26 밤)

대각성 전도집회 설교제목

제1회 (1988. 4. 10-13)

10 주일, 낮	주님을 사랑하십니까? (요 21:1-17)	10 주일, 밤	지혜자가 본 인생 (전 1:12-18)
11 월, 낮	하나님의 진단	11 월, 밤	거듭나야 합니다 (요 3:1-16)
12 화, 낮	하나님의 평가	12 화, 밤	사랑은 여기 있으니 (요일 4:10)
13 수, 낮	하나님의 처방	13 수, 밤	우리를 찾아오신 예수 (요 4:5-14)

제2회 (1989. 4. 23-26) 생명의 주 예수께 오라!

23 주일, 낮	백성을 구원한 놋뱀 (민 21:4-9)	23 주일, 밤	당신의 현주소는 어딘가? (눅 15:11-24)
24 월, 낮	당신에게 구원이 필요한 것을 아십니까?	24 월, 밤	현존하는 천국과 지옥 (눅 16:19-31)
25 화, 낮	예수만이 구원자인 것을 아십니까?	25 화, 밤	죄인과 예수님 (눅 19:1-10)
26 수, 낮	믿음으로만 구원(영생) 받는 것을 아십니까?	26 수, 밤	종말은 준비했는가? (눅 21:25-36)

제3회 (1990. 4. 22-25) 구원의 주 예수께 오라!

22 주일, 낮	노하시는 하나님 (요 3:35-36)	22 주일, 밤	구원에 대한 오해 (막 10:17-22,30)
23 월, 낮	인간으로 오신 성자 예수님	23 월, 밤	예수없는 가정의 위기 (엡 5:18-33)
24 화, 낮	죽기 위해 오신 예수 그리스도	24 화, 밤	예수 이름의 능력 (행 4:5-12)
25 수, 낮	죽었다가 다시 사신 예수 그리스도	25 수, 밤	다시 오실 예수 그리스도 (벧후 3:3-13)

제4회 (1991. 4. 7-10) 사랑의 주 예수께 오라!

7 주일, 낮	새로운 출발 (눅 15:11-32)	7 주일, 밤	하나님과 화목하라 (골 1:19-23)
8 월, 낮	당신은 예수님을 믿으셔야 합니다.	8 월, 밤	예수님과 축복된 가정 (엡 5:22-27)
9 화, 낮	당신은 하나님과의 관계를 아셔야 합니다.	9 화, 밤	은혜의 복음 (롬 5:19-21)
10 수, 낮	당신은 하나님을 만나셔야 합니다.	10 수, 밤	그날이 오면 (계 20:12-15 ; 마 25:31-46)

제5회 (1992. 4. 5-8) 소망의 주 예수께 오라!

5 주일, 낮	주님을 만난 나다나엘 (요 1:43-51)	5 주일, 밤	구원의 시금석 (롬 9:30-33)
6 월, 낮	단순한 믿음 (막 5:25-34)	6 월, 밤	구원의 길 (롬 3:19-26)
7 화, 낮	인생의 갈증과 예수 (요 4:3-19)	7 화, 밤	영원한 속죄의 피 (히 9:11-15)
8 수, 낮	내일이면 늦으리 (눅 16:19-31)	8 수, 밤	용서받은 죄 많은 여인 (눅 7:36-50)

제6회 (1993. 5. 23-26) 생명의 주 예수께 오라!

23 주일, 낮	생명나무 (창 2:4-17)	23 주일, 밤	다시 태어나야(거듭나야) 합니다(요 3:1-18)
24 월, 낮	당신을 사랑하시는 하나님 (요 1:1-14)	24 월, 밤	죄의 권세와 은혜의 권능 (롬 5:17-21)
25 화, 낮	좋은 소식과 나쁜 소식 (롬 5:8-11)	25 화, 밤	그리스도의 의의 옷 (갈 2:15-16)
26 수, 낮	영생의 선물 (엡 2:8-9)	26 수, 밤	그리스도의 피의 효력 마 26:28 ; 히 9:22)

제7회 (1994. 5. 8-11) 부활의 주 예수께 오라!

8 주일, 낮	예수님의 첫번째 사역은 가정이셨다(요 2:1-11)	8 주일, 밤	구원 받을 표준 믿음 (롬 4:18-25)
9 월, 낮	새로운 세계를 발견한 여인 (요 4:3-9)	9 월, 밤	예수를 믿어야 할 절대적 이유(요일 1:1-4)
10 화, 낮	단순한 믿음에 놀라운 축복 (막 5:25-34)	10 화, 밤	변화된 삶을 바라지 않겠는가?(눅 19:1-10)
11 수, 낮	죄사함 받고 의인된 기쁨을 아는가?(요 8:1-11)	11 수, 밤	당신의 임종 때 할 말은 무엇인가?(딤후 4:6-8)

제8회 (1995. 6. 18-21) 피난처 되신 예수께 오라!

		18 주일, 밤	다시 태어날 수 있습니다 (전 1:12-18)
19 월, 낮	믿음으로 구원받고 믿음으로 살아야(갈 2:16)	19 월, 밤	죽음 후의 세계를 확인하십시오(묵 16:1-8)
20 화, 낮	심판날이 가까웠습니다 (벧후 3:3-13)	20 화, 밤	살아계신 예수님을 믿으세요(막 16:1-18)
21 수, 낮	당신도 주님의 용서가 필요합니다(요 8:1-11)	21 수, 밤	하나님께서 보내신 유일한 구원자(요 14:6 ; 행 4:12)

제9회 (1996. 5. 19-22) 위로자 되신 예수께 오라!

19 주일, 낮	교회는 잔칫집입니다 (마 22:1-14)	19 주일, 밤	하나님에게서 태어난 자 (요 1:1-14)
20 월, 낮	개종에 불안을 갖고 계십니까?(요 17:22-31)	20 월, 밤	기독교와 고통의 문제 (고후 1:3-9)
21 화, 낮	인생의 방황을 끝낸 사람 (요 3:1-15)	21 화, 밤	기독교와 조상 제사 (고전 10:20-21)
22 수, 낮	믿는 자는 영생을 얻으리라 (요 3:16-21)	22 수, 밤	운명을 바꾼 사람 (눅 19:1-10 ; 고후 5:14-17)

제10회 (1997. 5. 25-28) 평안의 주 예수께 오라

		25 주일, 밤	당신은 무신론자입니까? (시 14:1-3)
26 월, 낮	질그릇같이 연약한 인생이지만(고후 4:7-9)	26 월, 밤	왜 인간이 죄인입니까? (롬 3:10-18)
27 화, 낮	보람되고 환희에 찬 인생인데(고후 5:14-17)	27 화, 밤	예수님, 하나님의 아들입니다 (마 16:13-17)
28 수, 낮	성경, 복된 인생의 안내서(딤후 3:15-17)	28 수, 밤	기독교와 참된 자유 인생 (갈 5:1-1,3)

냉담자도 포기하지 않는다

대시지를 전한 뒤 처음엔 강단 앞쪽으로 걸어나오게 초청하는 형식으로 결신을 시켰습니다. 그런데 이것이 형식적으로 느껴져서인지 어려워하는 사람들이 있는 것 같아서 지금은 나눠준 전도책자에 자신의 결신 여부를 쓰라고 합니다. 긍정적인 반응이나 결신, 그리고 전화나 편지를 보내달라는 등의 반응을 동그라미 표시로 나타내게 하고, 주소도 함께 써넣게 합니다. 조급한 마음으로 복음초대(calling)를 하는 것보다 믿을 마음이 생기는 대로 인격적인 접근을 시도하는 것이 더 나은 방법으로 여겨졌기 때문입니다(아래 편지와 개인 기록 카드 참조).

■ **결신편지**

님 귀하

반갑습니다.

좋으신 하나님께서 베풀어주시는 은총이 귀하와 귀하의 가정에 가득하시기를 바랍니다.

귀하께서 저희 새중앙교회 대각성전도집회에 참석해주심에 깊은 감사를 드립니다.

특별히 귀하께서는 이번 집회중에 복음을 통해서 마음의 문을 여시고 예수 그리스도를 믿기로 결심하셨습니다.

이제 하나님의 자녀가 되셨기에 귀하와 귀하의 가정은 주님의 풍성한 사랑 안에서 기쁨과 평안과 축복의 삶을 누리게 되실 것을 믿습니다.

이제부터 귀하의 신앙의 요람인 교회에 계속 나오셔서 하나님의 말씀을 통하여 더욱더 주님의 사랑을 확인하시고 감격하시는 나날이 되시기를 바랍니다.

이미 영광스런 새출발을 하신 귀하의 믿음생활이 주일예배 시간을 통하여 더욱 견고해지시기를 원합니다.

주일예배 시간은 오전 8시, 10시 그리고 12시입니다. 편리한 시간을 택하시어 참석해주시기를 바랍니다.

새중앙교회는 귀하의 믿음 생활을 위하여 최선을 다할 것입니다.

이번 주일 기쁜 마음으로 만나 뵙겠습니다.

199 .
부산새중앙교회
담임목사 **최 홍 준** 드림

개인 기록 카드

NO. 대각성

성명 :

전화 :

주소 :　　　구　　　동　　번지(/)
　　　　　　구　　　동　　아파트　　동　　호

인도자 :

1. 오늘부터 예수님을 믿기로 결심합니다.

2. 교회에 나오고 싶은 마음이 생깁니다.

3. 전화나 편지하여 주시면 좋겠습니다.

(해당하는 항목 번호에 동그라미 표 해주십시오.)

199 년　월　일(낮, 밤)

대개 사람들은 첫날에 나와서 매력을 느끼는 경우 사흘 동안 모두 다 나오기도 합니다. 어떤 사람은 한 번만 나오고 안 나오는 사람도 있고, 세 번이나 네 번 정도 연이어 나오는 사람도 있습니다. 한 번 집회에 참석해서 결신한 사람은 그 다음 집회 때부터는 따로 결신하지 않습니다. 다만, 불신자를 처음 인도해온 사람이 그를 집회가 끝날 때까지 데리고 오도록 계속 격려해줍니다. '97년 집회에서는 긍정적인 반응을 보인 사람이 650명, 결신자가 400명 정도 되었습니다. 한 번의 집회에 거의 40퍼센트 가까운 사람들이 결신을 합니다. 물론 결신자가 꼭 등록하는 것은 아닙니다.

참석자와 결신자들에 대한 사후처리는 모두 열매를 거두는 차원에서 이루어집니다. 집회가 끝난 뒤 교회에 나오지 않는 사람은 본격적인 전도폭발 대상이 되며, 그들에게는 계속해서 이슬비전도편지를 보냅니다. 그리고 나서 다락방으로 인도하는데, 집회 뒤 1년 동안은 해당 구역에서 순장을 중심으로 그 사람을 맡아 돌보며 차츰 정착시켜나갑니다. 집회에서 냉담한 반응을 보인 사람에게도 한 번 왔다 간 사람이므로 놓치지 않고 타깃으로 삼아 사후관리에 힘씁니다.

이렇게 이모저모로 씨를 뿌려놓으면 늦게까지라도 서서히 열매를 거두게 됩니다. 어떤 경우에는 3, 4년 전에 대각성집회를 다녀간 사람이 새삼 등록해오는 일도 있습니다. 집회가 끝나고도 3, 4년 후까지 계속 그 사람을 놓지 않고 관계를 맺어오기 때문입니다.

오랜 시간을 두고라도 전도해서 한 영혼이라도 건질 수 있다면 손해보는 것이 아니라고 생각합니다. 투자하는 것도 크게 없이, 상을 주거나 널리 포스터로 알리는 일도 아니지만, 사람을 통해 하는 일이어서 결국 새로운 생명으로 열매가 나타나는 것 같습니다.

집회를 통해 결신한 새신자들은 교회에 나오면 우선 5주 과정으로 되어 있는 새가족반을 거치게 하는데, 이때 전도와 새가족반의 긴밀한 연계가 중요합니다. 보통 많은 교회들을 보면 새신자들을 위한 전략이 빈약합니다. 그러니까 교회가 밑 빠진 독처럼 성장이 더딜 수밖에 없는 것입니다.

　새가족반 5주 과정을 마치면 '기독교가 이런 것이구나. 신앙생활은 이렇게 하는 것이구나.' 알게 되고 신앙생활의 방향이 결정됩니다. 그리고 새신자들은 한 사람도 빠짐없이 제가 다 직접 인터뷰를 합니다. 신앙생활의 기초가 잘못 잡히면 신앙생활보다 더 힘든 일도 없기 때문입니다. 그러나 처음부터 잘 인도받으면 날마다 보람있고 기쁜 생활을 할 수 있습니다.

기신자에게 더 유익한 대각성집회

한 가지 놀라운 점은 대각성전도집회가 새신자들에게만 유익한 것이 아니라는 사실입니다. 불신자들과 기존신자들이 집회에 함께 참석함으로써 기존신자들에게도 복음이 새롭게 들려지는 계기가 되기 때문입니다. 그래서 때로는 장로님들이 집회기간을 좀더 연장하자는 제안을 하기도 합니다. 늘 듣던 복음인데도 모두 참 새롭다고들 감탄하는 것입니다. 이렇게 한 해에 한 번씩 기존신자들이 복음의 능력에 접하게 되어서 그들이 너무 좋아하는 것을 봅니다. 교회에 복음의 잔치가 벌어져 축제 분위기가 되는 것입니다.

이때마다 깨닫게 되는 것은 기존 성도들을 새롭게 하는 것은 역시 복음밖에 없다는 사실입니다. 그들의 묵은 마음이 기경(起耕)되고 새로워집니다. 집회중에 눈물을 철철 흘리기도 합니다. 옆에 앉은 불신자들이 결신하는 것을 보고는 자신들도 은혜를 받고 좋아하는 겁니다. 이런 감동과 은혜는 전도집회에 참석해본 사람만이 압니다. 기존 성도들이 집회를 준비하는 가운데 전도하면서 각성하고, 직접 집회에 참석하면서 각성하는 이것이 바로 대각성입니다.

　그러므로 집회 때에는 온 교인이 치유받고 하나가 되는 모습이 역력히 나타납니다. 이런 전도집회는 전교회적인 수련회와도 격이 좀 다릅니다. 수련회 때도 새신자들을 데리고 오는 경우가 있지만, 일부 청년·청소년 층에 국한됩니다. 어른들이 새신자들을 데리고 오는 경우는 거의 없습니다. 그런데 이 전도집회에는 매집회 때마다 새신자들이 한 번에 150명, 200명씩 찾아옵니다. 이들이 처음에는 별로 반응을 보이지 않다가 하루 이틀 시간이 지나면서 마음이 뜨거워지고, 나중에는 눈물을 흘리며 결신 하는 모습을 직접 지켜보며 자신들도 감격스러워지는 것입니다.

　교회사적으로도 미국의 무디를 통해서 일어났던 부흥운동 같은 것은 전 세계적으로 번져나간 대각성운동이었습니다. 이처럼, 대각성운동은 율법 화되고 윤리도덕화 되어버린 형식적인 종교생활이 복음을 통해 갱신되는 운동입니다. 기존교인들이 새로워지는 가운데 뜨겁게 다시 헌신하면서 전 도열정이 생기게 되었고, 그들이 모여서 복음을 증거할 때 온 미국과 전세 계에 대각성부흥이 일어났던 것입니다. 핵심은 복음의 능력이었습니다. 주님이 오실 때까지 복음을 통한 대각성 부흥운동의 맥이 끊겨서는 안 된 다고 생각합니다.

"네가 낳고 네가 길러라"

가끔 제자훈련하는 교회만 이런 전도집회를 할 수 있는 것처럼 오해하는 사람들이 있습니다. 그러나 대각성전도집회는 제자훈련의 바탕이 철저히 준비되지 않아도 곧바로 시작할 수 있습니다. 제가 '87년 새중앙교회에 부임해서 1년 만인 '88년에 대각성전도집회를 시작했으니까 우리 교회 역시 제자훈련이 전혀 안 되어 있는 상태에서 시작했습니다. 오직 복음의 능력 때문에 이 모든 것이 가능했습니다.

그런데 대각성전도집회는 보통의 부흥회와는 그 성격이 다릅니다. 그런 면에서 우리 교회에서도 부흥회에는 외부에서 다른 목사가 강사로 오는데, 담임목사가 직접 집회를 인도한다는 걸 처음에는 잘 이해하지 못했습니다. 부흥회와 비슷하게 하는 듯한데, 내용이 완전히 다릅니다. "믿습니까?" 이런 소리 한 번 나오지 않았으니 의아스러울 수밖에 없었던 것입니다. 그러나 새신자들에게 믿느냐는 말 한 번 하지 않고도 전도설교를 할 수 있어야 합니다. 복음을 전할 수 있어야 하는 것입니다.

제가 우리 교회를 공개하고자 하는 이유는 전통교회의 제자훈련과 대각성전도집회를 어떻게 접목시키는가 하는 문제에 대해 목회자들의 관심이 높다는 것을 알았기 때문입니다. 여기에 대한 자료는 그리 특별한 것이 없습니다. 누구든지 영혼 구원에 대한 열정을 갖고 관심만 두면 실행할 수 있는 일입니다.

가끔씩은 다른 교회에서 제게 대각성전도집회에 와서 전도설교를 해달라는 요청이 들어옵니다만, 그때마다 저는 다 거절합니다. "네가 낳고 네가 길러라."는 뜻에서입니다. 복음설교도 하고 집회 계획도 스스로 짜보는 경험들이 모든 목회자들에게 필요한 것입니다. 처음엔 잘 안 되는 듯해도 자꾸 해보면 잘 할 수 있습니다.

그러나 통계적으로 대각성전도집회를 하려는 교회 가운데 50퍼센트가 실패한다고 합니다. 목사가 복음설교를 잘 못한다는 것이 그 이유였습니다. 이것은 모두 훈련이 부족한 탓입니다. 처음부터 복음설교를 잘 할 수는 없다 하더라도 계속 연구하면서 전해보면 잘 할 수 있습니다. 이때 중요한 것은 전도집회 시기를 발표하고 계속 교회가 그 한 방향으로 나아가야 한다는 사실입니다. 결국 행사가 이끌어가는 교회가 아니라 목적이 이끌어가는 교회가 되는 것입니다.

처음 대각성전도집회를 시작할 때는 너무 교회성장에만 초점을 맞춘 것이 아닌가 하는 오해들을 했습니다. 그러나 훈련된 제자들이 많은 교회가 좋은 점이 하나 있습니다. 그것은 교회에 사람들이 차고 넘치고 터져나가도 전도는 해야 한다는 생각을 제자들은 가지고 있다는 점입니다. 전도해서 다른 교회에 보내주는 한이 있더라도 말입니다. 제자훈련 과정을 거치며 전도는 우리 그리스도인이 평생을 쉬지 않고 해야 하는 일이라는 것을 알게 되기 때문입니다. 다음은 훈련받은 성도가 평소 전도를 위하여 불신자들과 접촉해오다가 대각성전도집회를 통하여 열매를 맺게 된 과정을 담은 전도보고서와, 대각성전도집회 준비 과정 및 일정을 일목요연하게 모아본 내용입니다.

■ 전도보고서1

KMS 집사

LHS 자매는 저와 같은 아파트 라인에 사는 이웃입니다. 그분은 몸이 불편하신 이머니로 인해 바깥 출입이나 이웃과 친해질 수 있는 기회가 없었는데 엘리베이터를 같이 타고 간혹 반상회에서 만나보면 늘 멋쟁이 차림의 좋은 인상으로 기억되는 분이었습니다.

그런데 대각성 전도집회를 앞두고 전도 대상자를 정하기 위해 기도하던 중 계속 그 자매가 떠올라 '603호 아줌마'로 적어놓고 기도하기 시작했습니다. 그러면서 약간의 교제를 갖게 되었고 '95년 대각성 전도집회 때는 맘 먹고 교회에서 주는 초청장을 들고 책 한 권을 사서 찾아갔는데, 자매는 한 번 가 보겠다고 했습니다. 저는 의외로 쉽게 초청에 응한 것만도 너무나 기뻐 자매를 위해 계속 기도해야겠다고 다짐했습니다.

한 번 오겠다고 약속한 자매는 두 번이나 출석하여 복음을 들었습니다. 그러나 그 자매는 가까운 친척 한 분이 교회에 다니는데 모든 면에서 인색하고 덕이 안 되는 바람에 남편이 교회 가는 것을 허락지 않는다는 이유로 교회에 나올 수 없다고 했습니다. 그래서 저도 대각성전도집회 후에는 신앙생활을 적극적으로 권할 수가 없었습니다.

그러나 계속적인 접촉을 가지다보니 자매의 여러 가지 고민도 알게 되었고, 그 가슴속에 깃든 허무함이 얼마나 많은지도 알게 되었습니다. '그래. 그런 멋쟁이도 하나님을 모르니 만족이 없구나! 빨리 교회로 인도해야겠다.'고 생각한 저는 마음을 바꿔, 늘 진취적이고 전도 잘하는 최 집사님과 의논하고 합심기도를 모으며 생각한 결과, 시간을 정하여 방문해서 바로 복음을 전하자고 작심하기에 이르렀습니다.

곧 방문이 이루어졌습니다. 우리는 예수 그리스도의 십자가 사건을 그분에게 전하며 신앙생활을 함께 하자고 적극적으로 권했습니다. 그 결과, 자매를 교회에 등록시킬 수 있었고, 최 집사와 함께 몇 번의 식사를 하는 가운데 교제를 터 새가족반을 소개하고 다락방에 참석시켰습니다. 몇 번의 예배 참석과 새가족반이 이어지며 자매는 몰라보게 달라졌습니다. 아들(AKM, 고1)도 고등부에 출석시키고 남편에게도 신앙생활에 방해하지 말라며 못 박게 되었습니다. 자매의 완고한 남편은 처음에는 교회 출석을 허락했다가 요즘에는 이것저것 트집을 잡아 예배에 참석 못하게 한다고 합니다. 이런 상황에서는 우리의 든든한 힘이 되시는 하나님께 부탁할 수밖에 없어 다락방에서 자매의 가정과 자매 자신의 신앙적 결단을 위해 합심하여 계속 기도하고 있습니다. 하나님께 기도하기 시작했을 때 이미 하나님은 우리의 바람과 필요를 다 아시고 이 모양 저 모양으로 예비해주심을 자매를 통해서 또 한 번 체험할 수 있는 기회가 주어진 것입니다.

새로운 가족을 위해 새가족반을 개설해서 장미꽃 한 송이와 따뜻한 미소의 선물을 이웃에게 드리는 일, 예수님의 제자로서의 삶을 가르치기 위해 제자훈련을 하고 또 다른 사람들을 세우기 위해 사역반 훈련과 전도폭발 훈련을 받는 일, 심도있는 성경공부를 통해 하나님을 깊이있게 알게 하는 크로스웨이 성경공부를 하는 일이 얼마나 즐겁고 감사한지 모릅니다. 또한, 성경공부를 통한 교제와 삶의 적용으로 이어지는 다락방, 교역자님들의 세심하신 섬김은 그리스도인으로 성장 발전시키기에 참으로 좋은 텃밭이 되며 이렇게 좋은 배려가 있는 교회가 있는 한 새가족은 계속 이어지리라 확신합니다.

그래서 저희들은 씨앗을 뿌리는 농부의 심정으로 삼성 아파트 전체를 두고 C, K 집사와 함께 합심하여 기도하고 있습니다(당리 삼성 다락방의 거룩한 욕심. 1,2 라인과 5,6 라인은 K 집사, 3,4 라인과 7,8 라인은 B 집사, 9,10 라인과 11,12 라인은 C 집사가 맡고 13,14는 공동으로 맡는다는 것입니다.)

"삼성 아파트를 주신 하나님 감사합니다. 이 아파트가 복음화 되기 전에는 아프지도 말고 병들지도 말고 죽지도 말게 하소서!"

■ 전도보고서2

K 집사

저는 생활주변에서 많은 사람들을 만나게 됩니다. 그중에서도 유독 전도하고 싶은 마음이 드는 사람이 있습니다. 이들에게 이슬비전도편지를 보내고 전화하며 꾸준히 관심을 갖게 했다가 1년에 한 차례씩 열리는 대각성전도집회에 초청해서 예수를 믿게 합니다. 금년 대각성전도집회를 앞두고는 130여 명에게 전도편지를 쓰고 초청장과 함께 발송하고 전화해서 전도집회에 한번 참여할 것을 권하여 교회로 인도하려고 기도했습니다. 다음은 관심을 보인 사람들의 반응 사례들입니다.

1) 2년 전부터 이슬비 전도편지를 7차례 보내고 그와는 별도로 전도 편지를 2차례 보내며 자주 전화를 통해 교제를 나누었습니다. 그래 서 대각성전도집회에 참석케 했는데, 복음을 접하고 난 후 교회에 등록해서 새가족반을 받으며 좋아하는 모습이 역력합니다.

2) 타교회를 다니던 중 여러 가지 문제 때문에 신앙적인 갈등과 고민 으로 신앙의 열정을 잃고 방황하던 중 전도편지와 초청장을 받고 대각성 전도집회에 참석하여 은혜를 받고 새가족반에서 새롭게 공 부하면서 감사하고 있는 모습입니다.

3) 이름도 모르는 사람으로부터 전도편지를 받고, 교회에 다녀야겠다 고 마음먹고 있던 차에 편지로 전해진 복음 제시가 하나님께서 인 도하신 결과인 것 같다고 기뻐하며 전화해왔습니다.

4) 중학교 때 교회를 다니다가 지금은 다니지 않고 있는데, 뜻하지도 않은 사람으로부터 전도편지를 받고 누군가 자기를 위해 기도해주 고 있다는 사실을 알고 감사하며 다시 교회 다니겠다고 전화해왔습 니다.

5) 장애인인 회사 직원 자녀에게 이슬비전도편지를 7차례 보냈더니 편 지 오는 것을 기다리며 기뻐한다는 전화가 왔습니다. 전화로 통화 할 때마다 "너한테 편지 보내준 아저씨야."라고 이야기하면서 교제 를 나누는데, 그 자매가 하나님의 사랑으로 예수님을 영접하길 기 도하고 있습니다.

6) 백화점에 아는 분이 있어 자주 전화하게 되는데, 여 직원이 전화를

받아 연결시켜주기 때문에 그 사람 이름을 알게 됐습니다. 그래서 전도편지를 보내게 됐고 대각성전도집회 초청장도 보냈습니다. 그리고 나서 전화하니 어떤 남자가 받았습니다. 혹시 새중앙교회 다니는 분이냐고 해서 그렇다고 했더니 자기도 새중앙교회를 다니고 있는데 옆에 있는 직원에게 초청장을 건네볼 엄두도 내지 못했다고 했습니다. '극성맞은 교인도 다 있구나.' 하고 생각하면서 전도에 대한 도전을 받았다는 경우.

7) 대각성전도집회에 참석할 것이라고 약속해놓은 터라 교회 입구에서 그 사람을 기다리는데, 예배시간이 지나도 나타나지 않아 실망했습니다. 다음날 전화해보면 불교 신앙을 가진 할머니께 들통이 나 집에서 나오지 못했다며 다음 기회에 나오겠다고 미안해하는 모습을 보게 되었습니다.

8) 전도편지를 보내고 나서 전화하면 성당에 다닌다고 하는 사람이 많습니다. 그럴 때 "똑같은 하나님을 믿으며 예수님을 통해서 구원얻는 신앙인데 문제될 것 있느냐? 가톨릭교회에서 개혁되어 이루어진 교회의 모습도 한번 보게 되면 신앙에 좋은 도전이 될 것."이라고 권하면 한번 참석해보겠다고 약속하는 자매들이 있습니다.

9) 이미 신앙생활을 하고 있는 사람도 많습니다. 그러면 "대각성전도집회가 처음으로 복음을 듣는 사람들에게도 필요하지만 오랫동안 신앙생활을 해온 사람들에게도 은혜가 된다."고 이야기해줍니다. 한번 참석해보고 교회의 새로운 면을 보게 되면 도전이 되고 유익할 거라고 권하면 그러겠다고 쉽게 반응해오는 경우가 있습니다.

10) 어쩔 수 없어 억지로 참석하고는 예배시간 내내 관심없어 하다가 도중에 담배 피우러 나가는 것을 집에 가버린 줄 알고 안타까워했던 경우.

11) 전도편지를 보내놓고 전화해서 읽어보았느냐고 물으면 못 받았다
고 하고, 교회에서 보낸 거라고 말하면, "아! 그거, 교회에서 온 것
이라 보지도 않고 쓰레기통에 넣어버렸는데요." 하며 관심 없어 하
는 경우.

12) 한 직장의 자매 5명에게 똑같은 내용으로 전도편지를 보냈더니 별
로 반응이 좋지 않았습니다. 반면 특정한 한 사람에게만 보낸 경우,
자기에게 특별히 관심을 보여준 것이라고 생각했는지 반응이 좋았
습니다.

13) 백화점에서 물건을 사거나 비행기표를 살 때 판매원의 이름을 기억
해두었다가 전도편지를 보내고 전화하면 교회에 다니겠다는 긍정
적인 반응을 한 경우도 있음.

14) 전도편지를 보내놓고 전화해서 반응을 들어보면 상당수가 집안에
서 불교를 믿고 있기 때문에 곤란하다고 말합니다. 이때, "우리 사
람과 세상 모든 것을 창조하신 조물주가 바로 하나님이시고, 우리
에게 생명을 주신 그분에게로 생명이 돌아가는 것이 구원이다. 죽
음 이후에도 하나님과 영원히 사는 것이므로 생명력 있는 종교를
선택하는 것이 중요하다."고 하면서 계속 전도편지를 보내면 생각
해보겠다며 좋은 반응을 보이는 경우가 있습니다.

■대각성전도집회, 이렇게 준비한다

1. 대각성 전도집회 카운트다운
- 집회 날짜를 정한 후 적어도 4개월 전부터 주보 앞에 날짜를 기재한다.
- 카운트다운이 시작되는 주간에 전도촉구 설교를 전한다.
- 교역자 중 총지휘자가 결정되면 총지휘자는 각 교역자에게 책임 배정을 구분하여 맡게 된다.
- 총지휘자로부터 집회 계획안이 나오면 그 계획안에 따라서 각자의 맡은 바를 이행한다.

2. 집회 2-3주 전 주일예배시 전도촉구설교를 전한다.

3. 집회 한 달 전부터 다락방에서 전도에 대한 특별교재로 공부한다.

4. 집회기간

5. 후속조치

1) 집회중에 결신 혹은 기독교에 대해서 긍정적인 관심을 나타낸 대상자들에게 편지를 작성하여 발송한다.

2) 긍정적인 반응없이 이름과 주소만 써낸 대상자들은 각 교구 담당자들이 나누어서 명단을 관리하고, 교회는 이들을 70인 전도대 혹은 전도폭발팀에서 복음 제시의 대상으로 삼도록 한다.

■계획안

(새중앙교회 제10회 대각성전도집회) - (날짜별 진행계획표)

날짜	요일	내　　용	담당자	진행상황
3.23	주일	제10회 전도대회 담당교역자 책임배정회의 주제 정함		
3.30		플래카드 부착(본당 두 기둥) 전도대상자 카드 주보 삽입 이슬비 전도편지 광고		
4.6		이슬비 전도편지 1신 띄우기 - 주보광고 교회 분위기 홍보 (　)주 전 - 입간판제작 교회 소개지 제작 현수막 도안 및 신청(교회 건물 부착) 금식기도 명단 및 공동 기도제목 작성 인쇄 13일 연쇄기도 명단 작성		
4.13		현수막 부착(교회 건물) 40일 연쇄 금식기도 명단 주보 삽입		
4.20		간증자 확정 전도용 테이프 제작 (왜 예수를 안 믿는가?)		
4.27		전교인 새벽기도 주보광고 전도용 테이프 배부 간증지도 계속		
5.4		전교인 새벽기도 실시(2주간) 초청장 제작 13일 24시간 연쇄기도 명단 - 주보에 삽입 전도지 배부		
5.11		초청장 배부 13일 24시간 연쇄기도 실시 집회용 소책자 제작		
5.18		초청장 발송 꽃, 간식 준비		
5.25		대각성 전도집회 시작		

1. 집회가 열리기 두 달 전에 매주일 전도대상자를 적어서 내게 하고 그 명단을 주보에 기재한다.

2. 주제를 정한다.
- 제10회 대각성 전도집회
  주제 : 평안의 주 예수께 오라
- 교회 내에 집회 분위기를 조성하기 위하여 곳곳에 '집회 7주 전'부터 시작하여 6주 전, 5주 전 … 1주 전까지 매주일마다 바꾸어 부착한다.

3. 40일 연쇄금식기도 명단은 집회 전 40일부터 당일까지 다락방별로 아침, 점심, 저녁 순서의 명단을 작성, 주보에 유인물로 삽입하여 성도들에게 알린다.
- 이때 명단이 있는 유인물 뒷쪽에 기도제목을 인쇄하여 내준다.
- 릴레이식으로 한꺼번에 금식하며 기도는 집에서 한다.

4. 13일 연쇄 기도 명단도 마찬가지로 집회 전 13일부터 당일까지 다락방별로 명단을 작성, 주보에 삽입하여 알린다.
- 이때의 기도는 교회의 정해진 장소에 나와서 하게 한다.
- 우리 교회의 경우 밤 10시부터 새벽 5시까지 편의상 마리아반(60세 이상이 모이는 모임)에서 교대로 기도하게 된다.

5. 집회 전 전교인 특별 새벽기도회를 2주간 동안 실시한다.

6. 전도용 테이프를 제작하여 염가로 판매한다(1개당 500원씩).

7. 간증자는 대부분 현재 제자훈련을 받고 있는 교인들 중에서 선정하여 각 제자반 담당자가 지도하게 된다.
  이때 간증은 (1)예수님을 믿기 전의 나의 상태, (2)예수님을 믿게 된

동기, (3)예수님을 믿고 난 후의 자신의 변화, (4)앞으로의 결심 등의
순서로 써오게 하며 7-8분의 분량으로 정리하도록 도와준다.

8. 전도지를 자율적으로 가져가게 한다.

9. 초청장을 제작하여 집회 3주 전부터 배부하여 대상자들에게 띄우도록
한다.

10. 집회용 소책자는 3일 동안의 집회 순서와 매회 설교 본문이 적혀 있는
노트 형식의 난과 마지막 페이지에 '집회를 참석하고 나서'라는 난을
만들어 매 집회시간이 끝날 때마다 기입하게 하여 회수한다.

11. 환영 꽃
 - 집회에 초대받은 전도대상자에게 달아준다.
 - 이때 꽃은 집회 7회 중에서 한번만 달아준다. 대부분 전도를 한 사람과
함께 오기 때문에 구분이 된다. 7회 다 참석하더라도 꽃은 한번만 달
아주기 때문에 매회 새로 나온 사람들의 숫자를 파악하게 된다.

12. 낮 집회 때는(3회) 간식(음료와 빵, 혹은 과자류)을 준비하여 집회 마
친 뒤 전도 대상자와 함께 나누도록 한다.

대각성 전도집회 통계 대조표

년도	구분	주일낮	주일밤	월,낮	월,밤	화,낮	화,밤	수,낮	수,밤	평균/계
제1회 88. 4.	참석	657	468	306	509	262	534	379	600	464/3715
10–13	결신			12	21	1	23	20	20	계 97
제2회 89. 4.	참석	785	1093	408	607	387	542	451	811	619/4299
23–26	결신		31	7	10	7	5	34	32	계 126
제3회 90. 4.	참석	922	715	426	682	391	655	426	739	621/4965
22–25	결신		30	30	16	6	7	9	26	계 114
제4회 91. 4.	참석	1127	880	511	787	530	724	452	845	732/5856
7–10	결신	21	49	17	20	10	18	13	22	계 170
제5회 92. 4.	참석	1247	863	447	712	44	751	514	791	727/5819
5–8	결신		41	24	15	14	23	17	31	계 165
제6회	참석	1394	990	590	808	608	761	588	907	830/6646
93. 5.	새신자	46	138	126	117	74	82	55	78	716
23–26	결신	19	22	12	26	17	27	19	34	176
제7회	참석	1397	786	460	662	504	621	502	948	735/5880
94. 5.	새신자		88	84	77	81	52	50	80	530
8–11	반응한수		18	27	36	27	25	22	63	218
제8회	참석	1601	1117	656	743	702	786	665	1045	914/7315
96.6.	새신자	50	160	140	110	115	80	110	120	111/885
18–21	반응한수		39	43	36	34	25	33	40	36/250
제9회	참석	1831	1036	582	714	547	744	588	904	872/6973
96. 6.	새신자	54	133	120	110	110	100	95	130	116/933
19–22	반응한수		50	50	50	55	49	38	56	49/348
제10회	참석	2050	1223	773	981	780	952	750	1153	1082/8662
97. 5.	새신자	50	165	160	130	120	100	100	145	121/970
25–28	반응한수		52	70	60	89	51	45	73	62/440

해산의 수고를 격려하며

그 동안 저는 책을 쓰시는 분들이 한 권의 책을 쓰신 후에 계속해서 책을 내는 것을 보면서 참으로 신기하다고 생각해왔습니다. 왜 그렇게 연이어서 책을 펴낼까 하는 의문 때문이었습니다. 그런데 제가 이렇게 한 권의 책을 세상 앞에 내놓게 된 지금에 이르러서야 왜 그분들이 연속적으로 책을 펴내는지를 알 것 같습니다.

원고를 마감하고 나면 끝없는 아쉬움이 계속 밀려오기 때문에 그것을 채울 마음으로 2권, 3권을 쓰게 되는 것이 아닌가 싶습니다. 저 역시 그런 아쉬움에 밤잠을 설칠 정도로 고민하게 됩니다. 과연 이 상태로 책을 내보내도 되는지에 대한 확신이 서지 않는 까닭입니다. 무엇보다 가장 안타깝고 부족하다고 생각되는 부분은 과연 미력하나마 제자훈련과 대각성전도집회에 대한 소개가 제대로 이루어졌는지에 대한 문제입니다.

두렵고 떨리는 마음으로 첫 장을 써나갈 때는 급변하는 시대 상황에 민감하게 대처하여 목회의 변화를 추구하고 교회를 새롭게 하려는 동역자님들에게 도전과 도움이 되었으면 하는 마음이었는데, 막상 마지막 장을 마무리짓다보니 그런 작은 의욕보다는 부끄러움과 아쉬움만 크게 남는 걸 발견합니다.

그러나 어찌 됐든 우리 모두는 교회의 생명을 살리는 일에 몸부림쳐야 하는 시대에 살고 있습니다. 그러므로 처음 지은 밥이 삼층밥이든, 찐밥이든 고루 잘 익은 밥을 짓기 위한 최선의 노력들이 계속될 때 생명은 굶지 않고 살아날 수 있으리라 생각합니다.

아무쪼록 부산새중앙교회에서 행하고 있는 제자훈련과 대각성전도집회에 대한 미흡한 소개들이 동역자들로 하여금 건강한 교회, 영양가 있는 교회를 만드는 데 좋은 재료들이 되었으면 합니다.

아무리 둘러봐도 이 세상에는 이상적인 교회가 없다는 것을 우리는 잘 알고 있습니다. 그렇다고 포기할 수 없는 것이 이 목회의 길입니다. 어떻게 해서든지 좋은 꼴, 맛있고 영양가 있는 밥을 지어 성도들에게 먹여야만 거듭나는 교회, 건강한 교회가 될 수 있기에 그런 이상을 향한 우리의 몸부림은 계속되어야 할 것입니다.

바울이 "나의 자녀들아 너희 속에 그리스도의 형상이 이루기까지 다시 너희를 위하여 해산하는 수고를 하노니."(갈 4:19)라고 말한 것처럼 끊임 없는 해산의 수고를 우리 목회자들이 감당해나갈 때 한국교회의 미래는 밝아질 것이라 생각합니다.

정직과 성실의 목회자상

최홍준 목사님을 처음 만난 때는 '94년 봄으로 기억한다. 부산 새중앙교회에서 이슬비전도학교 이동과정이 열린 연고에서다.

나는 그때에 받았던 몇 가지 감동을 잊지 못한다. 하나는 십여 명의 당회원 전원이 다 수강신청을 한 점이었다. 일반적으로 이슬비전도학교가 열리면 당회원들의 협력이 크지 못하다. 그래서 나는 최 목사님에게 "놀랍습니다. 당회원들의 전도열이 대단하군요." 했더니 "당회원들이 앞장서지 아니하면 어떡합니까? 우리 교회 당회원들은 비록 바빠서 3일간 교육은 다 못 받을지라도 일단 등록을 해놓고 한 시간이라도 형편에 따라 교육에 참여하라고 했더니, 모두들 순종을 잘하십니다."라고 최 목사님은 만족스러운 미소를 지었다. 대화중에 당회원 전원이 자진하여 제자훈련 과정을 맨 먼저 마쳤으며 교회의 모든 행사에 당회가 앞장선다는 말을 듣고 나는 제자훈련의 효과와 또한 최 목사님의 영적 지도력에 감탄했다. 잠자던 전통교회가 깨어 일어나는 관건이 바로 여기에 있었구나 하는 깨달음이 왔다.

다음 하나는 "어떻게 이슬비전도학교를 알게 되셨습니까?" 하고 내가 물었을 때 "예, 사실은 제가 신학교에서 '전도학'을 강의하고 있습니다. 지난해 연말에 학년말 고사를 마치고 시간 여유가 있어서 학생들에게 각자 섬기는 교회에서 행하고 있는 전도법을 말하라고 했더니 모두가 이미 알려진 방법들이었으나 오직 한 학생이 이슬비전도에 대한 이야기를 했습니다. 저는 그 학생의 말을 듣는 순간 '바로 이거다! 내가 지금까지 찾고 있던 전도법이 바로 이슬비전도였구나!' 하는 확신이 들어 즉시 전화로 개최신청을 했던 것입니다."라고 대답하셨다.

이슬비전도학교 교육이 진행되는 가운데 최 목사님은 "나는 무슨 방법이든지 작정하고 일단 실천에 옮기면 10년은 바라보고 합니다. 제자훈련도 그렇게 시작하여 이제 7년째 되는데 지금은 거의 성공적으로 정착되었습니다. 이슬비전도편지 보내는 일도 10년은 계속할 것입니다. 저희 교회에서 하고 있는 제자훈련과 대각성전도집회에 이슬비전도를 접목하면 이상적인 교회부흥의 길이 열릴 것으로 확신합니다. 그뿐 아니라 서울 사랑의교회 옥한흠 목사님께도 말씀드려서 거기서도 꼭 실시토록 할 예정입니다. 그렇게만 된다면 한국교회가 새로운 부흥기를 맞게 될 것을 나는 믿습니다."라고 확신에 찬 약속까지 하셨다.

과연 그후 부산 새중앙교회에서는 지속적으로 이슬비전도편지와 사랑의편지를 전교회적으로 활용하고 있으며, 서울 사랑의교회에서도 담당 부교역자로 하여금 이슬비전도학교 목회자과정을 수료케 한 후 당시 600여 명의 순장들에게 간접교육을 시켜 오늘까지 활발히 이슬비전도편지를 활용하고 있다.

이제까지 제자훈련이 전통교회에서는 열매를 거두기 어렵다는 교계의 통념을 깨뜨리고, 전통교회에서도 제자훈련이 가능할 뿐 아니라 그 길만이 전통교회가 긴 잠에서 깨어날 수 있게 한다는 희망을 최 목사님은 우리에게 심어주었다. 이는 그분의 확고한 목회 방침과 투철한 전도관과 교육관, 그리고 목회의 지혜와 강력한 리더십으로 말미암은 것이 아닐까.

총신대 구내에 돌로 새겨져 있다는 "목사가 되기 전에 신자가 되라. 신자가 되기 전에 사람이 되라."는 표어를 나는 묵상할 때마다 감동을 받는다. 21세기를 열어갈 목회자들이 갖출 덕목을 생각할 때에 첫째도 정직이요, 둘째도 정직일 것이다. 최홍준 목사님의 남다른 정직성은 그의 뿌리 깊은 교육의지, 정확한 판단력, 강력한 추진력, 뜨거운 전도열, 순수한 목회적 소명의식, 부지런한 삶, 이 모든 장점을 더욱 돋보이게 한다.

기도로 기획하고 기도로 제작하는 '창조적 리더 시리즈'가 본서로서 제 4권에 이르게 되었으니, 한 권 한 권마다 주님을 기쁘시게 하며, 모든 목회자와 목회자 후보생들과 그리스도의 성품을 사모하는 모든 독자들이 강력한 도전을 받아 주께로부터 삶의 지혜와 명철을 얻게 되기를 기원합니다.

1998년 5월
학산서실에서 **여운학**

잠자는 교회를 깨운다

1998. 5. 29. 초판발행 / 2013. 9. 3. 35쇄발행

지은이 : 최 홍 준 / 펴낸이 : 여 진 구 / 펴낸곳 : 규장

137-893 서울시 서초구 양재2동 205번지 ☎ 578-0003 (fax)578-7332 등록 1978.8.14. 제1-22
E-mail : kyujang@kyujang.com(규장 홈페이지 www.kyujang.com)

© 저자와의 협약 아래 인지는 생략되었습니다.

이 출판물은 저작권법에 의해 보호를 받는 저작물이므로
무단 전재와 무단 복제를 할 수 없습니다.

책값 뒤표지에 있습니다.

ISBN 89-7046-556-1-03230

ecpa Member of the
Evangelical Christian
Publishers Association

규장은 문서를 통해 복음전파와 신앙교육에 주력하는
국제적 출판사들의 협의체인 복음주의출판협회
(E.C.P.A:Evangelical Christian Publishers
Association)의 출판정신에 동참하는 회원(Associate
Member)입니다.